D0118609

# Cuisine d'aujourd'hui

MULTI-CONCEPT

Éditeur :
Ronald Lapierre

Directrice de projet :
Dominique Raymond

Traduction et adaptation :
Anh Binh Tham
Annie Dupin

Photographies :
Nouvelle Vision
Michel Paquet, photographe

Conception graphique :
Robert Doutre
Claude Bernard

Conception graphique de la couverture :
De Pasquier Inc.

Imprimerie :
Les imprimeries Quebecor

Copyright © 1998
Les Éditions Multi-Concept Inc.
1600, Henri-Bourassa Ouest
Bureau 425
Montréal (Québec) H3M 3E2
Téléphone : (514) 331-0661
Télécopieur : (514) 331-8821

TOUS DROITS RÉSERVÉS. On ne peut reproduire, enregistrer ou diffuser les contenus du présent ouvrage sous quelque forme ou par quelque procédé que ce soit, électronique, mécanique, photographique, sonore, magnétique ou autre, sans avoir obtenu, au préalable, l'autorisation écrite de l'éditeur.

L'information contenue dans ce livre est exacte et complète, au mieux de notre connaissance. Toutes les recommandations sont faites sans aucune garantie de la part de l'éditeur. Ce dernier décline toute responsabilité quant à l'utilisation de cette information.

Dépôt légal : Bibliothèque Nationale du Québec
Bibliothèque Nationale du Canada

ISBN 2-921643-62-6

Imprimé au Canada

**RECETTE DE LA PAGE COUVERTURE**

# Fricassée de poulet

**4 PORTIONS**

| | |
|---|---|
| **4 à 8** | **hauts de cuisses de poulet désossés** |
| | **sel et poivre, au goût** |
| **1 c. à table** | **d'huile d'olive** |
| **100 g** | **de jambon de Bayonne ou Proscuitto, émincé** |
| **en lanière** | |
| **1** | **gros oignon rouge émincé** |
| **1** | **poivron vert émincé en lanières** |
| **1** | **poivron rouge émincé en lanières** |
| **1** | **poivron jaune émincé en lanières** |
| **3** | **tomates épluchées, épépinées et coupées en dés** |
| **10** | **gousses d'ail non épluchées** |
| **125 ml** | **de vin blanc sec** |

Préchauffer le four à 180°C (350°F). Assaisonner les hauts de cuisse de poulet. Dans une casserole allant au four, faire chauffer l'huile d'olive, et y faire revenir le jambon de Bayonne et l'oignon pendant 5 minutes. Ajouter les poivrons, les tomates, les gousses d'ail et le vin blanc sec.

Déposer les hauts de cuisses de poulet côté peau vers le haut, couvrir et cuire au four pendant 15 minutes.

Servir en déposant la garniture dans le fond des assiettes, puis déposer les hauts de cuisses sur le dessus. Saupoudrer de paprika.

TABLEAU DE CONVERSION VOIR À LA PAGE 384

# TABLE DES MATIÈRES

# HORS-D'ŒUVRE ET ENTRÉES

Une entrée bien choisie met en appétit et ajoute une touche d'élégance au repas. Mais ne vous y trompez pas, les hors-d'œuvre et les entrées ne sont pas que l'apanage des repas gastronomiques!

Les hors-d'œuvre et les entrées présentés dans ce chapitre sont tous simples et faciles à réaliser; certains peuvent même être préparés à l'avance. Quelques-uns, plus élaborés, sont destinés aux grandes occasions, mais la majorité ne requièrent que quelques minutes de votre temps et les ingrédients utilisés sont des plus courants.

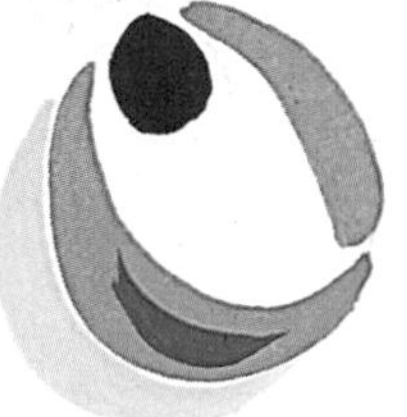

Les entrées les plus simples sont souvent celles qui ont le plus de succès. Par exemple, quelques asperges nappées d'un assaisonnement approprié et servies au début d'un repas seront fort appréciées. De la même façon, une salade colorée servie avant le plat principal stimulera les papilles gustatives.

Lorsque vous servez un pain de viande ou faites réchauffer des restes, commencez par une entrée! Il n'est pas nécessaire d'attendre une occasion particulière pour les savourer! Et pourquoi ne pas offrir un repas constitué entièrement d'entrées variées choisies en fonction d'un certain équilibre nutritif?

# TERRINES DE SAUMON RÉFRIGÉRÉES

**4 PORTIONS**

| | |
|---|---|
| **200 g** | **saumon rose au naturel, en conserve, égoutté** |
| **35 g** | **oignon finement haché** |
| **2 c. à s.** | **persil finement ciselé** |
| **5 c. à s.** | **mayonnaise** |
| **1 c. à s.** | **feuilles de romarin hachées** |
| **12 à 16** | **tranches de saumon fumé** |
| | **huile végétale** |

**NOTE DU CHEF**

*Vous pouvez varier la saveur de ce hors-d'œuvre en remplaçant le romarin par de l'aneth, ou en ajoutant des câpres hachées.*

Dans un bol, mélanger le saumon, l'oignon, le persil, la mayonnaise et le romarin. Réserver.

Huiler légèrement 4 ramequins et les chemiser avec les tranches de saumon fumé.

Répartir la préparation au saumon entre les ramequins. Couvrir d'une pellicule de plastique et réfrigérer de 5 à 6 heures.

Démouler chaque ramequin sur une assiette individuelle. Garnir avec des feuilles de laitue, de la mayonnaise aux fines herbes et un poivron jaune taillé en julienne, si désiré. Servir accompagné de craquelins au seigle ou de pain parisien croustillant.

1 Mélanger le saumon, l'oignon, les fines herbes et la mayonnaise.

2 Huiler 4 ramequins et les chemiser avec le saumon fumé.

3 Répartir la préparation au saumon entre les ramequins.

4 Couvrir d'une pellicule de plastique et réfrigérer.

| 1 PORTION | | |
|---|---|---|
| 339 CALORIES | 1 g GLUCIDES | 14 g PROTÉINES |
| 31 g LIPIDES | 0,1 g FIBRES | 50 mg CHOLESTÉROL |

# MOUSSE DE NOIX DE COQUILLES SAINT-JACQUES SAUCE SAFRAN

**4 PORTIONS**

| | |
|---|---|
| **500 g** | **noix de coquilles Saint-Jacques fraîches, ou surgelées puis décongelées** |
| **1** | **pincée de muscade** |
| **2,5 dl** | **crème fleurette** |
| | **poivre fraîchement moulu** |

SAUCE AU SAFRAN

| | |
|---|---|
| **2 c. à c.** | **beurre** |
| **2** | **échalotes roses, finement hachées** |
| **0,5 dl** | **vermouth blanc sec** |
| **1** | **pincée de safran** |
| **1 c. à s.** | **épaississant pour sauces blanches ou brunes** |
| **3 dl** | **lait demi-écrémé** |

Préchauffer le four à 180 °C. Travailler au robot ménager les noix de coquilles Saint-Jacques, la noix de muscade et le poivre jusqu'à ce que la préparation soit lisse. Ajouter graduellement la crème. Travailler juste ce qu'il faut pour mélanger.

Répartir la préparation aux noix de coquilles Saint-Jacques entre 4 ramequins huilés, et couvrir chacun d'une feuille de papier sulfurisé découpée aux dimensions du ramequin. Mettre au bain-marie, l'eau montant à mi-hauteur des ramequins. Faire cuire au four de 25 à 30 minutes, jusqu'à ce que la mousse soit ferme.

Pendant ce temps, préparer la sauce. Dans une petite casserole, faire fondre le beurre sur feu moyen. Y faire revenir les échalotes 3 minutes. Mouiller avec le vermouth puis laisser réduire le liquide de moitié. Incorporer le safran, l'épaississant et le lait. Faire cuire à feu doux de 5 à 6 minutes, jusqu'à ce que la sauce devienne crémeuse.

Pour servir, démouler les ramequins dans des assiettes nappées de sauce au safran. Garnir avec des poivrons détaillés en losanges, si désiré.

| 1 PORTION | | |
|---|---|---|
| 258 CALORIES | 11g GLUCIDES | 22g PROTÉINES |
| 14g LIPIDES | 0g FIBRES | 83mg CHOLESTÉROL |

# MOULES À LA TOMATE

**8 PORTIONS**

| | |
|---|---|
| **1,5 kg** | **moules, brossées, ébarbées** |
| **1,25 dl** | **vin blanc sec ou cidre sec** |
| **6** | **tomates pelées, épépinées, en dés** |
| **2** | **gousses d'ail, finement hachées** |
| **2** | **échalotes roses, finement hachées** |
| **2 c. à s.** | **persil ciselé** |
| **2 c. à s.** | **huile d'olive** |
| **15 g** | **chapelure** |
| | **basilic ou origan** |
| | **poivre** |

Mettre les moules dans une grande casserole. Mouiller avec le vin blanc ou le cidre.

Couvrir la casserole et porter à ébullition. Laisser cuire quelques minutes, jusqu'à ce que les moules s'ouvrent. Retirer du feu et laisser refroidir les moules dans leur jus. Jeter toute moule encore fermée.

Dans un bol, mélanger les tomates, l'ail et les échalotes. Ajouter le persil, l'huile d'olive, le basilic et le poivre.

Décoquiller les moules en gardant la moitié des coquilles. Garnir chaque demi-coquille d'une moule, napper d'une cuillerée de préparation à la tomate, puis saupoudrer de chapelure.

Déposer les moules dans les assiettes. Les servir froides, à la température de la pièce, ou placer les assiettes sous le gril quelques secondes et servir chaud.

**1 PORTION**

*109* CALORIES | *9g* GLUCIDES | *8g* PROTÉINES
*5g* LIPIDES | *0,7g* FIBRES | *15mg* CHOLESTÉROL

# CANAPÉS AU CRABE À LA MANGUE

**16 CANAPÉS**

| | |
|---|---|
| 250 g | chair de crabe ou imitation de chair de crabe, déchiquetée |
| 4 | échalotes nouvelles, finement hachées |
| 3 c. à s. | mayonnaise |
| 10 | gouttes de tabasco |
| 4 | tranches de pain de seigle |
| 1 | mangue pelée, dénoyautée, émincée |
| | jus de citron |
| | poivre |
| | feuilles de laitue pour garnir |

Dans un bol, mélanger la chair de crabe, les échalotes nouvelles, la mayonnaise, le tabasco et le jus de citron. Rectifier l'assaisonnement. Réserver.

Détailler les tranches de pain en triangles, garnir de laitue et y répartir la préparation à la chair de crabe.

Disposer les tranches de mangue sur le dessus.

**NUTRITION +**

*Le pain de seigle et le pain de seigle noir (pumpernickel) sont une excellente source de fibres; néanmoins, leur goût est plus accentué que celui du pain complet.*

**1 PORTION**

| | | |
|---|---|---|
| 67 CALORIES | 6g GLUCIDES | 4g PROTÉINES |
| 3g LIPIDES | 0,4g FIBRES | 8mg CHOLESTÉROL |

## POUR RÉALISER UNE ROSE EN SAUMON

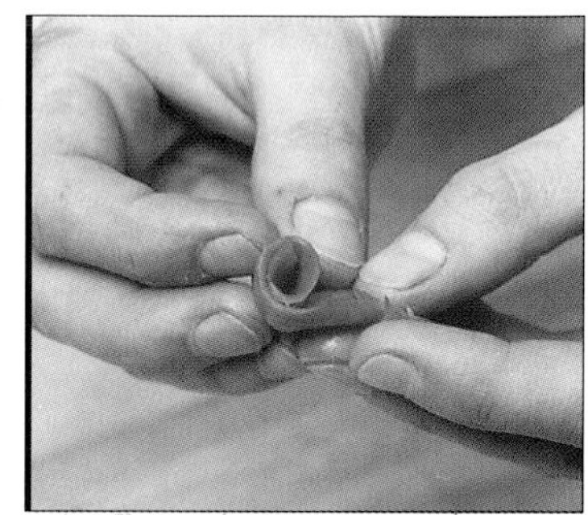

1 Enrouler une tranche de saumon très serré (le cœur de la rose).

# SAUMON MARINÉ SAUCE MOUTARDE

**4 PORTIONS**

| | |
|---|---|
| **1 c. à s.** | **gros sel** |
| **1 c. à s.** | **poivre fraîchement moulu** |
| **1 c. à s.** | **cassonade** |
| **1 c. à s.** | **feuilles de fenouil hachées grossièrement** |
| **1 c. à s.** | **d'aneth haché grossièrement** |
| **250 g** | **filet de saumon frais** |
| **1 c. à s.** | **huile végétale** |
| | **pain de seigle, pain de seigle noir (pumpernickel) ou bagels** |

## SAUCE MOUTARDE

| | |
|---|---|
| **5 c. à s.** | **huile d'olive** |
| **1 c. à c.** | **moutarde forte** |
| **1 c. à c.** | **miel** |
| **1 c. à s.** | **vinaigre de vin à l'estragon ou à la framboise** |

Dans un bol, mélanger le gros sel, le poivre, la cassonade, le fenouil et l'aneth. Étaler la moitié de cette préparation au fond d'un plat en verre peu profond.

Badigeonner légèrement le saumon d'huile, et le déposer sur le mélange aux herbes. Recouvrir avec le reste du mélange aux herbes.

Couvrir le saumon d'une pellicule de plastique, placer un poids dessus et réfrigérer au moins 48 heures, en retournant le filet 2 ou 3 fois.

Bien mélanger les ingrédients de la sauce. Laisser reposer plusieurs heures de telle sorte que tout l'arôme s'en dégage.

Au moment de servir, trancher le saumon en fines escalopes, le servir dans des assiettes individuelles, accompagné de sauce moutarde et de pain.

2 Enrouler une seconde tranche autour de la première de façon plus lâche.

3 Répéter l'étape 2, en inclinant les bords vers l'extérieur pour simuler la forme de la rose.

**1 PORTION**

| | | |
|---|---|---|
| *288* CALORIES | *7g* GLUCIDES | *11g* PROTÉINES |
| *24g* LIPIDES | *0g* FIBRES | *31mg* CHOLESTÉROL |

# FEUILLETÉ AUX CREVETTES ET AU JAMBON

**4 PORTIONS**

| | |
|---|---|
| 1 | petit oignon, finement haché |
| 2 | échalotes nouvelles, hachées |
| 125 g | céleri finement haché |
| 60 g | carottes finement hachées |
| 100 g | champignons hachés |
| 1 | gousse d'ail, finement hachée |
| 170 g | petites crevettes, cuites, décortiquées |
| 80 g | jambon cuit, en dés |
| 2 c. à s. | persil ciselé |
| 1 | œuf, battu |
| 4 | feuilles de pâte filo |
| | huile végétale |
| | sel et poivre |

Préchauffer le four à 190 °C. Huiler un poêlon à revêtement antiadhésif; y ajouter les légumes et l'ail. Couvrir et faire cuire de 3 à 5 minutes sur feu moyen.

Ajouter les crevettes, le jambon et le persil. Laisser la préparation refroidir. Incorporer délicatement l'œuf battu et rectifier l'assaisonnement.

Humecter le tour des feuilles de pâte filo avec de l'eau puis les empiler les unes sur les autres. Répartir la préparation aux crevettes le long d'un côté de la pâte et enrouler.

Disposer le pâté sur une tôle et faire cuire environ 20 minutes. Trancher pour servir.

1 Faire sauter les légumes.

2 Ajouter les crevettes, le jambon et le persil, puis laisser refroidir.

3 Incorporer l'œuf et les assaisonnements.

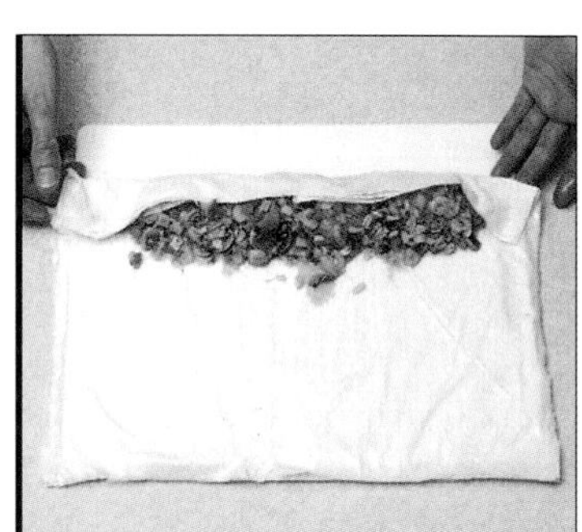

4 Étaler le mélange sur les feuilles de pâte filo, puis rouler.

**1 PORTION**

| | | |
|---|---|---|
| 152 CALORIES | 15 g GLUCIDES | 14 g PROTÉINES |
| 4 g LIPIDES | 1,5 g FIBRES | 120 mg CHOLESTÉROL |

# POMMES DE TERRE FARCIES DU PÊCHEUR

**4 PORTIONS**

| | |
|---|---|
| **4** | **pommes de terre, cuites au four** |
| **100 g** | **fromage à la crème demi-écrémé** |
| **125 g** | **yaourt nature** |
| **3** | **gouttes de tabasco** |
| **2 c. à c.** | **aneth ou estragon finement haché** |
| **60 g** | **truite fumée ou saumon fumé, émincé** |
| | **poivre** |
| | **câpres et lamelles de poivron pour garnir** |

Avec un couteau bien aiguisé, couper les pommes de terre dans le sens de la longueur. En détacher la chair sans perforer la peau. Réserver.

Écraser la chair des pommes de terre et la mélanger avec le fromage à la crème, le yaourt, le tabasco, l'aneth, le poisson fumé et le poivre.

Remplir une poche à douille de l'appareil, ou encore utiliser une cuillère, et farcir les pelures des pommes de terre. Disposer les pelures farcies sur une tôle et faire réchauffer environ 8 minutes au four, à 180 °C.

Avant de servir, garnir avec les câpres et les lamelles de poivron.

**1 PORTION**

| | | |
|---|---|---|
| *284* CALORIES | *42g* GLUCIDES | *11g* PROTÉINES |
| *8g* LIPIDES | *3,3g* FIBRES | *26mg* CHOLESTÉROL |

# MUFFINS AU JAMBON

**12 MUFFINS**

| | |
|---|---|
| **1** | **œuf, battu** |
| **40 g** | **chapelure** |
| **700 g** | **jambon cuit, haché** |
| **1** | **côte de céleri-branche, finement hachée** |
| **1** | **oignon, finement haché** |
| **1,25 dl** | **lait écrémé** |
| **1 c. à s.** | **moutarde forte** |
| **2 c. à s.** | **persil ciselé** |
| **1 c. à s.** | **beurre fondu** |

Préchauffer le four à 180 °C. Dans un grand bol, bien mélanger tous les ingrédients, sauf le beurre fondu.

Enduire 12 moules à muffins de beurre fondu.

À la cuillère, répartir la préparation entre les moules. Faire cuire au four environ 30 minutes, jusqu'à ce que la surface soit brun doré.

Laisser refroidir avant de démouler.

1 Mélanger tous les ingrédients.

2 Répartir la préparation entre les moules.

3 Faire cuire au four. Laisser refroidir avant de démouler.

**1 PORTION**

| | | |
|---|---|---|
| *125* CALORIES | *7g* GLUCIDES | *13g* PROTÉINES |
| *5g* LIPIDES | *0,2g* FIBRES | *49mg* CHOLESTÉROL |

# TERRINE RAFFINÉE MULTICOUCHE

**20 PORTIONS**

| | |
|---|---|
| **500 g** | **boeuf haché maigre** |
| **500 g** | **porc haché maigre** |
| **500 g** | **veau haché maigre** |
| **6** | **tranches de bacon, hachées** |
| **2 c. à s.** | **beurre** |
| **1** | **oignon, haché** |
| **1** | **gousse d'ail, finement hachée** |
| **200 g** | **épinards frais hachés** |
| **1 c. à c.** | **basilic séché** |
| **1 c. à c.** | **romarin séché** |
| **1 c. à c.** | **graines de fenouil** |
| **1 c. à c.** | **poivre fraîchement moulu** |
| **1** | **sachet de mélange à soupe à l'oignon** |
| **3 c. à s.** | **persil haché** |
| **2** | **œufs** |
| **60 g** | **chapelure** |
| **1,75 dl** | **lait** |
| **10** | **tranches de bacon (facultatif)** |
| **8** | **œufs durs** |

Préchauffer le four à 180 °C. Mélanger les viandes et les 6 tranches de bacon. Réserver.

Faire fondre le beurre dans un grand poêlon, ajouter l'oignon et l'ail. Laisser fondre. Y incorporer les épinards, le basilic, le romarin et les graines de fenouil et les faire revenir, 1 minute, en remuant.

Incorporer cette préparation au mélange de viandes. Ajouter le poivre, la soupe à l'oignon, le persil, 2 œufs, la chapelure et le lait. Bien mélanger et réserver.

Chemiser deux moules à pain avec les tranches de bacon (facultatif). Verser le quart du mélange au fond de chacun des moules. Disposer 4 œufs durs l'un à côté de l'autre, dans le sens de la longueur, au centre de chaque moule. Recouvrir les œufs avec le reste du mélange, puis presser légèrement.

Couvrir chaque moule à pain avec du papier d'aluminium et les déposer côte à côte dans un moule plus grand. Remplir le grand moule d'eau, à mi-hauteur, puis faire cuire au four environ 1¼ heure.

Retirer les moules du four et découvrir. Laisser reposer 30 minutes, puis dégraisser. Recouvrir de nouveau chaque moule avec du papier d'aluminium et réfrigérer toute la nuit avant de servir. Détailler chaque pain en 10 tranches.

1 Mélanger les viandes de boeuf, de porc et de veau et le bacon.

2 Ajouter au mélange de viandes les épinards et le reste des ingrédients.

3 Verser le quart du mélange dans chacun des moules. Disposer les œufs durs.

4 Couvrir les moules de papier d'aluminium et déposer dans un moule plus grand.

| 1 PORTION | | |
|---|---|---|
| 234 CALORIES | 6 g GLUCIDES | 21 g PROTÉINES |
| 14 g LIPIDES | 0,5 g FIBRES | 188 mg CHOLESTÉROL |

# POIREAUX À LA VINAIGRETTE

**4 PORTIONS**

**NOTE DU CHEF**

*Vous pouvez ajouter saveur et couleur en parsemant votre plat de fines tranches de bacon cuites et émiettées, ou de jambon coupé en lanières.*

| | |
|---|---|
| 8 | blancs de poireaux, nettoyés |
| 2,5 dl | fond de volaille chaud |
| 1 c. à s. | jus de citron |
| 2 | œufs durs, hachés |
| 1 c. à s. | persil ciselé |
| 1 c. à s. | moutarde forte |
| 3 c. à s. | vinaigre de vin |
| 1,25 dl | huile d'olive |
| | poivre |

Couper les blancs de poireaux dans le sens de la longueur. Les faire cuire à couvert dans le fond de volaille, jusqu'à ce qu'ils soient tendres. Laisser refroidir dans le liquide de cuisson, puis réfrigérer.

Pendant ce temps, préparer la vinaigrette: dans un bol, mélanger les œufs hachés, le persil, la moutarde et le vinaigre. Verser l'huile en filet, en battant vigoureusement Rectifier l'assaisonnement.

Bien égoutter les blancs de poireaux et disposer dans un plat de service ou dans des assiettes individuelles. Napper de vinaigrette et servir.

| 1 PORTION | | |
|---|---|---|
| 392 CALORIES | 21g GLUCIDES | 5g PROTÉINES |
| 32g LIPIDES | 2,8g FIBRES | 137mg CHOLESTÉROL |

# ROULEAUX GRILLÉS AUX ASPERGES

**4 PORTIONS**

| | |
|---|---|
| **16** | **tranches de pain complet, sans la croûte** |
| **50 g** | **beurre** |
| **50 g** | **fromage à la crème demi-écrémé** |
| **8** | **tranches de jambon cuit** |
| **24** | **pointes d'asperges, cuites ou en conserve** |

SAUCE

| | |
|---|---|
| **5 dl** | **lait écrémé** |
| **1 c. à s.** | **beurre** |
| **1** | **pincée de muscade** |
| **1 c. à s.** | **mélange à fond de volaille déshydraté** |
| **2 c. à s.** | **fécule de maïs, délayée dans un peu d'eau** |
| | **sel et poivre** |

Déposer l'une sur l'autre deux tranches de pain, puis les aplatir légèrement au rouleau à pâtisserie. Répéter l'opération avec les autres tranches de pain.

Beurrer le pain sur un seul côté. Tartiner l'autre côté de fromage à la crème. Disposer une tranche de jambon et 3 pointes d'asperges sur le fromage à la crème.

Enrouler le pain autour des asperges, et envelopper chaque rouleau d'une pellicule de plastique ou de papier sulfurisé. Réfrigérer 1 heure.

Pendant ce temps, préparer la sauce: faire chauffer le lait et le beurre dans une casserole, à feu moyen. Ajouter la noix de muscade, le poivre et le fond de volaille. Porter à ébullition puis incorporer la fécule de maïs délayée afin que le liquide épaississe. Rectifier l'assaisonnement.

Préchauffer le four à 180 °C. Développer les rouleaux aux asperges et les disposer sur une tôle à revêtement antiadhésif. Faire cuire au four de 12 à 15 minutes, ou jusqu'à ce que les pains soient dorés.

Disposer les rouleaux dans des assiettes individuelles, deux par personnes, et napper de sauce.

**NOTE DU CHEF**

*Le fromage et les asperges se combinent de façon agréable. Vous pouvez, si vous le désirez, ajouter à la sauce du fromage râpé, parmesan, emmenthal ou autre.*

**1 PORTION**

| | | |
|---|---|---|
| 497 CALORIES | 56g GLUCIDES | 21g PROTÉINES |
| 21g LIPIDES | 6,4g FIBRES | 66mg CHOLESTÉROL |

# JULIENNE DE COURGETTES AU COULIS DE TOMATES

**4 PORTIONS**

| | |
|---|---|
| **8** | **petites courgettes** |
| **2 c. à s.** | **huile végétale** |
| **30 g** | **échalotes nouvelles hachées** |
| **1** | **poivron rouge ou jaune, haché** |
| **2** | **gousses d'ail, hachées** |
| **1 c. à c.** | **origan séché** |
| **2 c. à s.** | **persil haché** |
| | **sel et poivre** |

## COULIS DE TOMATES

| | |
|---|---|
| **1** | **petit oignon, haché** |
| **1 c. à s.** | **huile végétale** |
| **1 c. à s.** | **ail finement haché** |
| **800 g** | **tomates en conserve, broyées** |
| **2 c. à s.** | **persil haché** |
| **2 c. à s.** | **basilic haché** |
| **1** | **brin de romarin** |
| **1** | **feuille de laurier** |
| | **sel et poivre** |

Détailler les courgettes en fine julienne.

Faire chauffer l'huile dans un poêlon, à feu moyen. Y mettre les courgettes, les échalotes nouvelles, le poivron et l'ail et remuer pendant plusieurs minutes jusqu'à ce que les légumes soient tendres mais encore croquants.

Ajouter l'origan, le persil, le sel et le poivre. Réserver.

Préparer le coulis de tomates: dans une casserole, faire fondre l'oignon dans l'huile. Ajouter l'ail et les tomates.

Incorporer les fines herbes et rectifier l'assaisonnement. Laisser mijoter à feu doux environ 30 minutes. Passer le coulis de tomates au chinois.

Verser le coulis de tomates dans chaque assiette, disposer les courgettes dessus. Garnir de fines herbes, si désiré.

1 Détailler les courgettes en fine julienne.

2 Faire sauter les courgettes, les échalotes nouvelles, le poivron et l'ail.

3 Ajouter les herbes et l'assaisonnement.

4 Verser le coulis de tomates dans chaque assiette. Disposer les courgettes dessus.

**1 PORTION**

| | | |
|---|---|---|
| 199 CALORIES | 19g GLUCIDES | 6g PROTÉINES |
| 11g LIPIDES | 7,1g FIBRES | 0mg CHOLESTÉROL |

# ASPERGES À LA VINAIGRETTE

**4 PORTIONS**

| | |
|---|---|
| **24** | **pointes d'asperges, parées** |
| **1** | **œuf dur, haché** |
| **1** | **tomate, pelée, hachée** |

VINAIGRETTE

| | |
|---|---|
| **2 c. à c.** | **moutarde forte** |
| **2 c. à s.** | **huile de noisette** |
| **1 c. à s.** | **huile d'olive vierge** |
| **0,5 dl** | **vinaigre balsamique** |
| **0,5 dl** | **jus de raisin blanc** |
| **1 c. à s.** | **eau** |

Mettre les asperges dans une grande casserole remplie d'eau bouillante salée et faire cuire de 5 à 6 minutes ou jusqu'à ce qu'elles soient tendres mais encore croquantes. Mettre immédiatement à refroidir sous l'eau froide, puis bien égoutter. Éponger.

Répartir les asperges entre quatre assiettes individuelles. Parsemer de hachis d'œuf dur et de tomate hachée.

Mélanger tous les ingrédients de la vinaigrette. En napper les asperges.

**NOTE DU CHEF**

*Les asperges fraîches se gardent de 4 à 6 jours au réfrigérateur. Enveloppez-les dans du papier absorbant humide, puis placez-les dans un sac de plastique.*

| 1 PORTION | | |
|---|---|---|
| 160 CALORIES | 8g GLUCIDES | 5g PROTÉINES |
| 12g LIPIDES | 2,1g FIBRES | 68mg CHOLESTÉROL |

# PELURES DE POMMES DE TERRE CROUSTILLANTES

**2 PORTIONS**

| | |
|---|---|
| **4** | **pommes de terre, nettoyées** |
| **1,25 dl** | **huile végétale ou margarine** |
| | **sel et poivre** |

Envelopper chaque pomme de terre dans une feuille de papier d'aluminium et faire cuire au four, à 180 °C, de 45 à 60 minutes.

Couper chaque pomme de terre en deux, dans le sens de la longueur, et en retirer la chair. Réserver celle-ci pour une utilisation ultérieure.

Détailler la pelure des pommes de terre en fines languettes.

Poivrer l'huile (ou la margarine fondue). Y tremper les pelures de pommes de terre.

Disposer les languettes sur une tôle et les faire dorer sous le gril chaud du four, de 5 à 7 minutes, en les retournant de temps en temps. Saupoudrer de sel et servir très chaud.

1 Couper les pommes de terre en deux et en retirer la chair.

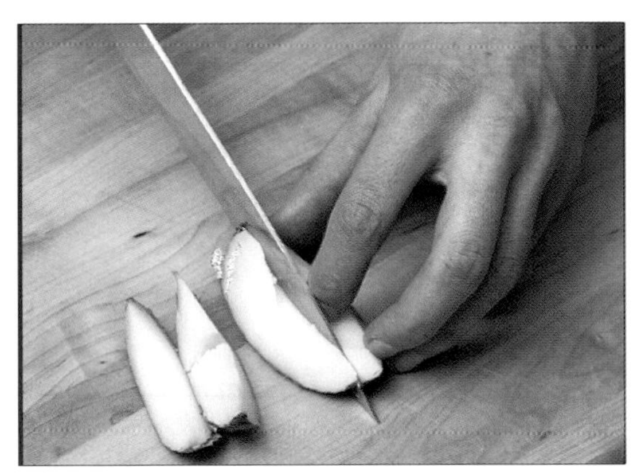

2 Détailler les pelures en languettes.

3 Tremper les languettes dans l'huile.

4 Disposer les languettes sur une tôle et les faire dorer sous le gril.

**1 PORTION**

| | | |
|---|---|---|
| 762 CALORIES | 54g GLUCIDES | 6g PROTÉINES |
| 58g LIPIDES | 7,6g FIBRES | 0 mg CHOLESTÉROL |

# GOUGÈRE

**8 PORTIONS**

| | |
|---|---|
| **2,5 dl** | **lait demi-écrémé** |
| **50 g** | **beurre froid, en dés** |
| **1/2 c. à c.** | **sel** |
| **1/2 c. à c.** | **poivre blanc** |
| **125 g** | **farine** |
| **4** | **gros œufs** |
| **85 g** | **gruyère ou emmenthal râpé** |
| **2 c. à s.** | **lait demi-écrémé** |
| **30 g** | **parmesan râpé** |

Préchauffer le four à 190 °C. Verser 2,5 dl de lait dans une casserole, ajouter le beurre, le sel et le poivre et porter à ébullition.

Retirer immédiatement la casserole du feu. Y verser la farine d'un seul coup et battre vigoureusement. Remettre sur feu moyen et laisser cuire environ 2 minutes, ou jusqu'à ce que l'appareil se détache du fond de la casserole. Retirer du feu.

Mettre la pâte dans le bol d'un robot ménager. Ajouter les œufs un à un, en mélangeant bien après chaque addition. Y incorporer le fromage râpé.

Beurrer et fariner une tôle. Avec une poche à douille ou une cuillère, y disposer la pâte en couronne d'environ 23 cm de diamètre.

Badigeonner légèrement le dessus avec le reste de lait et saupoudrer de parmesan. Faire cuire au four de 35 à 40 minutes, ou jusqu'à ce que le gougère soit doré.

1 Porter le mélange de lait, beurre, sel et poivre à ébullition.

2 Verser la farine d'un seul coup et bien mélanger.

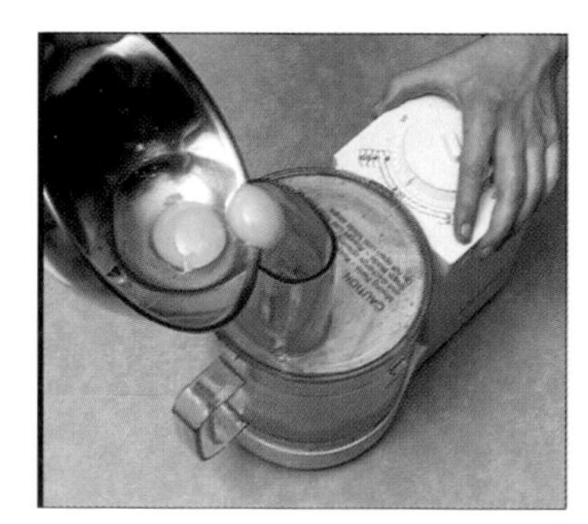

3 Mettre la pâte dans le bol du robot ménager. Ajouter les œufs un à un, puis le fromage râpé, et bien battre après chaque addition.

4 Disposer la pâte en couronne sur une tôle et faire cuire au four.

**1 PORTION**

| | | |
|---|---|---|
| 222 CALORIES | 14 g GLUCIDES | 10 g PROTÉINES |
| 14 g LIPIDES | 0,5 g FIBRES | 170 mg CHOLESTÉROL |

# SALADE DE FENOUIL ET DE PISTACHES

**4 PORTIONS**

**NOTE DU CHEF**

*Le fenouil ressemble au céleri, et a une saveur de réglisse. Vous pouvez remplacer le céleri par du fenouil dans presque toutes les recettes.*

| | |
|---|---|
| **1** | **bulbe de fenouil, détaillé en julienne** |
| **1** | **pomme rouge ou verte, détaillée en julienne** |
| **3** | **feuilles de chicorée rouge, détaillées en julienne** |
| **30 g** | **pistaches écalées, hachées** |
| **4** | **feuilles de laitue** |
| **4** | **brins de coriandre ou de cerfeuil** |

## VINAIGRETTE

| | |
|---|---|
| **3 c. à s.** | **vinaigre de vin rouge** |
| **2 c. à s.** | **huile d'olive** |
| **50 g** | **yaourt nature demi-écrémé** |
| **1 c. à c.** | **moutarde forte** |
| **1 c. à s.** | **coriandre hachée ou cerfeuil** |

Mélanger tous les ingrédients de la vinaigrette dans un petit bol et réserver.

Dans un saladier, mélanger le fenouil, la pomme, la chicorée et les pistaches. Ajouter la vinaigrette et bien mélanger.

Disposer une feuille de laitue sur chaque assiette. Répartir le mélange à salade entre les 4 assiettes et garnir de coriandre ou de cerfeuil.

| 1 PORTION | | |
|---|---|---|
| 163 CALORIES | 13g GLUCIDES | 3g PROTÉINES |
| 11g LIPIDES | 3,3g FIBRES | 1mg CHOLESTÉROL |

# SALADE COMPOSÉE

**4 PORTIONS**

| | |
|---|---|
| 8 | feuilles de laitue |
| 125 g | carotte râpée |
| 90 g | betteraves cuites, râpées |
| 120 g | céleri-rave râpé |
| 100 g | épinards, déchiquetés |
| 50 g | germes de luzerne |

## ASSAISONNEMENT

| | |
|---|---|
| 125 g | yaourt nature demi-écrémé |
| 1 c. à s. | huile d'olive |
| 2 c. à s. | citronnelle hachée |
| 0,5 dl | jus d'orange non sucré |

Tapisser 4 assiettes à salade de feuilles de laitue. Disposer agréablement les autres légumes sur la laitue.

Mélanger les ingrédients de l'assaisonnement dans un petit bol.

Juste avant de servir, napper la salade avec l'assaisonnement.

~

**NOTE DU CHEF**

*Le céleri-rave est un bulbe non fibreux dont le goût ressemble à celui du céleri. Une fois coupé, il doit être gardé dans une eau légèrement acidulée (additionnée de quelques gouttes de citron ou de vinaigre) jusqu'à l'utilisation.*

*La citronnelle ressemble à de longues tiges d'herbe et a très bon goût. Vous pouvez toujours la remplacer par 1 c. à c. de zeste de citron râpé.*

**1 PORTION**

| | | |
|---|---|---|
| 104 CALORIES | 13g GLUCIDES | 4g PROTÉINES |
| 4g LIPIDES | 3,4g FIBRES | 3mg CHOLESTÉROL |

# SALADE DE RUTABAGAS ET DE CAROTTES

**4 PORTIONS**

| | |
|---|---|
| **250 g** | **carottes râpées** |
| **250 g** | **rutabagas ou navets râpés** |
| **1 c. à s.** | **coriandre finement hachée, ou aneth** |
| **50 g** | **épinards déchiquetés** |
| | ASSAISONNEMENT |
| **50 g** | **yaourt nature demi-écrémé** |
| **2 c. à s.** | **mayonnaise** |
| **2 c. à s.** | **miel liquide** |
| | **poivre fraîchement moulu** |

Dans un bol, mélanger les carottes, les rutabagas, la coriandre (ou l'aneth).

Mélanger tous les ingrédients de l'assaisonnement dans un petit bol.

Verser l'assaisonnement sur la salade de carottes, mélanger et servir sur un lit d'épinards.

**NOTE DU CHEF**

*La chair du rutabaga est jaune alors que celle des navets, qui sont plus petits, est blanche. Tous deux ont une saveur douce un peu piquante et sont très nutritifs.*

**1 PORTION**

| | | |
|---|---|---|
| 94 CALORIES | 17g GLUCIDES | 2g PROTÉINES |
| 2g LIPIDES | 2,0g FIBRES | 3mg CHOLESTÉROL |

# SALADE DE CALIFORNIE

**4 PORTIONS**

| | |
|---|---|
| 2 | endives, émincées |
| 8 | feuilles de chicorée rouge, déchiquetées |
| 50 g | germes de luzerne |
| 30 g | olives noires hachées |
| 1 | poivron rouge, finement émincé |

## ASSAISONNEMENT

| | |
|---|---|
| 125 g | yaourt nature |
| 1,25 dl | babeurre |
| 1/2 c. à c. | origan séché |
| 1 c. à c. | coriandre hachée |
| | sel et poivre |

Dans un bol, mélanger les endives, la chicorée, les germes de luzerne, les olives et le poivron rouge.

Mélanger les ingrédients de l'assaisonnement dans un petit bol.

Au moment de servir, disposer la salade dans de petites assiettes et napper d'assaisonnement.

**NUTRITION +**

*Malgré le nom qu'il porte, le babeurre ne contient pas de beurre. Il a cependant la même teneur en gras et en calcium que le lait écrémé.*

**1 PORTION**

| | | |
|---|---|---|
| 80 CALORIES | 7g GLUCIDES | 4g PROTÉINES |
| 4g LIPIDES | 1,7g FIBRES | 4mg CHOLESTÉROL |

# BOCCONCINI À LA CITRONNELLE

**4 PORTIONS**

| | |
|---|---|
| **8** | **fromages bocconcini, égouttés** |
| **0,5 dl** | **huile d'olive** |
| **0,5 dl** | **vinaigre de vin blanc** |
| **0,5 dl** | **citronnelle hachée** |
| **2** | **tomates séchées, à l'huile, égouttées, finement hachées** |
| **4** | **feuilles de romaine** |
| | **sel et poivre fraîchement moulu** |

**NOTE DU CHEF**

*Les fromages bocconcini sont de petits fromages mozzarella frais, façonnés en petites boules et conservés dans du liquide. Vous pouvez les remplacer par des tranches de provolone.*

Couper les fromages en tranches de 5 mm d'épaisseur puis les mettre dans un bol. Réserver.

Dans un autre bol, mélanger l'huile d'olive, le vinaigre, la citronnelle, les tomates, le sel et le poivre. Verser l'assaisonnement sur les tranches de fromage et laisser mariner 2 heures à la température de la pièce.

Disposer les feuilles de laitue au centre des assiettes à salade, les entourer de tranches de fromage et napper d'assaisonnement.

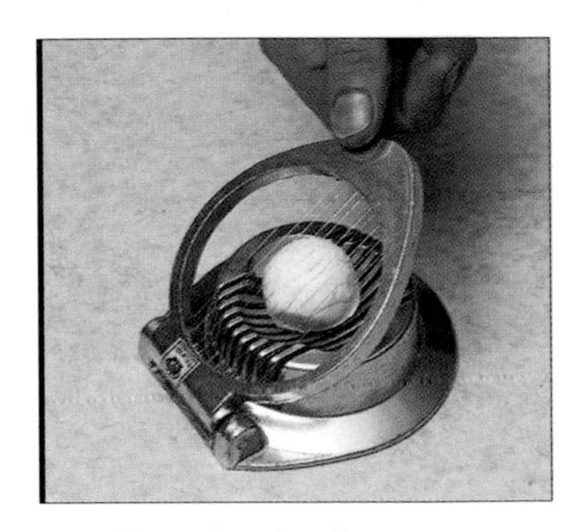

1 Trancher les fromages

2 Mélanger l'huile, le vinaigre, la citronnelle, les tomates, le sel et le poivre.

3 Laisser mariner les tranches de fromage.

4 Disposer les feuilles de laitue et les tranches de fromage dans les assiettes. Napper d'assaisonnement.

**1 PORTION**

| | | |
|---|---|---|
| 415 CALORIES | 7g GLUCIDES | 18g PROTÉINES |
| 35g LIPIDES | 1,5g FIBRES | 43mg CHOLESTÉROL |

# TABOULÉ RELEVÉ

**4 PORTIONS**

| | |
|---|---|
| 5 dl | eau |
| 3 c. à s. | concentré liquide de fond de volaille |
| 250 g | boulghour à cuisson rapide |
| 2 c. à s. | huile d'olive |
| 2 c. à s. | menthe hachée |
| 3 c. à s. | persil ciselé |
| 1 c. à c. | poivre noir fraîchement moulu |
| 1 | tomate pelée, épépinée, en petits dés |
| | quelques gouttes de sauce de piment |

Dans une grande casserole, porter l'eau à ébullition et y ajouter le concentré liquide de fond de volaille. Y mettre le boulghour, couvrir et retirer la casserole du feu. Laisser reposer jusqu'à ce que le boulghour ait absorbé tout le liquide.

Ajouter l'huile d'olive, la menthe, le persil et le poivre. Bien mélanger. Y incorporer les dés de tomate et la sauce de piment. Servir froid ou à la température de la pièce. Garnir de quelques légumes crus, si désiré.

| 1 PORTION | | |
|---|---|---|
| 244 CALORIES | 37g GLUCIDES | 6g PROTÉINES |
| 8g LIPIDES | 1,0g FIBRES | 0mg CHOLESTÉROL |

# HORS-D'ŒUVRE AUX CHAMPIGNONS

**ENVIRON 300 G**

| | |
|---|---|
| **2 c. à s.** | **beurre doux** |
| **250 g** | **champignons, finement hachés** |
| **1/4 c. à c.** | **tabasco** |
| **1/2 c. à c.** | **poivre** |
| **2 c. à c.** | **échalotes nouvelles finement hachées** |
| **1 c. à c.** | **zeste de citron vert** |
| **2 c. à c.** | **jus de citron vert** |
| **90 g** | **fromage à la crème demi-écrémé, ramolli** |
| | **quartiers de citron et de citron vert pour garnir** |

Faire fondre le beurre dans une casserole. Y faire revenir les champignons sur feu moyen, environ 1 minute, en remuant.

Mettre les champignons, le tabasco, le poivre et les échalotes dans le bol d'un robot ménager. Ajouter le zeste de citron vert, le jus de citron vert et le fromage à la crème. Travailler jusqu'à ce que le mélange soit crémeux. Mettre dans un petit bol.

Garnir de quartiers de citron et servir avec des craquelins au seigle ou des légumes frais.

**1 PORTION**

| | | |
|---|---|---|
| *43 CALORIES* | *1g GLUCIDES* | *1g PROTÉINES* |
| *3g LIPIDES* | *0,3g FIBRES* | *13mg CHOLESTÉROL* |

## HORS-D'ŒUVRE AUX POIVRONS ROUGES GRILLÉS

**ENVIRON 300 G**

| 2 | poivrons rouges doux |
|---|---|
| 125 g | yaourt nature demi-écrémé |
| 110 g | fromage à la crème demi-écrémé |
| 1 c. à c. | paprika |
| 1/2 c. à c. | sauce Worcestershire |
| 4 | tranches de bacon, cuites et émiettées |

Bien faire noircir les poivrons sous le gril du four en les retournant de temps en temps. Les envelopper dans du papier d'aluminium, et les laisser refroidir jusqu'à ce que l'on puisse les manipuler sans se brûler. Peler alors les poivrons et les épépiner.

Mettre la chair des poivrons dans le bol d'un robot ménager. Ajouter les autres ingrédients, sauf le bacon. Travailler jusqu'à ce que le mélange soit lisse. Incorporer le bacon. Réfrigérer jusqu'au moment de servir. Accompagner de légumes crus et de craquelins.

~

**1 PORTION**

| 56 CALORIES | 2g GLUCIDES | 3g PROTÉINES |
|---|---|---|
| 4g LIPIDES | 0,2g FIBRES | 10mg CHOLESTÉROL |

## HORS-D'ŒUVRE ÉPICÉ À LA CAROTTE

**ENVIRON 300 G**

| 2 | carottes, pelées |
|---|---|
| 125 g | yaourt nature demi-écrémé |
| 1,25 dl | crème aigre demi-écrémée |
| 1 c. à c. | graines de cumin |
| 1 | échalote nouvelle, hachée |

Détailler les carottes grossièrement et les faire cuire à la vapeur jusqu'à ce qu'elles soient tendres. Égoutter et travailler au robot ménager afin d'obtenir une crème de carottes.

Ajouter les autres ingrédients et bien mélanger. Réfrigérer jusqu'au moment de servir. Accompagner de légumes crus et de craquelins.

~

**1 PORTION**

| 25 CALORIES | 3g GLUCIDES | 1g PROTÉINES |
|---|---|---|
| g LIPIDES | 0,4g FIBRES | 4mg CHOLESTÉROL |

# FROMAGE À TARTINER AUX FINES HERBES

**ENVIRON 500 G**

| | |
|---|---|
| 250 g | fromage à la crème demi-écrémé |
| 1,25 dl | crème aigre |
| 3 | fines tranches de bacon, cuites, émiettées |
| 2 c. à s. | ciboulette finement hachée |
| 2 c. à s. | aneth finement haché |
| 2 c. à s. | cerfeuil finement haché |
| 2 c. à s. | persil finement haché |
| 1 c. à s. | jus de citron |
| | poivre fraîchement moulu |

Dans un bol, mélanger le fromage à la crème, la crème aigre et le bacon.

Y incorporer les fines herbes, le jus de citron et le poivre.

Disposer dans des petits bols individuels ou dans un plat, et servir entouré de craquelins de votre choix.

**NOTE DU CHEF**

*Vous pouvez utiliser les fines herbes de votre choix, jusqu'à concurrence de 50 g. Vous n'obtiendrez pas de bons résultats avec des fines herbes séchées.*

| 1 PORTION | | |
|---|---|---|
| 48 CALORIES | 1g GLUCIDES | 2g PROTÉINES |
| 4g LIPIDES | 0,1g FIBRES | 11mg CHOLESTÉROL |

# SOUPES

La soupe est trop souvent synonyme, aujourd'hui, de repas de fortune, de boîte de conserve que l'on réchauffe en vitesse. Or, la véritable soupe-maison est beaucoup plus qu'une nourriture rapidement avalée sur le coin de la table parce qu'on n'a pas le temps de manger ou de préparer autre chose.

Une bonne soupe est le summum du réconfort. Comme vous pourrez le constater d'après la variété des recettes de ce chapitre, elle peut également apporter à votre repas une note d'exotisme ou une touche maison. Elle peut être fort consistante ou faire office de délicate entrée; contenir des ingrédients plus recherchés, comme du homard, ou les restes du réfrigérateur; vous réchauffer en hiver ou vous rafraîchir et vous désaltérer pendant les chaudes soirées d'été.

La soupe se prépare aussi très facilement. Les appareils modernes comme le robot ménager ou le mixer ont éliminé le travail autrefois fastidieux de hacher, de réduire en purée, de filtrer. De plus, les supermarchés nous offrent tout un assortiment de délicieux produits, ce qui nous permet de gagner énormément de temps.

Pourquoi ne pas laisser les illustrations vous enchanter et vous inspirer à préparer de délicieuses soupes?

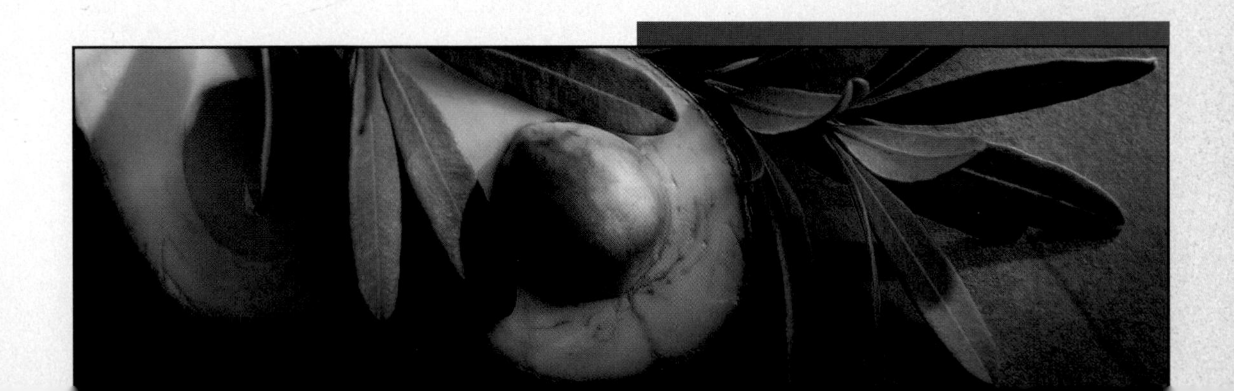

# CRÈME DE CÉLERI

**4 PORTIONS**

| | |
|---|---|
| **1 c. à s.** | **beurre** |
| **125 g** | **céleri haché** |
| **1** | **oignon, haché** |
| **1** | **pomme de terre, épluchée, hachée** |
| **5 dl** | **fond de volaille** |
| **3,75 dl** | **lait écrémé** |
| **0,5 dl** | **crème aigre** |
| **1 c. à s.** | **persil haché** |
| | **sel et poivre** |

Faire fondre le beurre dans une casserole. Ajouter le céleri et l'oignon, et faire cuire sur feu moyen de 5 à 7 minutes, ou jusqu'à ce que l'oignon soit fondu.

Ajouter la pomme de terre et le fond de volaille. Laisser mijoter de 15 à 20 minutes. Incorporer le lait et assaisonner au goût.

Travailler le mélange au robot ménager ou au mixer jusqu'à ce qu'il soit lisse. Réchauffer la soupe si nécessaire. Garnir d'une grosse cuillerée de crème aigre, parsemer de persil et servir.

| 1 PORTION | | |
|---|---|---|
| 121 CALORIES | 14g GLUCIDES | 5g PROTÉINES |
| 5g LIPIDES | 1,4g FIBRES | 15mg CHOLESTÉROL |

# CRÈME SAFRANÉE AUX MOULES

**4 PORTIONS**

| | |
|---|---|
| **2 c. à c.** | **beurre** |
| **2** | **échalotes roses hachées, ou 1 oignon rouge** |
| **1 kg** | **moules, brossées, ébarbées** |
| **2,5 dl** | **vin blanc sec** |
| **2,5 dl** | **fumet de poisson** |
| **1** | **pincée de safran** |
| **3,75 dl** | **crème fleurette** |

Faire fondre le beurre dans une grande casserole. Y mettre les échalotes et faire cuire à feu moyen jusqu'à ce qu'elles fondent. Ajouter les moules, mouiller avec le vin blanc, couvrir et laisser cuire 5 minutes, en remuant de temps en temps.

Retirer les coquillages. Décoquiller les moules et les tenir au chaud. Jeter tout coquillage fermé.

Dans la casserole, ajouter le fumet de poisson et le safran. Laisser réduire légèrement, à découvert, pendant environ 5 minutes.

Incorporer la crème. Laisser réduire légèrement sur feu moyen, environ 5 minutes, en évitant toute ébullition. Incorporer les moules tenues au chaud et servir aussitôt. Garnir avec quelques moules dans leurs coquilles, si désiré.

**NOTE DU CHEF**

*Servez cette soupe avant un mets de résistance léger, tel que de la viande grillée.*

*Afin de rendre cette soupe plus consistante, vous pouvez ajouter, en même temps que les oignons, 325 g de pommes de terre cuites à l'eau et coupées en dés, et remplacer la crème par du lait.*

**1 PORTION**

| | | |
|---|---|---|
| 246 CALORIES | 10g GLUCIDES | 11g PROTÉINES |
| 18g LIPIDES | 0,3g FIBRES | 73mg CHOLESTÉROL |

# SOUPE MILANAISE AU POULET ET AUX CHAMPIGNONS

**8 PORTIONS**

**NOTE DU CHEF**

*Servez cette soupe avant un plat principal de viande ou de poisson grillé, ou avec une salade composée.*

| | |
|---|---|
| **1 litre** | **fond de volaille** |
| **1 c. à c.** | **beurre** |
| **250 g** | **poitrine de poulet sans la peau, désossée** |
| **80 g** | **jambon cuit, en julienne fine** |
| **100 g** | **champignons émincés** |
| **0,5 dl** | **épaississant pour sauces blanches ou brunes** |
| **2,5 dl** | **crème fleurette** |
| **125 g** | **concentré de tomates** |
| **20 g** | **parmesan râpé** |

Dans une grande casserole, porter le fond de volaille à ébullition. Réduire le feu et laisser mijoter.

Faire fondre le beurre dans une cocotte à revêtement antiadhésif. Y faire colorer les poitrines de poulet sur tous les côtés. Les retirer et réserver. Faire cuire le jambon et les champignons émincés dans la même cocotte pendant 5 minutes, en remuant. Retirer du feu.

Incorporer au fond de volaille l'épaississant, la crème fleurette et le concentré de tomates. Bien battre au fouet.

Détailler les poitrines de poulet en fines lamelles. Incorporer au fond de volaille le poulet, le jambon et les champignons. Servir la soupe accompagnée de parmesan.

| 1 PORTION | | |
|---|---|---|
| 295 CALORIES | 17g GLUCIDES | 23g PROTÉINES |
| 15g LIPIDES | 2,1g FIBRES | 81mg CHOLESTÉROL |

# SOUPE AUX CAROTTES ET AUX LENTILLES

**4 PORTIONS**

| | |
|---|---|
| **2 c. à s.** | **beurre** |
| **1** | **oignon, finement haché** |
| **250 g** | **carottes finement hachées** |
| **30 g** | **lentilles rouges, triées, rincées** |
| **6,25 dl** | **fond maigre** |
| | **jus de 1 orange** |
| | **sel et poivre** |

Faire fondre le beurre dans une casserole. Y faire revenir l'oignon en remuant, jusqu'à ce qu'il soit fondu.

Ajouter les carottes, les lentilles et le fond maigre. Porter à ébullition puis réduire le feu et laisser mijoter environ 15 minutes.

Travailler au robot ménager jusqu'à ce que la soupe ait une consistance lisse.

Remettre la soupe dans la casserole. Ajouter le jus d'orange, le sel et le poivre et faire réchauffer doucement. Servir la soupe aussitôt, agrémentée d'une bonne cuillerée de yaourt et parsemée de quelques fines herbes, si désiré.

**NOTE DU CHEF**

*Les lentilles rouges cuisent très vite. Si vous utilisez des lentilles brunes, prévoyez un temps de cuisson plus long.*

**1 PORTION**

| | | |
|---|---|---|
| *134* CALORIES | *16g* GLUCIDES | *4g* PROTÉINES |
| *6g* LIPIDES | *2,9g* FIBRES | *16mg* CHOLESTÉROL |

# CRÈME D'ASPERGES

**4 PORTIONS**

| | |
|---|---|
| **1 c. à s.** | **beurre** |
| **1** | **oignon rouge, haché** |
| **2** | **côtes de céleri-branche, hachées** |
| **1** | **gousse d'ail, hachée** |
| **1** | **échalote nouvelle, hachée** |
| **1 c. à s.** | **farine** |
| **7,5 dl** | **lait écrémé** |
| **1 c. à s.** | **xérès** |
| **1** | **feuille de laurier** |
| **1 c. à c.** | **jus de ciron** |
| **1/2 c. à c.** | **thym en poudre** |
| **400 g** | **pointes d'asperges cuites, égouttées, hachées (réserver quelques pointes pour garnir)** |
| | **sel et poivre fraîchement moulu** |
| | **persil ciselé, pour garnir** |

Faire fondre le beurre dans une grosse cocotte. En remuant, y faire revenir l'oignon, le céleri, l'ail et l'échalote nouvelle jusqu'à ce que l'oignon soit fondu.

Saupoudrer de farine et mélanger. Incorporer graduellement le lait jusqu'à ce que le mélange soit lisse. Ajouter le reste des ingrédients, couvrir et laisser mijoter pendant environ 20 minutes. Retirer du feu et travailler au robot ménager jusqu'à ce que la soupe soit lisse et crémeuse.

Servir la soupe chaude, garnie de pointes d'asperges et de persil ciselé.

1 Faire cuire l'oignon avec le céleri, l'ail et l'échalote, jusqu'à ce qu'il soit fondu.

2 Saupoudrer de farine, puis verser le lait graduellement.

3 Ajouter le reste des ingrédients et laisser mijoter.

4 Travailler au robot ménager jusqu'à ce que la soupe soit lisse et crémeuse.

| 1 PORTION | | |
|---|---|---|
| 144 CALORIES | 17g GLUCIDES | 10g PROTÉINES |
| 4g LIPIDES | 2,8g FIBRES | 12mg CHOLESTÉROL |

# SOUPE CRÉMEUSE À L'OIGNON

**4 PORTIONS**

**NUTRITION +**

*Les pois cassés et les carottes ajoutent des fibres et des minéraux à la traditionnelle soupe à l'oignon. Laissez bien dorer les oignons afin d'en faire ressortir toute la saveur.*

| | |
|---|---|
| **70 g** | **pois cassés jaunes, triés, rincés** |
| **5 dl** | **eau** |
| **2 c. à s.** | **beurre** |
| **170 g** | **oignons hachés** |
| **40 g** | **carottes hachées** |
| **2,5 dl** | **fond maigre ou fond de volaille** |
| **1** | **feuille de laurier** |
| **1/2 c. à c.** | **aneth séché** |
| **1/4 c. à c.** | **thym séché** |
| **0,75 dl** | **lait écrémé** |
| | **sel et poivre** |
| | **crème aigre pour garnir** |

Dans une casserole, mettre les pois cassés et l'eau. Porter à ébullition puis réduire le feu à moyen et laisser mijoter environ 30 minutes. Ne pas égoutter.

Faire fondre le beurre dans un poêlon à revêtement antiadhésif. Y faire revenir les oignons et les carottes sur feu moyen, pendant environ 10 minutes, ou jusqu'à ce que les oignons soient dorés. Verser cette préparation sur les pois cassés; en réserver un peu pour garnir, si désiré.

Ajouter le fond maigre, la feuille de laurier, l'aneth et le thym. Couvrir partiellement et laisser mijoter environ 30 minutes.

Assaisonner si désiré et retirer la feuille de laurier. Incorporer le lait. Travailler au robot ménager jusqu'à ce que la soupe soit lisse.

Réchauffer avant de servir. Garnir d'une bonne cuillerée de crème aigre.

**1 PORTION**

| | | |
|---|---|---|
| 200 CALORIES | 16g GLUCIDES | 6g PROTÉINES |
| 8g LIPIDES | 3,0g FIBRES | 22mg CHOLESTÉROL |

# CRÈME DE CAROTTES À L'ORANGE

**4 PORTIONS**

| | |
|---|---|
| 1 c. à s. | huile végétale |
| 8 | carottes, pelées, râpées |
| 2 | oignons, finement hachés |
| 1 litre | fond maigre |
| 2 c. à s. | beurre |
| 2 c. à s. | farine |
| 2,5 dl | jus d'orange non sucré |
| | zeste râpé de 1 orange |
| | sel et poivre |
| | yaourt ou tranches d'orange pour garnir |

Faire chauffer l'huile dans une casserole. En remuant, y faire revenir les carottes, les oignons et le zeste d'orange jusqu'à ce que les oignons soient fondus. Ajouter le fond maigre, couvrir et laisser mijoter de 15 à 20 minutes sur feu moyen-vif.

Faire fondre le beurre dans une petite casserole. Y verser la farine et la laisser cuire quelques secondes. Incorporer le jus d'orange, le sel et le poivre, et faire cuire en remuant, jusqu'à ce que la soupe ait légèrement épaissi.

Retirer les carottes et tout autre solide du bouillon. Les réduire en purée au robot ménager puis les remettre dans la casserole, avec le bouillon. Incorporer la préparation au jus d'orange jusqu'à ce que la soupe soit crémeuse.

Servir la soupe chaude, garnie de tranches d'orange ou de yaourt, si désiré.

**1 PORTION**

| | | |
|---|---|---|
| 214 CALORIES | 28g GLUCIDES | 3g PROTÉINES |
| 10g LIPIDES | 5,5g FIBRES | 16mg CHOLESTÉROL |

# CRÈME D'AVOCATS

**4 PORTIONS**

| | |
|---|---|
| 1 c. à s. | beurre |
| 1 | oignon, émincé |
| 2 | gousses d'ail, hachées |
| 2 | avocats mûrs, épluchés, hachés |
| 2 c. à s. | jus de citron |
| 2 c. à s. | xérès |
| 5 dl | fond de volaille |
| 1 c. à s. | fécule de maïs |
| 5 dl | lait écrémé |
| 0,5 dl | crème fleurette |
| | sel et poivre fraîchement moulu |

Faire fondre le beurre dans une casserole, sur feu moyen. Y faire revenir l'oignon, l'ail et les avocats jusqu'à ce que l'oignon soit fondu. Ajouter le jus de citron, le xérès et le fond de volaille. Assaisonner et laisser mijoter 5 minutes.

Réduire au robot ménager ou au mixer jusqu'à ce que la préparation soit lisse et crémeuse. Remettre dans la casserole. Délayer la fécule de maïs dans le lait et l'incorporer à la soupe à l'avocat.

Porter doucement la soupe à ébullition et laisser cuire jusqu'à ce qu'elle ait la consistance désirée. Incorporer la crème et servir.

~

**1 PORTION**

| | | |
|---|---|---|
| 280 CALORIES | 18g GLUCIDES | 7g PROTÉINES |
| 20g LIPIDES | 2,9g FIBRES | 15mg CHOLESTÉROL |

# CRÈME D'ENDIVES

**6 PORTIONS**

| | |
|---|---|
| 6 | endives |
| 1 c. à s. | beurre |
| 3 | pommes de terre moyennes, pelées, hachées |
| 2 | petits navets, pelés, hachés |
| 2 | blancs de poireaux, nettoyés, hachés |
| 2 | oignons, épluchés, hachés |
| 1,5 litre | fond de volaille |
| | sel et poivre |
| | persil ou autres fines herbes hachées pour garnir |

Essuyer les endives pour les nettoyer; ne pas les laver. En retirer le pied, qui rendrait la soupe âcre. Les faire cuire 25 minutes dans de l'eau bouillante salée. Égoutter et hacher grossièrement.

Faire fondre le beurre dans un poêlon. Y faire cuire les endives en remuant, environ 3 minutes. Retirer les endives et réserver.

Mélanger les autres légumes et le fond de volaille dans une grande casserole. Couvrir et laisser mijoter doucement de 20 à 25 minutes.

Retirer les légumes du liquide et les réduire en purée, avec les endives, au robot ménager. Incorporer au liquide, dans la casserole, et assaisonner. Garnir avec du persil ou des fines herbes, de votre choix.

**NUTRITION +**

*Afin de réduire la teneur en cholestérol, remplacez le beurre par de l'huile d'olive et dégraissez le fond de volaille.*

**1 PORTION**

| | | |
|---|---|---|
| 114 CALORIES | 21g GLUCIDES | 3g PROTÉINES |
| 2g LIPIDES | 3,1g FIBRES | 5mg CHOLESTÉROL |

# MINESTRONE

**4 À 6 PORTIONS**

| | |
|---|---|
| **2** | **carottes, pelées** |
| **2** | **navets, pelés** |
| **1/2** | **rutabaga, pelé** |
| **2** | **pommes de terre, pelées** |
| **4** | **fines tranches de bacon, hachées** |
| **1** | **oignon, finement haché** |
| **1** | **gousse d'ail, écrasée** |
| **60 g** | **concentré de tomates** |
| **1,75 litre** | **eau** |
| **1 c. à s.** | **concentré liquide de fond maigre** |
| **65 g** | **tomates en dés** |
| **60 g** | **riz, cuit** |
| **50 g** | **haricots verts, coupés en tronçons, blanchis** |
| **1 c. à s.** | **persil ciselé** |
| | **sel et poivre** |

Détailler en petits morceaux les carottes, les navets, le rutabaga et les pommes de terre. Garder les morceaux de pommes de terre dans de l'eau froide pour éviter qu'ils ne noircissent.

Faire revenir le bacon et l'oignon dans une grande casserole, sur feu doux, environ 5 minutes, en remuant de temps en temps. Ajouter les carottes, les navets et le rutabaga. Faire cuire 5 minutes à feu moyen.

Ajouter l'ail et le concentré de tomates et mélanger pour bien en enrober les légumes.

Ajouter l'eau, le concentré de fond maigre et les pommes de terre. Laisser mijoter 20 minutes.

Ajouter les dés de tomates, le riz, les haricots verts et le persil. Assaisonner si désiré. Servir très chaud.

**NOTE DU CHEF**

*Vous pouvez transformer le minestrone en une soupe-repas en y ajoutant une boîte de flageolets en conserve, rincés et égouttés. Rehaussez la saveur du minestrone en le saupoudrant de parmesan.*

**1 PORTION**

*118* CALORIES | *22g* GLUCIDES | *3g* PROTÉINES | *2g* LIPIDES | *3,6g* FIBRES | *3mg* CHOLESTÉROL

# CHAUDRÉE DE PALOURDES ET DE POISSON

**4 PORTIONS**

| | |
|---|---|
| 1 c. à s. | beurre |
| 1 | petite carotte, en dés |
| 1 | côte de céleri-branche, en dés |
| 1/2 | oignon, finement haché |
| 2 c. à s. | farine |
| 1 c. à s. | curcuma moulu |
| 300 g | palourdes en conserve, avec leur jus |
| 200 g | thon nature en conserve, égoutté, émietté |
| 200 g | saumon en conserve, égoutté, émietté |
| 90 g | grains de maïs en conserve, égouttés |
| 5 dl | fumet de poisson |
| 1 | feuille de laurier |
| 1 c. à s. | fécule de maïs délayée dans un peu d'eau |
| | sel et poivre |

**NOTE DU CHEF**

*Si vous n'avez pas de fumet de poisson sous la main, vous pouvez le remplacer par du fond de volaille, ou encore par quelques cubes de bouillon dissous.*

Faire fondre le beurre dans une grande casserole. Y faire revenir la carotte, le céleri et l'oignon sur feu moyen, environ 5 minutes, ou jusqu'à ce que l'oignon soit fondu.

Saupoudrer de farine et de curcuma; bien mélanger.

Ajouter les palourdes et leur jus, le thon, le saumon, les grains de maïs, le fumet de poisson et la feuille de laurier. Laisser mijoter à feu doux, environ 20 minutes.

Retirer la feuille de laurier puis incorporer la fécule de maïs délayée. Assaisonner au goût.

1 Faire cuire la carotte, le céleri et l'oignon jusqu'à ce qu'ils soient fondus.

2 Saupoudrer de farine et de curcuma.

3 Ajouter les palourdes et leur jus, le thon, le saumon, le maïs, le fumet de poisson et la feuille de laurier.

4 Incorporer au liquide la fécule de maïs délayée, puis assaisonner si désiré.

**1 PORTION**

| | | |
|---|---|---|
| 307 CALORIES | 16g GLUCIDES | 36g PROTÉINES |
| 11g LIPIDES | 1,3g FIBRES | 75mg CHOLESTÉROL |

**NOTE DU CHEF**

*Vous pouvez substituer certains légumes par d'autres ou en ajouter, par exemple des courgettes ou des haricots verts.*

# SOUPE BONNE FEMME

**6 PORTIONS**

| | |
|---|---|
| 1 c. à s. | beurre |
| 1 | gousse d'ail, hachée |
| 125 g | côtes de céleri-branche avec feuilles, hachées |
| 2 | blancs de poireaux, émincés |
| 2 | pommes de terre, pelées, en dés |
| 1 | petit navet, pelé, en dés |
| 1 | concombre, pelé, épépiné, en dés |
| 2 litres | fond maigre |
| 1/4 c. à c. | graines de céleri |
| 120 g | petits pois surgelés, décongelés |

## CROÛTONS

| | |
|---|---|
| 2 | tranches de pain complet, en dés |
| 1 c. à s. | beurre fondu |
| 1 c. à s. | ciboulette finement hachée |

Préchauffer le four à 150 °C.

Faire fondre le beurre dans une grande casserole. Y faire revenir l'ail, le céleri, les blancs de poireaux, les pommes de terre, le navet et le concombre, de 3 à 4 minutes.

Ajouter le fond maigre et les graines de céleri. Couvrir et laisser mijoter environ 25 minutes à feu moyen. Ajouter les petits pois et faire cuire de nouveau 10 minutes.

Pendant ce temps, mélanger dans un bol les dés de pain avec le beurre fondu et la ciboulette. Disposer le pain sur une tôle et faire dorer sous le gril du four pendant environ 15 minutes, en remuant de temps en temps.

Verser la soupe dans des bols réchauffés, la parsemer de croûtons et servir très chaud.

**1 PORTION**

| | | |
|---|---|---|
| 171 CALORIES | 23g GLUCIDES | 4g PROTÉINES |
| 7g LIPIDES | 5,9g FIBRES | 17mg CHOLESTÉROL |

# SOUPE DE NOUILLES ET DE LÉGUMES EN JULIENNE

**4 PORTIONS**

| | |
|---|---|
| 1 | carotte, pelée |
| 60 g | haricots mange-tout |
| 1 | blanc de poireau |
| 55 g | chou pommé blanc |
| 1 | poivron rouge |
| 1,5 litre | fond de volaille |
| 90 g | vermicelles |
| 75 g | germes de soja |

Couper en julienne la carotte, les haricots mange-tout, le blanc de poireau, le chou et le poivron. Les garder dans des bols séparés.

Dans une grande casserole, porter le fond de volaille à ébullition. (Dégraisser avant d'y ajouter les légumes.)

Ajouter les autres ingrédients au bouillon, en commençant par la carotte, puis, par ordre, les haricots mange-tout, les vermicelles, le blanc de poireau, le chou, les germes de soja et le poivron rouge. Porter de nouveau à ébullition.

Retirer aussitôt du feu et laisser reposer 10 minutes, à couvert, avant de servir.

| 1 PORTION | | |
|---|---|---|
| *116* CALORIES | *24g* GLUCIDES | *5g* PROTÉINES |
| *0g* LIPIDES | *2,2g* FIBRES | *0mg* CHOLESTÉROL |

# SOUPE MÉDITERRANÉENNE AU PISTOU

**4 PORTIONS**

**NOTE DU CHEF**

*Dans cette recette, évitez de remplacer le basilic frais par du basilic séché.*

| | |
|---|---|
| 1,5 litre | fond de volaille |
| 120 g | carottes pelées, en dés |
| 100 g | côtes de céleri-branche en dés |
| 80 g | blancs de poireaux en dés |
| 100 g | haricots verts en tronçons de 2,5 cm |
| 1 | petit oignon, haché |
| 3 c. à s. | basilic haché |
| 2 | gousses d'ail, finement hachées |
| 1 c. à s. | huile d'olive |
| 2 | tomates pelées, épépinées, en dés |
| | sel et poivre |
| | parmesan râpé |

Dans une grande casserole, faire mijoter le fond de volaille, les carottes, le céleri, les blancs de poireaux, les haricots verts et l'oignon pendant environ 20 minutes.

Travailler ensemble le basilic, l'ail, l'huile d'olive et un peu de bouillon chaud pour obtenir une pâte assez lisse.

Ajouter les dés de tomates et servir dans les assiettes à soupe. Saupoudrer de parmesan et ajouter un peu de pâte au basilic, ou laisser les invités s'en servir à leur gré.

1 PORTION

| | | |
|---|---|---|
| 114 CALORIES | 12g GLUCIDES | 3g PROTÉINES |
| 6g LIPIDES | 2,7g FIBRES | 2mg CHOLESTÉROL |

# SOUPE ORIENTALE AUX CREVETTES, ÉPICÉE

**4 PORTIONS**

| | |
|---|---|
| **7,5 dl** | **fond de volaille** |
| **70 g** | **champignons émincés** |
| **280 g** | **pousses de bambou en conserve, égouttées, émincées** |
| **150 g** | **petites palourdes en conserve, égouttées** |
| **175 g** | **petites crevettes décortiquées** |
| **2 c. à s.** | **fécule de maïs délayée dans un peu d'eau** |
| **1/2 c. à c.** | **piment rouge écrasé** |
| **2 c. à s.** | **vinaigre de vin blanc** |
| **1** | **œuf, battu** |
| **2** | **échalotes nouvelles, hachées** |
| | **sel et poivre fraîchement moulu** |

Porter le fond de volaille à ébullition dans une grande casserole. Y mettre les champignons et laisser mijoter 5 minutes.

Ajouter les pousses de bambou, les palourdes et les crevettes. Incorporer la fécule de maïs délayée et laisser mijoter jusqu'à ce que la soupe épaississe légèrement.

Assaisonner avec le piment écrasé, le vinaigre, le sel et le poivre. Ajouter l'œuf et battre à la fourchette de telle sorte qu'il forme de longs filaments.

Parsemer d'échalotes nouvelles et servir.

**NOTE DU CHEF**

*Ne laissez pas la soupe bouillir une fois que vous y avez ajouté l'œuf. Celui-ci doit se défaire en longs filaments, mais il ne doit pas trop cuire.*

**1 PORTION**

| | | |
|---|---|---|
| 131 CALORIES | 8g GLUCIDES | 18g PROTÉINES |
| 3g LIPIDES | 0,7g FIBRES | 147mg CHOLESTÉROL |

# CONSOMMÉ AUX WONTONS FARCIS À LA VIANDE

**4 PORTIONS**

| | |
|---|---|
| **2** | **saucisses italiennes épicées, non cuites** |
| **6** | **grosses crevettes crues, décortiquées, déveinées** |
| **150 g** | **viande de porc hachée, maigre** |
| **2** | **échalotes nouvelles, hachées** |
| **1** | **gousse d'ail** |
| **1 c. à c.** | **sauce soja légère** |
| **1 c. à c.** | **xérès** |
| **1 c. à c.** | **huile de sésame** |
| **1/4 c. à c.** | **poivre blanc moulu** |
| **20** | **pâtes à wontons** |
| **1 litre** | **fond de volaille** |
| **2** | **échalotes nouvelles, finement hachées** |

Retirer le boyau des saucisses. Travailler la chair à saucisse, les crevettes et la viande de porc au robot ménager.

Ajouter 2 échalotes nouvelles, l'ail, la sauce soja, le xérès, l'huile de sésame et le poivre. Travailler de nouveau pour bien mélanger.

Déposer 1 c. à c. de farce sur chaque pâte à wonton, humecter les bords avec un peu d'eau et replier en triangle. Presser pour sceller les bords. Répéter l'opération jusqu'à l'épuisement de la pâte et de la farce.

Faire chauffer le fond de volaille dans une grande casserole et laisser bouillir 2 minutes.

Faire glisser doucement les wontons dans le bouillon puis les laisser mijoter 3 minutes. Servir la soupe parsemée d'échalotes nouvelles.

1 Préparer le hachis de viandes et de crevettes au robot ménager.

2 Replier la pâte à wonton sur la farce, en triangle.

3 Faire chauffer le bouillon de volaille

4 Laisser mijoter les wontons farcis dans le bouillon.



**1 PORTION**

362 CALORIES | 22g GLUCIDES | 28g PROTÉINES | 18g LIPIDES | 2,0g FIBRES | 137mg CHOLESTÉROL

## SOUPE FROIDE AU MELON

**4 PORTIONS**

**NOTE DU CHEF**

*Le fait de réfrigérer une soupe en altère la consistance. Les soupes froides sont meilleures lorsqu'elles sont un peu plus épaisses. Vous pouvez néanmoins les alléger en ajoutant un peu de lait.*

| | |
|---|---|
| **2** | **cantaloups, coupés en deux, épépinés** |
| **1 c. à s.** | **menthe hachée** |
| **3 c. à s.** | **jus de citron** |
| **50 g** | **yaourt nature demi-écrémé** |
| **0,5 dl** | **fond de volaille** |
| | **sel et poivre fraîchement moulu** |
| | **yaourt nature pour garnir** |
| | **zeste de citron râpé pour garnir** |

Retirer la chair des cantaloups et la mettre dans le bol d'un robot ménager. (Les écorces des cantaloups peuvent servir de bols à soupe, si désiré.)

Ajouter la menthe, le jus de citron, le yaourt, le fond de volaille, le sel et le poivre. Travailler au robot ménager jusqu'à ce que la soupe soit lisse. Couvrir et réfrigérer. La soupe doit être bien froide.

Servir dans des assiettes creuses bien froides et garnir de yaourt et de zeste de citron, si désiré.

~

| 1 PORTION | | |
|---|---|---|
| *117* CALORIES | *24g* GLUCIDES | *3g* PROTÉINES |
| *1 g* LIPIDES | *1,9g* FIBRES | *1mg* CHOLESTÉROL |

## SOUPE FROIDE AU YAOURT ET AU FENOUIL

**4 PORTIONS**

| | |
|---|---|
| **1 litre** | **fond de volaille** |
| **25 g** | **riz à cuisson rapide** |
| **2** | **jaunes d'œufs** |
| **250 g** | **yaourt nature** |
| **2 c. à s.** | **fenouil finement haché** |
| | **sel et poivre fraîchement moulu** |

Porter le fond de volaille à ébullition dans une grande casserole. Ajouter le riz. Saler et poivrer. Couvrir et laisser mijoter 5 minutes, à feu doux.

Dans un bol, battre ensemble les jaunes d'œufs et le yaourt afin d'obtenir un mélange lisse. Y ajouter 3 c. à s. de bouillon chaud.

Retirer la casserole du feu. Y incorporer la préparation aux jaunes d'œufs puis ajouter le fenouil. Bien remuer. Couvrir et mettre au réfrigérateur.

Servir dans des assiettes creuses très froides, et garnir de quelques brins de fenouil.

~

**NOTE DU CHEF**

*Goûtez toujours la soupe lorsqu'elle est froide et rectifiez l'assaisonnement au besoin. Le fait de faire refroidir une soupe en modifie la saveur première.*

| 1 PORTION | | |
|---|---|---|
| 96 CALORIES | 10g GLUCIDES | 5g PROTÉINES |
| 4g LIPIDES | 0,3g FIBRES | 59mg CHOLESTÉROL |

# GASPACHO

**4 PORTIONS**

| | |
|---|---|
| **4** | **petits concombres, pelés, épépinés, hachés grossièrement** |
| **4** | **gousses d'ail, écrasées** |
| **1/2 c. à c.** | **graines de cumin** |
| **2 c. à s.** | **vinaigre de vin rouge** |
| **1 c. à s.** | **huile d'olive** |
| **3** | **tomates, pelées, épépinées** |
| **1** | **poivron vert, épépiné, haché** |
| **1 litre** | **jus de tomate** |
| **2 c. à s.** | **concentré liquide de fond de bœuf** |
| | **poivre fraîchement moulu** |
| | **sauce de piment** |
| | **persil ciselé, pour garnir** |

Mettre les 7 premiers ingrédients dans le bol d'un robot ménager et travailler jusqu'à ce qu'ils soient finement hachés, mais non en purée.

Ajouter le jus de tomate, le concentré de fond de bœuf, le poivre et la sauce de piment. Bien mélanger.

Verser dans un grand bol, couvrir et réfrigérer au moins 4 heures. Garnir de persil et de dés de poivrons ou de concombres et servir.

**NOTE DU CHEF**

*Certaines personnes préfèrent que cette soupe ait une consistance plus onctueuse. Dans ce cas, vous pouvez réduire la soupe en purée, mais garnissez-la de légumes fraîchement hachés pour lui garder du croquant !*

**1 PORTION**

132 CALORIES | 20g GLUCIDES | 4g PROTÉINES
4g LIPIDES | 4g FIBRES | 0mg CHOLESTÉROL

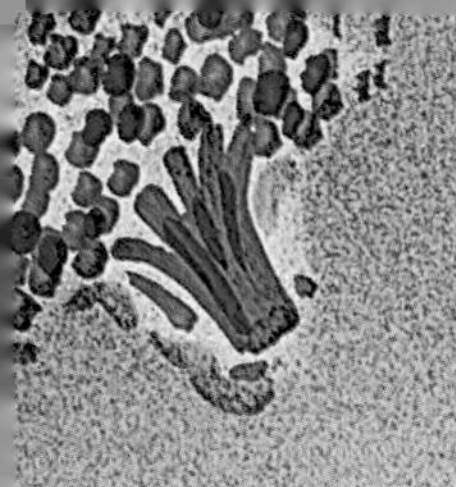

# CUISINE-SANTÉ RAPIDE

Il y a quelques années, un article de journal soulignait qu'une famille moyenne consommait les dix mêmes plats, encore et encore, tout au long de l'année. Si vous faites partie de ces gens ou si vous aimez cuisiner mais que vous préparez toujours machinalement les mêmes recettes, ce chapitre vous enchantera.

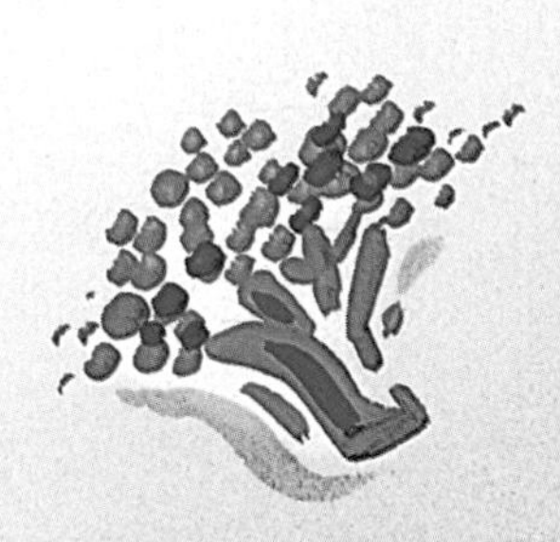

En général, les recettes traditionnelles sont souvent trop riches en matières grasses. De nos jours, les nutritionnistes conseillent de maintenir la quantité de gras ingéré à moins de 35% de l'apport total en calories, et de consommer davantage de poisson et de viande blanche.

Dans ce chapitre, nous avons essayé de suivre ces conseils en réduisant la teneur en gras de certaines recettes qui nous tiennent à cœur, tout en conservant leur saveur. L'accent est mis sur des coupes de viande particulières, des poitrines de poulet sans la peau ainsi que sur un grand éventail de poissons et de fruits de mer.

Chaque recette est facile et rapide à préparer. Des plats exotiques, mexicains ou orientaux, sauront satisfaire les adeptes de ces types de cuisine, tout en surveillant l'apport en matières grasses.

Il n'est pas conseillé de bousculer radicalement le régime alimentaire de votre famille. Cuisinez un nouveau plat de temps en temps, et observez les réactions. Vous pouvez être sûr de trouver, dans ce chapitre, des recettes qui feront la joie de vos convives.

# POULET CROUSTILLANT EN COCOTTE

**4 PORTIONS**

**NOTE DU CHEF**

*Vous pouvez remplacer le babeurre par 3,75 dl de lait écrémé additionné de 1 c. à s. de jus de citron. Laissez reposer quelques minutes avant de l'utiliser.*

| | |
|---|---|
| **1** | **sachet de soupe à l'oignon** |
| **3,75 dl** | **babeurre** |
| **1 c. à s.** | **farine** |
| **2** | **gousses d'ail, finement hachées** |
| **4** | **demi-poitrines de poulet, sans la peau** |
| **220 g** | **macédoine de légumes surgelés** |
| **25 g** | **chapelure** |
| **1 c. à s.** | **beurre** |
| | **paprika** |

Préchauffer le four à 180 °C.

Dans un bol, bien mélanger la soupe à l'oignon, le babeurre, la farine et l'ail. Mettre le poulet dans un plat à rôtir de juste contenance et l'entourer de légumes surgelés. Saupoudrer le tout du mélange à l'oignon.

Mélanger la chapelure avec le beurre.

Faire cuire le poulet au four, à couvert, 20 minutes. Retirer le couvercle et parsemer de chapelure. Faire cuire de nouveau 25 minutes, ou jusqu'à ce que le poulet soit bien cuit. (Les poitrines de poulet non désossées demandent un temps de cuisson plus long.)

Saupoudrer de paprika avant de servir. Quelques gouttes de citron rehaussent la saveur du plat.

1 PORTION

| | | |
|---|---|---|
| 311 CALORIES | 27g GLUCIDES | 35g PROTÉINES |
| 7g LIPIDES | 4,3g FIBRES | 87mg CHOLESTÉROL |

# POULET AU CITRON CUIT AU FOUR

**4 PORTIONS**

| | |
|---|---|
| **5 dl** | **eau bouillante** |
| **2** | **sachets de thé au citron** |
| **2** | **citrons** |
| **6** | **tranches de pain** |
| **0,75 dl** | **lait écrémé** |
| **4** | **pilons de poulet** |
| **1 c. à s.** | **huile végétale** |
| **100 g** | **sucre blanc** |
| **2 c. à s.** | **vinaigre de vin** |
| **2 c. à s.** | **sauce soja claire** |

Préchauffer le four à 200 °C. Verser l'eau bouillante sur les sachets de thé au citron et laisser infuser.

Râper le zeste des citrons. Réserver. Hacher les citrons et réserver.

Tremper les tranches de pain dans du lait additionné du zeste des citrons. Réduire en purée avec une fourchette.

Avec les doigts, détacher la peau de la partie charnue des pilons. Farcir sous la peau avec le pain, puis retenir la peau à l'aide de cure-dents. Faire dorer les pilons à l'huile, dans un poêlon à revêtement antiadhésif. Les retirer et les disposer dans un plat à rôtir.

Dans le poêlon, faire chauffer le sucre et le vinaigre, à feu moyen-vif. Ajouter le thé, les citrons hachés et la sauce soja. Porter à ébullition puis verser la sauce sur le poulet.

Faire cuire au four, à découvert, pendant 40 minutes. Retirer le poulet et le tenir au chaud. Passer le jus de cuisson au chinois et laisser réduire à feu moyen pendant 5 minutes. En napper le poulet. Servir avec de la purée de pommes de terre et un légume au choix.

**NOTE DU CHEF**

*Vous pouvez également ajouter 160 g d'épinards cuits hachés à la farce.*

**1 PORTION**

| | | |
|---|---|---|
| 250 CALORIES | 22g GLUCIDES | 18g PROTÉINES |
| 10g LIPIDES | 3,2g FIBRES | 50mg CHOLESTÉROL |

# POULET MIJOTÉ À L'INDIENNE

**4 PORTIONS**

**NOTE DU CHEF**

*Vous pouvez retirer la peau des morceaux de poulet et les dégraisser avant de les faire cuire. Il est possible de préparer la marinade la veille, de mettre le poulet à mariner le matin, et de le faire cuire dès votre retour du travail.*

| | |
|---|---|
| **1,5 kg** | **poulet détaillé en morceaux** |
| **1 c. à s.** | **huile végétale** |
| **800 g** | **tomates aux fines herbes, en conserve** |
| | **sel et poivre** |

## MARINADE

| | |
|---|---|
| **2 c. à s.** | **poudre de cari** |
| **1 c. à s.** | **cumin moulu** |
| **1 c. à c.** | **piment de Cayenne** |
| **2 c. à s.** | **origan haché** |
| **1** | **gousse d'ail hachée** |
| **2 c. à s.** | **huile végétale** |

Mélanger tous les ingrédients de la marinade dans un bol. Réserver.

Déposer les morceaux de poulet dans un plat profond ou dans un bol. Napper de marinade. Couvrir et laisser mariner plusieurs heures au réfrigérateur.

Faire chauffer l'huile dans un poêlon creux et y faire brunir les morceaux de poulet sur toutes les faces, pendant environ 8 minutes.

Jeter la graisse. Ajouter les tomates, couvrir et laisser mijoter 20 minutes à feu moyen. Assaisonner au goût. Servir accompagné de riz et d'un légume vert.

1 Préparer la marinade.

2 Napper les morceaux de poulet de marinade.

3 Faire brunir les morceaux de poulet de tous côtés dans l'huile chaude.

4 Ajouter les tomates et laisser mijoter.

| 1 PORTION | | |
|---|---|---|
| 295 CALORIES | 8g GLUCIDES | 32g PROTÉINES |
| 15g LIPIDES | 1,5g FIBRES | 53mg CHOLESTÉROL |

# SOUFFLÉ AU POULET

**4 PORTIONS**

| | |
|---|---|
| **60 g** | **chapelure** |
| **1,25 dl** | **lait écrémé** |
| **2 c. à c.** | **huile d'olive** |
| **1/2** | **oignon, finement haché** |
| **1** | **côte de céleri-branche, finement hachée** |
| **100 g** | **champignons finement hachés** |
| **3** | **œufs** |
| **500 g** | **poulet cuit haché** |
| **65 g** | **poivron rouge en dés** |
| **1/2 c. à c.** | **paprika** |
| | **sel et poivre** |

Préchauffer le four à 160 °C. Beurrer un moule à soufflé.

Faire tremper la chapelure dans le lait pendant 5 minutes.

Pendant ce temps, faire chauffer l'huile dans un poêlon à revêtement antiadhésif. Y faire revenir l'oignon, le céleri et les champignons pendant 5 minutes, ou jusqu'à ce que l'oignon soit fondu.

Séparer les jaunes d'œufs des blancs. Dans un bol, mélanger les jaunes d'œufs, le poulet, le poivron rouge, la chapelure et la préparation à l'oignon. Assaisonner de paprika, de sel et de poivre.

Dans un autre bol, battre les blancs d'œufs en neige ferme. Les incorporer délicatement au premier mélange. Verser le tout dans le moule à soufflé.

Faire cuire au four de 50 à 60 minutes, ou jusqu'à ce que la lame d'un couteau enfoncée au cœur du soufflé en ressorte sèche.

~

**1 PORTION**

| | | |
|---|---|---|
| 351 CALORIES | 26g GLUCIDES | 37g PROTÉINES |
| 11g LIPIDES | 1,1g FIBRES | 279mg CHOLESTÉROL |

# POULET AU COULIS DE TOMATES

**4 PORTIONS**

| | |
|---|---|
| **5 dl** | **jus de tomate** |
| **1 c. à s.** | **concentré de tomates** |
| **1** | **pincée de sucre** |
| **2 c. à s.** | **épaississant pour sauces blanches ou brunes** |
| **4** | **demi-poitrines de poulet, sans la peau, désossées** |
| | **persil fraîchement ciselé pour garnir** |

Préchauffer le four à 180 °C.

Dans une casserole, porter à ébullition le jus de tomate, le concentré de tomates et le sucre. Dès les premiers bouillons, incorporer l'épaississant et retirer du feu.

Déposer les morceaux de poulet dans un plat allant au four, légèrement beurré. Faire cuire au four de 15 à 20 minutes, jusqu'à ce que la chair du poulet ne soit plus rosée.

Verser la sauce dans les assiettes. Trancher le poulet et le disposer sur la sauce. Servir avec des haricots verts et des pommes de terre à la vapeur, ou avec une combinaison de riz blanc et de riz sauvage.

**NOTE DU CHEF**

*Vous pouvez saupoudrer le poulet de basilic fraîchement ciselé, de zeste d'orange, ou encore de parmesan râpé.*

| 1 PORTION | | |
|---|---|---|
| *175* CALORIES | *9g* GLUCIDES | *28g* PROTÉINES |
| *3g* LIPIDES | *1,1g* FIBRES | *73mg* CHOLESTÉROL |

# CHOP SUEY À LA DINDE

**4 PORTIONS**

| | |
|---|---|
| **350 g** | **poitrine de dinde, sans la peau, désossée** |
| **2 c. à s.** | **huile végétale** |
| **130 g** | **petits bouquets de chou-fleur** |
| **130 g** | **petits bouquets de brocoli** |
| **2** | **gousses d'ail, finement hachées** |
| **3** | **côtes de céleri-branche, émincées** |
| **1** | **poivron rouge, émincé** |
| **1** | **sachet de soupe à l'oignon** |
| **2,5 dl** | **eau** |
| **675 g** | **germes de soja** |
| **1** | **boîte d'épis de maïs miniatures en conserve, coupés en deux** |
| **120 g** | **petits pois surgelés** |
| **1 c. à s.** | **fécule de maïs, délayée dans un peu d'eau** |

Trancher la dinde en fines lamelles et les faire frire au wok dans 1 c. à s. d'huile chaude, jusqu'à ce que la chair ne soit plus rosée.

Faire blanchir les bouquets de chou-fleur et de brocoli dans de l'eau bouillante. Égoutter et réserver.

Faire chauffer le reste de l'huile dans le wok et y faire sauter l'ail, le céleri et le poivron rouge de 2 à 3 minutes. Ajouter la soupe à l'oignon et l'eau. Faire cuire de 2 à 3 minutes.

Ajouter les germes de soja, les épis de maïs, les petits pois, les bouquets de chou-fleur et de brocoli. Faire cuire juste assez pour que les légumes restent légèrement croquants. Ajouter la dinde et incorporer la fécule de maïs pour épaissir.

**NOTE DU CHEF**

*Vous pouvez varier cette recette de base et utiliser les ingrédients que vous avez sous la main. En remplaçant la dinde par du tofu en dés et en ajoutant des champignons émincés, vous obtiendrez un chop suey végétarien délicieux.*

**1 PORTION**

344 CALORIES / 37g GLUCIDES / 31g PROTÉINES
8g LIPIDES / 7,5g FIBRES / 58mg CHOLESTÉROL

# POITRINE DE DINDE À LA SAUCE AU BASILIC

**4 PORTIONS**

**NOTE DU CHEF**

*Ciselez le basilic juste avant son utilisation sinon il aura tendance à noircir.*

| | |
|---|---|
| **600 g** | **poitrine de dinde, sans la peau, désossée** |
| **2 c. à s.** | **huile végétale** |
| **2 c. à s.** | **échalotes roses hachées** |
| **1 c. à c.** | **ail haché** |
| **1,25 dl** | **vin blanc sec (facultatif)** |
| **250 g** | **tomates, broyées** |
| **2,5 dl** | **sauce brune en conserve** |
| **3 c. à s.** | **basilic ciselé** |
| | **sel et poivre** |

Découper la poitrine de dinde en 4 portions. Faire chauffer l'huile dans un grand poêlon et y faire brunir les morceaux de dinde, 2 minutes de chaque côté.

Ajouter les échalotes et les faire cuire jusqu'à ce qu'elles soient fondues. Ajouter l'ail et le vin blanc; laisser cuire de 1 à 2 minutes. Incorporer les tomates et la sauce brune. Laisser mijoter de 12 à 15 minutes à feu moyen.

Incorporer le basilic et assaisonner au goût. Servir avec des pommes de terre à la vapeur.

| 1 PORTION | | |
|---|---|---|
| 305 CALORIES | 7g GLUCIDES | 49g PROTÉINES |
| 9g LIPIDES | 0,7g FIBRES | 102mg CHOLESTÉROL |

# TOURNEDOS DE DINDE GRILLÉS, SERVIS AVEC PÂTES

**2 PORTIONS**

| | |
|---|---|
| **250 g** | **pâtes sèches ou fraîches** |
| **2** | **tournedos de dinde** |
| **2 c. à c.** | **huile d'olive** |
| **35 g** | **champignons émincés** |
| **1** | **gousse d'ail, écrasée** |
| **2,5 dl** | **sauce à spaghetti, en conserve ou maison** |
| | **basilic ciselé** |
| | **poivre fraîchement moulu** |
| | **parmesan râpé** |

Faire cuire les pâtes tel qu'indiqué sur l'emballage.

Faire cuire les tournedos sous le gril du four ou dans un poêlon à revêtement antiadhésif, de 10 à 12 minutes ou jusqu'à ce que les 2 côtés soient bien bruns.

Pendant ce temps, faire chauffer l'huile dans un autre poêlon à revêtement antiadhésif. Y faire cuire les champignons en remuant, jusqu'à ce qu'ils soient dorés. Ajouter l'ail, le basilic et le poivre. Incorporer la sauce à spaghetti et réchauffer sur feu doux.

Lorsque les pâtes sont cuites, les égoutter et les mélanger avec les ¾ de la sauce aux champignons. Servir le tournedos grillé accompagné de pâtes. Garnir les pâtes d'un peu de la sauce qui reste et saupoudrer de parmesan.

**NOTE DU CHEF**

*Remplacez les tournedos par d'épaisses tranches de poitrine de dinde ou encore par des poitrines de poulet sans la peau et désossées.*

**1 PORTION**

| | | |
|---|---|---|
| 887 CALORIES | 93g GLUCIDES | 50g PROTÉINES |
| 35g LIPIDES | 3,8g FIBRES | 256 mg CHOLESTÉROL |

**NOTE DU CHEF**

*Servez ce plat savoureux avec des spaghettis ou une autre sorte de nouilles.*

# ÉMINCÉ DE DINDE AU VIN ROUGE

**4 PORTIONS**

| | |
|---|---|
| **1 c. à s.** | **huile végétale** |
| **675 g** | **poitrine de dinde désossée, émincée** |
| **2** | **tranches de bacon, finement hachées** |
| **1** | **oignon, haché** |
| **1** | **gousse d'ail, hachée** |
| **3 c. à s.** | **farine** |
| **2,5 dl** | **vin rouge sec** |
| **2,5 dl** | **fond de volaille** |
| **1 c. à s.** | **concentré de tomates** |
| **1 c. à s.** | **basilic ciselé** |
| **1** | **feuille de laurier** |
| | **sel et poivre** |

Préchauffer le four à 180 °C. Faire chauffer l'huile dans un poêlon à revêtement anti-adhésif. Y faire revenir l'émincé de dinde à feu moyen, jusqu'à ce que la chair ait perdu sa teinte rosée.

Retirer la dinde du poêlon. Y faire cuire le bacon, l'oignon et l'ail, 3 minutes.

Saupoudrer de farine et remuer. Ajouter le vin, le fond de volaille, le concentré de tomates, le basilic, la feuille de laurier, le sel et le poivre.

Bien mélanger, puis ajouter l'émincé de dinde. Disposer le tout dans un plat allant au four, couvrir et faire cuire au four 25 minutes. Servir avec des légumes, au choix.

~

**1 PORTION**

| | | |
|---|---|---|
| 277 CALORIES | 7g GLUCIDES | 42g PROTÉINES |
| 9g LIPIDES | 0,6g FIBRES | 115mg CHOLESTÉROL |

# HAMBURGERS DE DINDE AUX CHAMPIGNONS

**4 PORTIONS**

| | |
|---|---|
| **250 g** | **champignons** |
| **1** | **oignon, grossièrement haché** |
| **1/2 c. à c.** | **poivre** |
| **2 c. à s.** | **huile végétale** |
| **575 g** | **dinde hachée** |
| **1 c. à s.** | **fond de volaille ou eau** |
| **30 g** | **chapelure** |

SAUCE

| | |
|---|---|
| **1/2** | **poivron rouge, en dés** |
| **1/2** | **poivron jaune, en dés** |
| **2** | **échalotes nouvelles, hachées** |
| **2 c. à c.** | **huile végétale** |

Hacher les champignons et l'oignon au robot ménager; poivrer.

Faire chauffer 1 c. à s. d'huile dans un poêlon. Y faire revenir les champignons de 3 à 4 minutes. Retirer du feu et égoutter tout en réservant le liquide de cuisson.

Dans un bol, mélanger la dinde, le fond de poulet et la chapelure. Façonner 8 hamburgers plats. Répartir les champignons entre 4 d'entre eux et les couvrir avec les 4 autres hamburgers. Façonner de nouveau la viande de telle sorte que la farce aux champignons soit emprisonnée à l'intérieur.

Faire cuire les hamburgers dans l'huile qui reste, environ 5 minutes de chaque côté. Servir dans des petits pains ronds grillés, et napper de sauce.

Pour faire la sauce: faire revenir rapidement les poivrons et les échalotes dans l'huile; ils doivent demeurer croquants. Ajouter le jus de cuisson des champignons réservé et faire cuire à feu vif jusqu'à ce que le liquide ait réduit. Servir sur les hamburgers cuits.

**1 PORTION**

| | | |
|---|---|---|
| *347* CALORIES | *14g* GLUCIDES | *39g* PROTÉINES |
| *15g* LIPIDES | *1,7g* FIBRES | *100mg* CHOLESTÉROL |

# RÔTI DE BŒUF DANS LA TRANCHE, BRAISÉ

**4 PORTIONS**

| | |
|---|---|
| 1 | carotte |
| 1/2 | oignon |
| 1 | côte de céleri-branche |
| 1 | blanc de poireau |
| 1 | feuille de laurier |
| 1 c. à c. | thym séché |
| 2 | brins de persil |
| 1 c. à c. | grains de poivre concassés |
| 2 c. à s. | huile végétale |
| 675 g | rôti de bœuf dans la tranche, bardé, ficelé |
| 7,5 dl | fond de bœuf |

**NOTE DU CHEF**

*Le braisage est une excellente façon de faire cuire une viande un peu dure, car la cuisson prolongée attendrit la viande.*

Hacher grossièrement les légumes. Préparer un bouquet garni en nouant dans une étamine la feuille de laurier, le thym, le persil et le poivre.

Dans une cocotte à fond épais, faire chauffer l'huile à feu vif et y faire brunir la viande de tous côtés. Retirer la viande.

Y faire sauter les légumes à feu vif de 2 à 3 minutes. Déposer la viande sur le lit de légumes.

Ajouter le fond de bœuf et le bouquet garni. Réduire le feu à doux. Couvrir et laisser mijoter 1½ heure.

Lorsque la viande est tendre, la retirer et verser le jus dans une saucière. Servir la viande entourée de légumes cuits à la vapeur.

1 PORTION

| | | |
|---|---|---|
| 324 CALORIES | 6 g GLUCIDES | 39 g PROTÉINES |
| 16 g LIPIDES | 1,2 g FIBRES | 85 mg CHOLESTÉROL |

# BIFTECK DE FLANCHET TERIYAKI

**4 PORTIONS**

**NOTE DU CHEF**

*Corsez la marinade en y ajoutant un peu de gingembre haché ou du piment rouge écrasé.*

| | |
|---|---|
| **0,75 dl** | **sauce soja claire** |
| **1,5 dl** | **sake ou xérès** |
| **0,75 dl** | **vinaigre de riz** |
| **1 c. à s.** | **huile de sésame** |
| **2** | **gousses d'ail, finement hachées** |
| **675 g** | **biftecks de flanchet** |
| **1 c. à s.** | **fécule de maïs, délayée dans un peu d'eau** |
| | **poivre fraîchement moulu** |

Dans un bol, mélanger la sauce soja, le sake, le vinaigre de riz, l'huile, l'ail et le poivre. Ajouter la viande, couvrir et laisser mariner de 4 à 6 heures au réfrigérateur.

Sortir la viande de la marinade, l'égoutter et réserver la marinade.

Faire cuire les biftecks de 6 à 9 minutes de chaque côté, dans un plat à rôtir ou un poêlon épais.

Pour préparer la sauce teriyaki: faire chauffer la marinade dans une casserole, à feu doux. Ajouter la fécule de maïs délayée pour épaissir.

Pour servir, émincer les biftecks de flanchet dans le sens des fibres. Napper de sauce Teriyaki chaude et accompagner de légumes, au choix.

| 1 PORTION | | |
|---|---|---|
| 289 CALORIES | 7g GLUCIDES | 36g PROTÉINES |
| 13g LIPIDES | 0g FIBRES | 56mg CHOLESTÉROL |

# BURRITOS AU BŒUF

**4 PORTIONS**

| | |
|---|---|
| **500 g** | **biftecks d'aloyau ou de rumsteck** |
| **2 c. à s.** | **jus de citron vert** |
| **1,75 dl** | **vinaigrette à l'italienne du commerce** |
| **4** | **tortillas à la farine de blé ou au maïs** |
| **1** | **botte de cresson de fontaine** |
| **2** | **avocats, pelés, dénoyautés, émincés** |
| **1,25 dl** | **crème aigre ou yaourt nature** |
| | **sel et poivre fraîchement moulu** |

Mettre la viande dans un bol peu profond. Ajouter le jus de citron vert et la vinaigrette à l'italienne et mélanger. Couvrir et réfrigérer de 1 à 2 heures, en retournant la viande au moins une fois.

Envelopper les tortillas dans du papier d'aluminium et les faire réchauffer quelques minutes dans un four préchauffé ou dans un grille-pain électrique à fente horizontale.

Faire cuire les biftecks au gril ou dans une poêle à revêtement antiadhésif, en les retournant une fois.

Détailler les biftecks en fines languettes, en diagonale. Saler et poivrer au goût.

Tapisser les assiettes de cresson, disposer les languettes de bifteck dessus et garnir de tranches d'avocats. Servir accompagné de tortillas chaudes pour envelopper le bœuf et la salade, de crème aigre ou de yaourt. Avec les tortillas, envelopper le bœuf et la salade avant de déguster.

**NOTE DU CHEF**

*Remplacez la vinaigrette commerciale suggérée par une vinaigrette maison.*

**1 PORTION**

| | | |
|---|---|---|
| *705* CALORIES | *13g* GLUCIDES | *35g* PROTÉINES |
| *57g* LIPIDES | *4,1g* FIBRES | *106mg* CHOLESTÉROL |

# TACOS À LA MEXICAINE

**4 PORTIONS**

| | |
|---|---|
| **4** | **tortillas** |
| **2 c. à s.** | **huile végétale** |
| **1 c. à c.** | **sel d'ail** |
| **1 c. à c.** | **origan** |
| **1** | **poivron rouge, détaillé en lamelles** |
| **1** | **oignon de taille moyenne, émincé** |
| **1** | **piment fort, finement haché** |
| **500 g** | **biftecks de flanchet ou de bavette, détaillés en fines languettes** |
| | **sauce de piment ou tabasco** |

Préchauffer le four à 180 °C.

Façonner les tortillas sur 4 bols renversés allant au four. Mettre au four de 5 à 10 minutes, jusqu'à ce que les tortillas deviennent croustillantes sans être brunes.

Pendant ce temps, faire chauffer l'huile dans un poêlon à revêtement antiadhésif. Ajouter le sel d'ail, l'origan, le poivron, l'oignon et le piment haché. Faire cuire en remuant sur feu moyen-vif, jusqu'à ce que l'oignon ait légèrement ramolli.

Ajouter les languettes de bœuf et faire cuire selon le degré de cuisson désiré. Retirer du feu.

Répartir la préparation entre les tortillas en coquilles et servir avec du guacamole.

**1 PORTION**

| | | |
|---|---|---|
| 293 CALORIES | 17g GLUCIDES | 27g PROTÉINES |
| 13g LIPIDES | 1,7g FIBRES | 37mg CHOLESTÉROL |

# GUACAMOLE

| | |
|---|---|
| **2** | **avocats, pelés, réduits en purée** |
| **1 c. à s.** | **oignon râpé** |
| **1** | **gousse d'ail, écrasée (facultatif)** |
| | **jus de 1/2 citron** |
| | **sauce de piment fort** |

Mélanger tous les ingrédients. Servir avec les tortillas.

**1 PORTION**

| | | |
|---|---|---|
| 60 CALORIES | 4g GLUCIDES | 1g PROTÉINES |
| 8g LIPIDES | 1,3g FIBRES | 0mg CHOLESTÉROL |

# ÉMINCÉ DE BŒUF AU VIN ROUGE

**4 PORTIONS**

**NOTE DU CHEF**

*Ce plat délicieux peut être accompagné de nouilles ou d'une purée de pommes de terre, et de légumes cuits à la vapeur.*

| | |
|---|---|
| 575 g | biftecks d'aloyau, détaillés en fines languettes |
| 25 g | farine |
| 3 c. à s. | beurre ou huile végétale |
| 70 g | champignons émincés |
| 1,25 dl | vin rouge sec |
| 1 | sachet de soupe à l'oignon |
| 2,5 dl | eau |
| | poivre |

Enrober les languettes de bœuf de farine; en secouer l'excédent.

Faire fondre 2 c. à s. de beurre dans un poêlon à revêtement antiadhésif. Y faire revenir les languettes de bœuf à feu moyen-vif, en remuant souvent afin qu'elles brunissent de tous côtés. Retirer la viande de la poêle.

Mettre le reste du beurre à fondre dans la même poêle et y faire revenir les champignons 2 minutes, sur feu moyen.

Ajouter le vin rouge et porter à ébullition. Réduire le feu puis laisser mijoter 1 minute. Incorporer la soupe à l'oignon et l'eau. Poivrer et laisser mijoter 10 minutes.

Remettre le bœuf dans le poêlon pour réchauffer.

**1 PORTION**

| | | |
|---|---|---|
| 415 CALORIES | 14g GLUCIDES | 47g PROTÉINES |
| 19g LIPIDES | 2,2g FIBRES | 133mg CHOLESTÉROL |

# SAUTÉ DE BŒUF À L'ORIENTALE

**4 PORTIONS**

| | |
|---|---|
| **1 c. à s.** | **xérès** |
| **1 c. à s.** | **sauce soja claire** |
| **1 c. à s.** | **huile de sésame** |
| **2 c. à s.** | **fécule de maïs** |
| **500 g** | **biftecks d'aloyau détaillés en languettes** |
| **3 c. à c.** | **huile végétale** |
| **4** | **côtes de céleri-branche, détaillées en petits bâtons** |
| **1** | **carotte, émincée en diagonale** |
| **0,5 dl** | **eau** |
| **2 c. à s.** | **fond de bœuf** |
| | **poivre** |

Dans un bol, mélanger le xérès, la sauce soja, l'huile de sésame, 1 c. à s. de fécule de maïs et le poivre. Ajouter les languettes de bœuf et laisser mariner 10 minutes.

Faire chauffer 2 c. à c. d'huile dans un poêlon à revêtement antiadhésif ou dans un wok, sur feu vif. Égoutter le bœuf (réserver la marinade) et le faire sauter 2 minutes dans l'huile. Retirer le bœuf et réserver. Faire chauffer le reste de l'huile dans le même poêlon; y faire revenir le céleri et la carotte 1 minute. Ajouter les légumes à la viande.

Délayer 1 c. à s. de fécule de maïs dans l'eau. Ajouter le fond de bœuf et la marinade réservée. Verser dans le poêlon et porter à ébullition jusqu'à ce que le liquide épaississe. Y faire réchauffer la viande et les légumes. Servir sur du riz.

**1 PORTION**

278 CALORIES | 8g GLUCIDES | 30g PROTÉINES
14g LIPIDES | 1,2g FIBRES | 65mg CHOLESTÉROL

# SOUPE-REPAS IRLANDAISE

**4 PORTIONS**

| | |
|---|---|
| 1 c. à s. | huile végétale |
| 250 g | biftecks dans la bavette, détaillés en fines languettes |
| 2 litres | fond de bœuf |
| 30 g | lentilles vertes ou brunes |
| 30 g | orge perlé |
| 230 g | chou haché |
| 2 | oignons, hachés |
| 2 | carottes, pelées, émincées |
| 1 | côte de céleri-branche, hachée |
| 1 | petit rutabaga, pelé, en dés |
| 1 | feuille de laurier |
| 1/2 c. à c. | poivre noir |
| 2 c. à s. | persil ciselé |
| 1 c. à c. | thym séché |

Faire chauffer l'huile dans une grande casserole. Y faire cuire les languettes de bœuf jusqu'à ce qu'elles aient perdu leur teinte rosée.

Ajouter le fond de bœuf et porter à ébullition.

Ajouter le reste des ingrédients, réduire le feu, couvrir et laisser mijoter environ 40 minutes, ou jusqu'à ce que les légumes soient tendres. Assaisonner avant de servir.

**NUTRITION +**

*Cette soupe contient peu de gras. De plus, grâce aux lentilles, à l'orge et aux légumes, elle est riche en fibres.*

**1 PORTION**

| | | |
|---|---|---|
| 235 CALORIES | 27g GLUCIDES | 16g PROTÉINES |
| 7g LIPIDES | 7,8g FIBRES | 19mg CHOLESTÉROL |

# BŒUF BRAISÉ AUX OIGNONS ROUGES

**4 PORTIONS**

| | |
|---|---|
| **400 g** | **tomates en conserve, dans leur jus** |
| **350 g** | **oignons rouges, émincés** |
| **2** | **gousses d'ail, finement hachées** |
| **800 g** | **rosbif maigre, désossé, ficelé** |
| **0,5 dl** | **eau** |
| **2** | **pommes de terre avec la peau, nettoyées, émincées** |
| **1 c. à s.** | **fécule de maïs délayée dans un peu d'eau** |
| | **poivre fraîchement moulu** |

Préchauffer le four à 160 °C.

Mettre les tomates et leur jus dans une cocotte avec couvercle, allant au four. Parsemer de la moitié des oignons et de l'ail. Déposer le rosbif sur les légumes. Couvrir du reste des oignons et de l'ail. Poivrer, ajouter l'eau et couvrir.

Faire braiser au four de 2½ à 3 heures, ou jusqu'à ce que la viande soit tendre. Quinze minutes avant la fin de la cuisson, ajouter les pommes de terre émincées.

Disposer la viande et les légumes dans un plat de service. Couvrir d'une feuille de papier d'aluminium et laisser reposer 10 minutes, ce qui permettra de trancher le rosbif plus facilement.

Ajouter suffisamment d'eau au jus de cuisson pour en obtenir 2,5 dl. Incorporer la fécule de maïs délayée et laisser cuire de 2 à 3 minutes. Servir la viande découpée en tranches fines, nappée de sauce.

~

**NOTE DU CHEF**

*Vous pouvez ajouter d'autres légumes en même temps que les tomates, par exemple des carottes ou des navets émincés.*

1 PORTION

452 CALORIES | 31g GLUCIDES | 55g PROTÉINES
12g LIPIDES | 3,7g FIBRES | 115mg CHOLESTÉROL

# SAUTÉ DE BŒUF AU RIZ JAUNE

**6 PORTIONS**

| | |
|---|---|
| **700 g** | **biftecks de bavette, détaillés en fines languettes** |
| **0,5 dl** | **sauce teriyaki** |
| **0,5 dl** | **sauce soja claire** |
| **1 c. à s.** | **concentré liquide de fond maigre** |
| **1 c. à s.** | **huile de sésame** |
| **250 g** | **riz non cuit** |
| **1 litre** | **eau bouillante** |
| **1** | **feuille de laurier** |
| **1/2 c. à c.** | **curcuma moulu** |
| **1 c. à c.** | **huile de sésame** |
| **1** | **poivron vert, en dés** |
| **1** | **poivron rouge, en dés** |
| **120 g** | **haricots mange-tout, émincés en diagonale** |
| **325 g** | **courge d'hiver ou citrouille, épluchée, en dés** |
| **2,5 dl** | **eau** |
| **1 c. à c.** | **fécule de maïs, délayée dans un peu d'eau** |

Faire mariner la viande dans un mélange de sauce teriyaki, de sauce soja et de concentré de fond maigre pendant 1 heure, au réfrigérateur.

Dans une grande casserole, faire chauffer 1 c. à s. d'huile de sésame, à feu moyen. Y verser le riz et bien remuer. Ajouter l'eau bouillante, la feuille de laurier et le curcuma.

Porter à ébullition, couvrir et laisser cuire à feu doux 20 minutes, ou jusqu'à ce que le riz soit cuit. Retirer la feuille de laurier et tenir le riz au chaud.

Pendant ce temps, faire chauffer 1 c. à c. d'huile de sésame dans un wok ou dans un poêlon à revêtement antiadhésif. Y faire sauter les poivrons, les haricots mange-tout et la courge 2 minutes, sur feu moyen-vif.

Retirer la viande de la marinade et bien l'égoutter. L'ajouter aux légumes. Faire sauter 2 minutes. Verser cette préparation sur le riz, dans un plat de service.

Verser la marinade dans le wok et la faire chauffer à feu vif. Ajouter l'eau. Réduire la chaleur à feu doux et incorporer la fécule de maïs délayée. Verser cette sauce sur la viande.

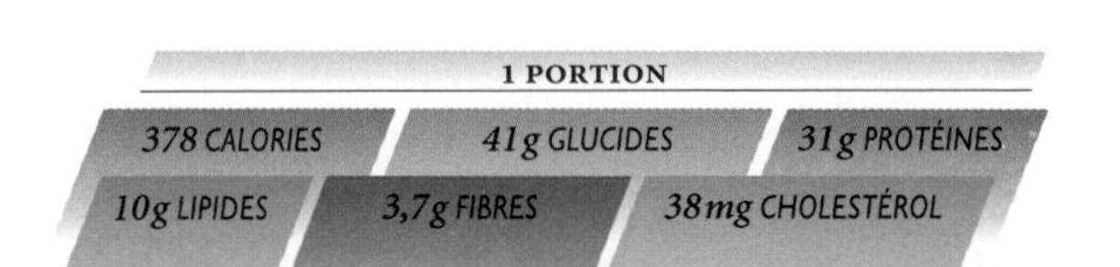

# CHILI LÉGER AU BŒUF ET AUX LÉGUMES

**6 PORTIONS**

**NOTE DU CHEF**

*Substituez de la dinde hachée au bœuf haché, et variez les légumes: pois chiches, haricots cocos ou lentilles.*

| | |
|---|---|
| **500 g** | **bœuf haché maigre** |
| **2** | **oignons de taille moyenne, émincés** |
| **1** | **gousse d'ail, hachée** |
| **125 g** | **carottes râpées** |
| **125 g** | **céleri-branche haché** |
| **120 g** | **poivron vert haché** |
| **800 g** | **tomates en conserve, broyées** |
| **540 g** | **haricots rouges (de Soissons), rincés, égouttés** |
| **1 c. à s.** | **piment fort écrasé** |
| **1 c. à s.** | **jus de citron** |
| **1 c. à c.** | **cumin** |
| **3 c. à s.** | **persil ciselé** |
| **2,5 dl** | **fond de volaille ou eau** |

Dans un grand poêlon à revêtement anti-adhésif, faire cuire le bœuf haché à feu moyen-vif, 5 minutes, en remuant avec une fourchette. Retirer tout excès de graisse.

Ajouter les oignons, l'ail, les carottes, le céleri et le poivron vert; faire cuire de 4 à 5 minutes.

Incorporer les tomates, les haricots, le piment, le jus de citron, le cumin et le persil. Couvrir et laisser mijoter de 8 à 10 minutes.

Ajouter le fond de volaille et faire cuire jusqu'à épaississement, tel que désiré.

1 PORTION

| | | |
|---|---|---|
| 289 CALORIES | 29g GLUCIDES | 23g PROTÉINES |
| 9g LIPIDES | 5,1g FIBRES | 38mg CHOLESTÉROL |

# PAIN DE VIANDE SANTÉ

**4 PORTIONS**

| | |
|---|---|
| **30 g** | **pain complet en dés** |
| **1,25 dl** | **lait écrémé** |
| **500 g** | **bœuf ou porc haché maigre** |
| **60 g** | **carottes râpées** |
| **35 g** | **oignon râpé** |
| **3 c. à s.** | **persil finement ciselé** |
| **1** | **œuf** |
| | **thym séché** |
| | **sel et poivre fraîchement moulu** |

Préchauffer le four à 180 °C. Dans un bol, faire tremper les dés de pain dans le lait de 5 à 10 minutes.

Ajouter tous les autres ingrédients et bien mélanger.

Verser dans un moule à pain légèrement beurré. Faire cuire au four de 45 à 50 minutes. Servir accompagné de sauce tomate.

## SAUCE TOMATE RAPIDE

| | |
|---|---|
| **2,5 dl** | **jus de tomate** |
| **1/2 c. à c.** | **ail haché** |
| **1 c. à s.** | **persil ciselé** |
| **1 c. à c.** | **basilic séché** |
| **2 c. à s.** | **fromage à la crème demi-écrémé** |

Faire cuire le jus de tomate avec l'ail et les fines herbes à feu moyen, environ 10 minutes, jusqu'à ce qu'il épaississe légèrement. Y incorporer le fromage à la crème juste avant de servir.

**NUTRITION +**

*Ce pain de viande est une façon agréable d'augmenter la quantité de fibres dans votre régime alimentaire. Vous pouvez également ajouter un peu de germes de blé ou de céréales de son, ou encore augmenter la quantité de légumes.*

**1 PORTION**

| | | |
|---|---|---|
| *279* CALORIES | *10g* GLUCIDES | *26g* PROTÉINES |
| *15g* LIPIDES | *1,6g* FIBRES | *130mg* CHOLESTÉROL |

# SAUTÉ DE VEAU À L'ORANGE

**4 PORTIONS**

| | |
|---|---|
| **0,75 dl** | **jus d'orange non sucré** |
| **2 c. à s.** | **vinaigre de vin rouge** |
| **2 c. à c.** | **zeste d'orange râpé** |
| **0,5 dl** | **fond de volaille** |
| **1 c. à c.** | **cumin** |
| **2 c. à c.** | **fécule de maïs, délayée dans un peu d'eau** |
| **2 c. à s.** | **huile végétale** |
| **350 g** | **veau désossé, en fines languettes** |
| **2** | **courgettes, émincées** |
| **1** | **poivron rouge ou vert, en lanières** |
| **1½ c. à c.** | **gingembre frais râpé** |
| | **sel et poivre fraîchement moulu** |

**NOTE DU CHEF**

*Pour rehausser la saveur de ce plat exotique, incorporez des noix de cajou hachées et parsemez de graines de sésame.*

Faire chauffer le jus d'orange dans un wok, à feu vif. Laisser réduire légèrement puis ajouter le vinaigre de vin et le zeste d'orange.

Ajouter le fond de volaille et le cumin. Incorporer la fécule de maïs délayée. Faire cuire à feu moyen jusqu'à ce que la sauce soit épaisse et lustrée. Retirer la sauce et réserver.

Essuyer le wok, y faire chauffer l'huile à feu vif. Y faire revenir le veau 2 minutes en remuant. Ajouter les courgettes, le poivron et le gingembre. Faire cuire de nouveau 2 minutes en remuant sans arrêt, jusqu'à ce que le veau ait perdu sa teinte rosée. Ajouter la sauce et réchauffer. Rectifier l'assaisonnement. Servir avec du riz.

**1 PORTION**

| | | |
|---|---|---|
| 207 CALORIES | 7g GLUCIDES | 20g PROTÉINES |
| 11g LIPIDES | 1,6g FIBRES | 64mg CHOLESTÉROL |

# TOURNEDOS DE PORC À LA SAUGE

**4 PORTIONS**

| | |
|---|---|
| 1 c. à s. | huile végétale |
| 4 | tournedos de porc, de 150 g chacun |
| 2 | échalotes nouvelles, hachées |
| 1,25 dl | vin blanc sec |
| 2,5 dl | fond de volaille |
| 1 c. à s. | moutarde forte |
| 2 c. à s. | sauge ciselée |
| 1 c. à s. | fécule de maïs, délayée dans un peu d'eau |
| 2 c. à s. | crème aigre |

Faire chauffer l'huile dans un poêlon à revêtement antiadhésif, à feu moyen-vif. Y faire cuire le porc environ 12 minutes, en retournant les tournedos de temps en temps, jusqu'à ce qu'ils soient bien cuits.

Retirer les tournedos et les tenir au chaud. Retirer l'excès de gras du poêlon. Y faire revenir les échalotes jusqu'à ce qu'elles soient ramollies. Mouiller avec le vin blanc.

Ajouter le fond de volaille, la moutarde et la sauge. Incorporer la fécule de maïs délayée, puis la crème aigre juste avant de servir. Servir les tournedos nappés de sauce, et accompagnés de légumes au choix.

**NOTE DU CHEF**

*Les tournedos sont d'épaisses tranches de viande prélevées dans le cœur du filet, bardées et ficelées. Vous pouvez les remplacer par d'épaisses tranches de longe de porc. Vous pouvez également remplacer la sauge fraîche par 2 c. à c. de sauge séchée.*

**1 PORTION**

| 239 CALORIES | 3g GLUCIDES | 23g PROTÉINES |
|---|---|---|
| 15g LIPIDES | 0,1g FIBRES | 58mg CHOLESTÉROL |

# CÔTES DE PORC À LA SAUCE AIGRE-DOUCE

**4 PORTIONS**

**NOTE DU CHEF**

*Avant de faire brunir les côtes de porc, dégraissez-les et incisez les bords pour éviter qu'elles ne retroussent.*

| | |
|---|---|
| 1 c. à s. | huile d'olive |
| 4 | côtes de porc, de 110 g chacune |
| 1 | oignon rouge, émincé |
| 12 | champignons, coupés en quatre |
| 1 | poivron vert, en dés |
| 550 g | tomates en dés, en conserve, égouttées |
| 1 c. à s. | sauce Worcestershire |
| 2 c. à s. | vinaigre de vin |
| 1,25 dl | sauce tomate |
| 1 c. à c. | sauce de piment |
| 2 c. à s. | miel |
| 1,25 dl | fond maigre ou fond de volaille |
| 1/4 c. à c. | thym séché |
| 1 c. à c. | basilic séché |

Préchauffer le four à 180 °C.

Dans un poêlon à revêtement antiadhésif, faire chauffer l'huile d'olive et y faire brunir les côtes de porc sur les deux côtés. Les disposer ensuite les unes à côté des autres, dans un plat allant au four.

Dans le poêlon, faire revenir l'oignon, les champignons et le poivron vert 5 minutes, à feu moyen-vif. Verser sur les côtes de porc.

Mettre le reste des ingrédients dans le poêlon. Porter à ébullition puis verser sur la viande. Faire cuire au four, 1 heure; arroser avec la sauce de temps en temps.

Servir avec du riz, des pommes de terre sautées ou de la purée de pommes de terre.

**1 PORTION**

| | | |
|---|---|---|
| 279 CALORIES | 26g GLUCIDES | 19g PROTÉINES |
| 11g LIPIDES | 3,3g FIBRES | 47mg CHOLESTÉROL |

# FILETS DE PORC À LA SAUCE AU PIMENT

**4 PORTIONS**

| | |
|---|---|
| **1** | **poivron rouge, épépiné** |
| **1** | **piment rouge, épépiné** |
| **3 c. à s.** | **huile végétale** |
| **2 c. à s.** | **jus de citron** |
| **2** | **filets de porc, de 350 g chacun** |
| | **poivre fraîchement moulu** |

Au robot ménager, travailler le poivron rouge, le piment rouge, l'huile, le jus de citron et le poivre, jusqu'à ce que le mélange soit lisse.

Verser cette préparation dans un plat peu profond et y mettre les filets à mariner pendant 3 heures, au réfrigérateur.

Préchauffer le four à 180 °C. Retirer les filets de la marinade et les faire brunir des deux côtés dans une poêle à revêtement antiadhésif, sur feu moyen-vif. Si nécessaire, verser un peu d'huile au fond de la poêle. Disposer les filets dans un plat allant au four et terminer leur cuisson au four.

Pendant ce temps, filtrer la marinade au chinois et ne conserver que le liquide. Le faire chauffer à feu doux. Trancher les filets et les servir, nappés de sauce au piment.

| 1 PORTION | | |
|---|---|---|
| 279 CALORIES | 3g GLUCIDES | 24g PROTÉINES |
| 19g LIPIDES | 0,4g FIBRES | 63mg CHOLESTÉROL |

# JAMBON ET CHUTNEY AUX POIRES RELEVÉ

**4 PORTIONS**

**NOTES DU CHEF**

*Remplacez les poires fraîches par des poires en conserve. Préparez le chutney à l'avance et conservez-le au réfrigérateur, dans un contenant hermétique.*

| | |
|---|---|
| 5 | poires fraîches, pelées, évidées |
| 1/2 c. à c. | gingembre râpé |
| 2 c. à s. | mélasse |
| 1,5 dl | vinaigre blanc |
| 2 | oignons, finement hachés |
| 1 | gousse d'ail, finement hachée |
| 1/2 c. à c. | piment fort haché ou 1 pincée de piment fort séché |
| 8 | baies de genièvre, écrasées |
| 1/2 c. à c. | cannelle moulue |
| 1/4 c. à c. | clous de girofle |
| 4 | tranches de jambon, cuites au four ou grillées à la poêle |

Au robot ménager, hacher 3 poires, avec le gingembre et la mélasse. Verser dans une casserole et ajouter le vinaigre, les oignons, l'ail et les épices.

Couper 2 poires en dés et les ajouter à la préparation. Porter à ébullition. Laisser mijoter 45 minutes à feu doux.

Laisser refroidir. Servir en accompagnement avec du jambon froid cuit au four ou des tranches de jambon grillées. (Faire cuire les tranches de jambon sous le gril du four, de 5 à 10 minutes de chaque côté.)

1 PORTION

| | | |
|---|---|---|
| 324 CALORIES | 33g GLUCIDES | 30g PROTÉINES |
| 8g LIPIDES | 4,4g FIBRES | 71mg CHOLESTÉROL |

# PALETTE DE PORC FUMÉE ET GLACÉE

**4 PORTIONS**

| | |
|---|---|
| 1 c. à s. | huile d'olive |
| 1 | carotte, émincée |
| 1 | côte de céleri-branche, émincée |
| 1/4 c. à c. | romarin séché |
| 1 | brin de thym |
| 1 | feuille de laurier |
| 0,75 dl | vin blanc sec |
| 0,75 dl | jus de pomme non sucré |
| 1,25 dl | fond de volaille |
| 4 | tranches de palette de porc fumée, de 110 g chacune |

Faire chauffer l'huile dans une casserole. Y faire cuire la carotte et le céleri, avec le romarin, le thym et la feuille de laurier, jusqu'à ce que les légumes soient tendres.

Ajouter le vin blanc, le jus de pomme et le fond de volaille. Faire cuire 5 minutes à feu doux.

Pendant ce temps, faire griller les tranches de porc dans un poêlon chaud ou sous le gril du four, jusqu'à ce qu'elles brunissent légèrement.

Disposer les tranches de viande les unes à côté des autres dans un plat allant au four. Napper de sauce. Faire cuire au four 5 minutes, à 180 °C. Servir les tranches de porc nappées de sauce, accompagnées de légumes au choix.

**NOTE DU CHEF**

*La palette de porc est moins grasse que le jambon. Vous pouvez utiliser l'un ou l'autre, au choix. Si vous faites griller la viande sous le gril du four, ajoutez quelques lanières de poivrons et des morceaux de courgettes légèrement huilés dans votre plat de cuisson. C'est un délice!*

**1 PORTION**

| 153 CALORIES | 6g GLUCIDES | 18g PROTÉINES |
|---|---|---|
| 7g LIPIDES | 0,9g FIBRES | 49mg CHOLESTÉROL |

# KEBABS D'AGNEAU

**4 PORTIONS**

| | |
|---|---|
| **500 g** | **agneau désossé, en cubes** |
| **60 g** | **moutarde forte** |
| **2 c. à s.** | **jus de citron** |
| **2 c. à s.** | **huile végétale** |
| **1 c. à s.** | **basilic ciselé** |
| **1/2 c. à c.** | **poivre fraîchement moulu** |
| **1** | **courgette** |
| **2** | **tranches de pain épaisses** |
| **30 g** | **chapelure** |

Dans un bol, mélanger la viande avec la moutarde, le jus de citron, l'huile, le basilic et le poivre. Laisser mariner quelques heures ou toute la nuit, au réfrigérateur.

Détailler la courgette en gros morceaux. Découper le pain en dés de la grosseur des cubes de viande.

Enfiler les cubes de viande sur des brochettes, en alternant avec des morceaux de courgette et de pain. Rouler les brochettes dans la chapelure.

Préchauffer le four à 200 °C. Placer les brochettes dans un plat à rôtir. Faire cuire au four de 20 à 25 minutes, selon le degré de cuisson désiré. Servir les brochettes accompagnées de nouilles et de laitue.

1 Faire mariner les cubes d'agneau dans un mélange de moutarde, de jus de citron, d'huile, de basilic et de poivre.

2 Enfiler les cubes sur des brochettes, en alternant avec des morceaux de courgette et de pain.

3 Rouler les brochettes dans la chapelure.

**1 PORTION**

| | | |
|---|---|---|
| 339 CALORIES | 24g GLUCIDES | 27g PROTÉINES |
| 15g LIPIDES | 1,5g FIBRES | 75mg CHOLESTÉROL |

# HAMBURGERS À L'AGNEAU

**4 À 6 PORTIONS**

**NUTRITION +**

*Le tofu, riche en protéines, est fait à partir de graines de soja. Les germes de blé ont aussi une haute teneur en protéines.*

| | |
|---|---|
| 500 g | agneau haché maigre |
| 100 g | tofu émietté |
| 2 | échalotes nouvelles, hachées |
| 1 | gousse d'ail, finement hachée |
| 20 g | germe de blé |
| 1/2 c. à c. | poudre de cari |
| 1 | pincée de poivre fraîchement moulu |
| | huile végétale |

Dans un bol, combiner à la fourchette l'agneau et le tofu.

Ajouter le reste des ingrédients, sauf l'huile. Bien mélanger puis façonner 4 ou 6 hamburgers.

Dans un poêlon, faire cuire les hamburgers à l'huile, à feu moyen-vif, jusqu'au degré de cuisson désiré. Servir dans des petits pains ronds grillés.

**1 PORTION**

| | | |
|---|---|---|
| 129 CALORIES | 3g GLUCIDES | 18g PROTÉINES |
| 5g LIPIDES | 0,9g FIBRES | 49mg CHOLESTÉROL |

# CÔTELETTES D'AGNEAU CROUSTILLANTES

**4 PORTIONS**

| | |
|---|---|
| **20 g** | **céréales de flocons de maïs grillés** |
| **1** | **tranche de pain complet** |
| **1** | **gousse d'ail, finement hachée** |
| **1 c. à s.** | **persil ciselé** |
| **20 g** | **parmesan râpé** |
| **8** | **côtelettes de filet d'agneau** |
| **2 c. à s.** | **moutarde forte** |
| **2 c. à s.** | **huile végétale** |
| | **poivre** |

Préparer la chapelure en mélangeant au robot ménager les céréales, le pain, l'ail, le persil et le parmesan. Réserver.

Poivrer les côtelettes d'agneau, les badigeonner de moutarde et les enrober de chapelure.

Préchauffer le four à 160 °C. Faire chauffer l'huile dans un poêlon allant au four et mettre les côtelettes à brunir 5 minutes de chaque côté. Terminer la cuisson au four pendant 10 minutes.

**NOTE DU CHEF**

*La moutarde utilisée dans cette recette fait ressortir le goût raffiné de l'agneau.*

| 1 PORTION | | |
|---|---|---|
| 314 CALORIES | 7g GLUCIDES | 31g PROTÉINES |
| 18g LIPIDES | 0,7g FIBRES | 92mg CHOLESTÉROL |

# DARNES DE SAUMON AU CITRON

**4 PORTIONS**

| | |
|---|---|
| **2 c. à s.** | **huile végétale** |
| **4** | **darnes de saumon, de 150 g chacune** |
| **1 c. à s.** | **échalote rose hachée** |
| **0,5 dl** | **vin blanc sec** |
| **0,5 dl** | **jus de citron** |
| **2 c. à s.** | **coriandre hachée (facultatif)** |
| **125 g** | **yaourt nature demi-écrémé** |

Faire chauffer l'huile dans un poêlon à revêtement antiadhésif. Y faire cuire les darnes de saumon environ 10 minutes, en les retournant afin qu'elles brunissent des 2 côtés. Les retirer et les tenir au chaud.

Mettre l'échalote dans le même poêlon et la faire revenir 1 minute. Ajouter le vin, puis le jus de citron et la coriandre. Faire cuire jusqu'à ce que le liquide ait réduit du tiers.

Ajouter le yaourt et faire réchauffer légèrement. Servir les darnes de saumon nappées de sauce et accompagnées de légumes.

1 Faire cuire les darnes de saumon.

2 Dans le même poêlon, faire revenir l'échalote.

3 Ajouter le vin.

4 Ajouter le jus de citron, la coriandre puis le yaourt.

| 1 PORTION | | |
|---|---|---|
| *258* CALORIES | *3g* GLUCIDES | *30g* PROTÉINES |
| *14g* LIPIDES | *0g* FIBRES | *79mg* CHOLESTÉROL |

# DARNES DE SAUMON ET PURÉE DE CONCOMBRES ET DE POMME DE TERRE

**2 PORTIONS**

**NOTE DU CHEF**

*Pour une présentation plus raffinée, servir les darnes de saumon dans une coquille de pâte filo, comme dans l'illustration. Étaler la pâte filo dans 2 petits moules à tarte. Y déposer les darnes de saumon cuites et mettre au four, à 150 °C, pendant 1 ou 2 minutes.*

| | |
|---|---|
| **2** | **darnes de saumon, de 100 g chacune** |
| | **farine** |
| | **huile végétale** |

PURÉE

| | |
|---|---|
| **2** | **concombres pelés, épépinés, hachés grossièrement** |
| **1** | **pomme de terre moyenne, épluchée, hachée grossièrement** |
| **5 dl** | **fond maigre** |
| **0,75 dl** | **lait écrémé** |
| **2 c. à s.** | **parmesan râpé** |

Pour préparer la purée: faire cuire les concombres et la pomme de terre dans le fond maigre, jusqu'à ce que tout le liquide se soit évaporé. Réduire les légumes en purée et y ajouter le lait et le parmesan. Tenir au chaud.

Enrober les darnes de saumon de farine. Dans un poêlon, faire chauffer l'huile à feu moyen. Y faire cuire les darnes de saumon, jusqu'à ce que la chair se détache à la fourchette, en les retournant pendant la cuisson. Retirer du poêlon et égoutter sur du papier absorbant. Servir les darnes de saumon accompagnées de purée.

1 PORTION

| | | |
|---|---|---|
| 404 CALORIES | 28g GLUCIDES | 28g PROTÉINES |
| 20g LIPIDES | 3,4g FIBRES | 61mg CHOLESTÉROL |

# MORUE À LA PORTUGAISE

**4 PORTIONS**

| | |
|---|---|
| 1 c. à s. | huile végétale |
| 1 | oignon, émincé |
| 1 | poivron rouge, détaillé en lanières |
| 1 | gousse d'ail, hachée |
| 1 | feuille de laurier |
| 3 | tomates fraîches, hachées |
| 1,25 dl | vin blanc sec |
| 4 | filets de morue, de 200 g chacun |
| | sel et poivre |

Faire chauffer l'huile dans un grand poêlon à revêtement antiadhésif, à feu moyen. Y faire cuire l'oignon, le poivron rouge et l'ail jusqu'à ce que les légumes soient tendres.

Ajouter la feuille de laurier et les tomates. Assaisonner au goût et laisser mijoter 5 minutes.

Mouiller avec le vin blanc. Disposer les filets de morue sur la sauce, les uns à côté des autres. Couvrir et laisser mijoter à feu très doux 10 minutes, ou jusqu'à ce que la chair du poisson se détache à la fourchette. Servir avec du riz ou des pâtes.

~

**NOTE DU CHEF**

*Tout poisson blanc peut être apprêté de la sorte. Vous pouvez utiliser des tomates en boîte. Si vous décidez de ne pas mouiller avec du vin, ajoutez suffisamment de jus de tomate pour que le poisson puisse être poché dans la sauce.*

**1 PORTION**

| | | |
|---|---|---|
| 257 CALORIES | 7g GLUCIDES | 37g PROTÉINES |
| 9g LIPIDES | 1,7g FIBRES | 86mg CHOLESTÉROL |

# TRUITE AU VIN ROUGE

**4 PORTIONS**

**NOTE DU CHEF**

*Un poisson frais a une odeur agréable. Sa chair est ferme et sa peau brillante. Les yeux doivent être clairs et brillants, les branchies, sous les ouïes, d'un rouge franc. Vous pouvez, si vous le désirez, couper la tête des truites avant la cuisson.*

| | |
|---|---|
| **4** | **truites de 200 g chacune, parées** |
| **1 c. à s.** | **huile d'olive** |
| **1** | **carotte, hachée grossièrement** |
| **1/2** | **côte de céleri-branche, hachée grossièrement** |
| **1** | **échalote rose, hachée** |
| **1 c. à c.** | **thym séché** |
| **1** | **feuille de laurier** |
| **3 dl** | **vin rouge sec** |
| **1,25 dl** | **fond maigre ou fumet de poisson** |
| **1/2 c. à c.** | **fécule de maïs, délayée dans un peu d'eau** |

Préchauffer le four à 200 °C. Rincer les truites et bien les éponger avec du papier absorbant. Les disposer dans un plat beurré allant au four. Faire cuire au four 10 minutes.

Pendant ce temps, faire chauffer l'huile dans une casserole. Y faire cuire la carotte, le céleri, l'échalote, le thym et la feuille de laurier à feu doux, 5 minutes.

Mouiller avec le vin rouge et le fond maigre. Verser la préparation sur les truites. Faire cuire au four 5 minutes.

Verser le liquide de cuisson et les légumes dans une casserole. Faire cuire à feu vif jusqu'à ce que le liquide ait réduit de moitié. Retirer la feuille de laurier et réduire au robot ménager en une sauce lisse. Passer au chinois, réchauffer de nouveau et épaissir avec la fécule de maïs. Verser sur les truites et servir.

| 1 PORTION | | |
|---|---|---|
| 163 CALORIES | 4 g GLUCIDES | 21 g PROTÉINES |
| 7 g LIPIDES | 0,8 g FIBRES | 57 mg CHOLESTÉROL |

## FILETS DE PERCHE AU MAÏS ET AUX TOMATES

**4 PORTIONS**

| | |
|---|---|
| 4 | filets de perche, de 200 g chacun |
| 1 c. à s. | huile végétale |
| 2 c. à s. | jus de citron |
| | farine |
| | sel et poivre |

Assaisonner les filets avec du sel et du poivre; les enrober de farine.

Faire chauffer l'huile dans un poêlon à revêtement antiadhésif, à feu moyen-vif; y faire cuire les filets sur les deux côtés, jusqu'à ce que la chair se détache à la fourchette. Arroser de jus de citron avant de servir.

| 1 PORTION | | |
|---|---|---|
| 229 CALORIES | 7g GLUCIDES | 39g PROTÉINES |
| 5g LIPIDES | 0,2g FIBRES | 176mg CHOLESTÉROL |

## MAÏS ET TOMATES

**4 PORTIONS**

| | |
|---|---|
| 4 | fines tranches de bacon |
| 800 g | tomates en dés, en conserve |
| 1 c. à c. | sarriette séchée |
| 680 g | grains de maïs, en conserve |
| | poivre |

Faire revenir le bacon dans un poêlon jusqu'à ce qu'il soit croustillant. Retirer la graisse. Émietter le bacon et réserver.

Égoutter les tomates et les faire chauffer avec la sarriette et le poivre, dans le même poêlon, pendant 5 minutes, à feu moyen-vif. Ajouter les grains de maïs égouttés et les miettes de bacon. Faire cuire de nouveau 3 minutes. Servir chaud avec les filets de perche.

| 1 PORTION | | |
|---|---|---|
| 236 CALORIES | 42g GLUCIDES | 8g PROTÉINES |
| 4g LIPIDES | 5,7g FIBRES | 5mg CHOLESTÉROL |

# POISSON PARMENTIER

**2 PORTIONS**

| | |
|---|---|
| **2** | **filets de morue, de 100 g chacun** |
| **1** | **patate douce, épluchée et émincée** |
| **1** | **pomme de terre, épluchée et émincée** |
| **1 c. à s.** | **huile végétale** |
| | **câpres pour garnir** |

SAUCE

| | |
|---|---|
| **2 c. à c.** | **huile végétale** |
| **1** | **gousse d'ail, finement hachée** |
| **1** | **oignon, en dés** |
| **540 g** | **tomates en conserve, hachées** |
| **1 c. à s.** | **basilic ciselé** |
| **1 c. à s.** | **persil ciselé** |
| **1/4 c. à c.** | **poivre** |
| **1** | **pincée de piment de Cayenne** |
| **1 c. à c.** | **origan séché** |

**NUTRITION +**

*La couleur orange des patates douces révèle leur haute teneur en bêta-carotène.*

Préchauffer le four à 180 °C. Disposer les filets de morue dans un plat allant au four. Couvrir des tranches de patate douce et de pommes de terre, en alternant. Arroser d'huile. Faire cuire au four de 10 à 12 minutes.

Pendant ce temps, faire chauffer l'huile dans une casserole. Y faire revenir l'ail et l'oignon jusqu'à ce que l'oignon soit fondu. Ajouter le reste des ingrédients et laisser mijoter 15 minutes.

Dresser dans un plat de service, napper de sauce, garnir de câpres et servir.

1 Disposer les filets dans un plat allant au four, les uns à côté des autres.

2 Déposer les tranches de patates douces et de pommes de terre dessus.

3 Arroser d'huile et faire cuire au four.

4 Préparer la sauce.

**1 PORTION**

| | | |
|---|---|---|
| 482 CALORIES | 46g GLUCIDES | 25g PROTÉINES |
| 22g LIPIDES | 7,3g FIBRES | 48mg CHOLESTÉROL |

# PAIN DE SAUMON À LA TOMATE

**4 PORTIONS**

**NUTRITION +**

*Le saumon est une excellente source de calcium.*

| | |
|---|---|
| **180 g** | **saumon en conserve, égoutté, sans os** |
| **60 g** | **chapelure** |
| **2** | **œufs, légèrement battus** |
| **150 g** | **tomates en conserve, égouttées** |
| **2 c. à s.** | **poivron vert ou cornichon, haché** |
| | **oignon haché** |
| | **sel, poivre et paprika** |

Préchauffer le four à 180 °C. Dans un bol, bien mélanger tous les ingrédients selon l'ordre indiqué. Verser dans un moule à pain beurré.

Déposer le moule dans un moule encore plus grand. Emplir ce dernier d'eau, à mi-hauteur.

Faire cuire au four de 30 à 40 minutes, ou jusqu'à ce que le pain soit ferme.

Servir chaud, avec une sauce tomate si désiré. Ou encore servir froid, accompagné d'une salade.

| 1 PORTION | | |
|---|---|---|
| 227 CALORIES | 25g GLUCIDES | 16g PROTÉINES |
| 7g LIPIDES | 1,2g FIBRES | 153mg CHOLESTÉROL |

# BÂTONNETS DE POISSON LÉGERS ET CROUSTILLANTS

**2 PORTIONS**

| | |
|---|---|
| **1** | **œuf** |
| **2 c. à s.** | **farine** |
| **120 g** | **céréales de flocons de maïs grillés** |
| **2** | **filets de poisson au choix, détaillés en languettes** |
| | **sel et poivre fraîchement moulu** |
| | **huile végétale** |
| | **quartiers de citron** |

Préchauffer le four à 190 °C. Battre légèrement l'œuf dans un bol peu profond.

Dans un autre bol, mélanger la farine, le sel et le poivre. Puis, dans un troisième, verser les céréales.

Huiler légèrement une tôle.

Enrober les languettes de poisson de farine assaisonnée, puis les tremper dans l'œuf battu. Les rouler dans les céréales de flocons de maïs puis les déposer sur la tôle les uns à côté des autres et les faire cuire au four 15 minutes.

**1 PORTION**

| | | |
|---|---|---|
| 447 CALORIES | 45 g GLUCIDES | 42 g PROTÉINES |
| 11 g LIPIDES | 1,4 g FIBRES | 225 mg CHOLESTÉROL |

# NOIX DE COQUILLES SAINT-JACQUES SAUTÉES

**4 PORTIONS**

| | |
|---|---|
| 25 g | farine |
| 1 c. à s. | estragon ciselé |
| 1 | pincée de poivre blanc moulu |
| 500 g | noix de coquilles Saint-Jacques |
| 2 c. à s. | huile végétale |
| 3 | tomates pelées, épépinées, en dés |
| 1/4 c. à c. | sel d'ail |
| 2 | échalotes nouvelles, finement hachées |
| | sel et poivre fraîchement moulu |

**NOTE DU CHEF**

*Ne faites pas trop cuire les noix de coquilles Saint-Jacques; elles deviendraient caoutchouteuses. Les noix fraîches ne se conservent que 1 jour ou 2 au réfrigérateur, mais elles se congèlent bien. Si vous utilisez des noix surgelées, ne les faites pas décongeler avant la cuisson.*

Dans un bol, mélanger la farine, l'estragon et le poivre. Enrober les noix de coquilles Saint-Jacques de farine assaisonnée.

Faire chauffer l'huile dans un poêlon à revêtement anti-adhésif. Y faire sauter les noix de coquilles Saint-Jacques des deux côtés, à feu moyen-vif, jusqu'à ce que l'intérieur ne soit plus translucide. Les retirer du poêlon.

Dans le même poêlon, faire cuire les tomates, le sel d'ail et les échalotes nouvelles 10 minutes, à feu moyen. Saler et poivrer au goût. Servir les noix de coquilles Saint-Jacques sur un lit de sauce tomate.

1 Mélanger la farine, l'estragon et le poivre. Enrober les noix de coquilles Saint-Jacques de ce mélange.

2 Faire sauter les noix de coquilles Saint-Jacques dans l'huile, des deux côtés.

3 Faire cuire les tomates, le sel d'ail et les échalotes nouvelles.

4 Servir les noix de coquilles Saint-Jacques sur un lit de sauce tomate.

**1 PORTION**

| | | |
|---|---|---|
| 173 CALORIES | 12g GLUCIDES | 20g PROTÉINES |
| 5g LIPIDES | 1,0g FIBRES | 37mg CHOLESTÉROL |

# FETTUCCINE AUX NOIX DE COQUILLES SAINT-JACQUES

**4 PORTIONS**

| | |
|---|---|
| **330 g** | **noix de coquilles Saint-Jacques** |
| **1 c. à c.** | **graines de cardamome** |
| **1 c. à s.** | **huile végétale** |
| **1/2** | **oignon rouge, finement haché** |
| **2,5 dl** | **vin blanc sec** |
| **1,25 dl** | **crème fleurette** |
| **1 c. à c.** | **fécule de maïs, délayée dans un peu d'eau** |
| **125 g** | **yaourt nature** |
| **500 g** | **fettuccine cuits** |
| **2 c. à s.** | **ciboulette ciselée** |

Couper chaque noix de coquille Saint-Jacques en 2 ou 3, selon leur taille. (Les petites noix peuvent demeurer entières.) Nouer les graines de cardamome dans une étamine.

Faire chauffer l'huile dans un grand poêlon. Y faire revenir les noix de coquilles Saint-Jacques à feu vif, 2 minutes, en remuant de temps en temps. Réduire le feu à moyen. Retirer les noix et les tenir au chaud.

Verser le vin dans le même poêlon. Ajouter la cardamome et faire cuire jusqu'à ce que le liquide réduise de moitié. Ajouter la crème et la fécule de maïs, et porter à ébullition. Retirer la cardamome. Incorporer le yaourt et verser aussitôt sur les fettuccine cuits et égouttés. Garnir avec quelques noix de coquilles Saint-Jacques entières, parsemer de ciboulette et servir immédiatement.

**1 PORTION**

| | | |
|---|---|---|
| 515 CALORIES | 83g GLUCIDES | 21g PROTÉINES |
| 11g LIPIDES | 0,2g FIBRES | 36mg CHOLESTÉROL |

# PIZZA AU BACON ET AUX LÉGUMES

**4 PORTIONS**

| | |
|---|---|
| 3 | tranches de bacon |
| 65 g | bouquets de brocoli, cuits |
| 65 g | bouquets de chou-fleur, cuits |
| 70 g | champignons, coupés en quatre |
| 2 c. à c. | huile d'olive |
| 3 c. à s. | beurre |
| 25 g | farine |
| 5 dl | lait écrémé |
| 1 | pincée de muscade moulue |
| 1 | croûte à pizza pré-cuite |
| 100 g | gruyère ou emmenthal râpé |
| | poivre |

Préchauffer le four à 200 °C. Faire cuire le bacon jusqu'à ce qu'il soit croustillant. Bien l'égoutter, l'émietter et réserver.

Faire dorer les champignons dans l'huile d'olive; réserver.

Faire chauffer le beurre dans une casserole. Y verser la farine en remuant bien et faire cuire 1 minute. Incorporer graduellement le lait et la noix de muscade, en continuant de remuer. Laisser cuire jusqu'à ce que la préparation épaississe. Verser dans un bol et laisser refroidir.

Étaler la sauce blanche sur la croûte à pizza. Garnir des légumes, parsemer de fromage râpé et de miettes de bacon. Faire cuire au four 10 minutes. Servir très chaud.

| 1 PORTION | | |
|---|---|---|
| 537 CALORIES | 46g GLUCIDES | 23g PROTÉINES |
| 29g LIPIDES | 3,1g FIBRES | 59mg CHOLESTÉROL |

# SALADE DE FRUITS DE MER SAUCE ROSÉE

**2 PORTIONS**

| | |
|---|---|
| **2** | **grosses oranges, pelées à vif, épépinées** |
| **150 g** | **imitation de chair de crabe** |
| **2** | **échalotes nouvelles, hachées** |
| | **feuilles de laitue** |
| | **jus de citron** |

SAUCE

| | |
|---|---|
| **250 g** | **yaourt nature demi-écrémé** |
| **0,5 dl** | **jus de tomate** |
| **1 c. à s.** | **persil ciselé** |
| **1 à 2 c. à s.** | **vermouth blanc sec** |
| **2 à 3** | **gouttes de tabasco** |
| **3 c. à s.** | **olives noires dénoyautées, hachées** |

**NOTE DU CHEF**

*L'imitation de chair de crabe est faite à partir du lieu jaune d'Alaska, à saveur de crabe. Il s'agit d'un poisson maigre, qui se congèle bien. La sauce accommode de façon aussi délicieuse le crabe ou les crevettes.*

Bien mélanger tous les ingrédients de la sauce dans un bol; réserver.

Déposer les feuilles de laitue sur chaque assiette.

Disposer joliment la chair de crabe dessus et arroser de jus de citron.

Napper de sauce et garnir avec les échalotes nouvelles hachées.

1 PORTION

| | | |
|---|---|---|
| 280 CALORIES | 26g GLUCIDES | 26g PROTÉINES |
| 8g LIPIDES | 3,0g FIBRES | 24mg CHOLESTÉROL |

# TABOULÉ AUX CREVETTES

**2 PORTIONS**

**NUTRITION +**

*Le boulghour est une excellente source de fibres alimentaires.*

| | |
|---|---|
| **5 dl** | **fond de volaille** |
| **125 g** | **boulghour** |
| **125 g** | **persil ciselé** |
| **30 g** | **menthe ciselée** |
| **1** | **oignon, finement haché** |
| **3** | **échalotes nouvelles, hachées** |
| **3** | **tomates, en dés** |
| **1,25 dl** | **jus de citron** |
| **0,5 dl** | **huile d'olive vierge** |
| **170 à 340 g** | **petites crevettes cuites, décortiquées, hachées** |
| | **poivre fraîchement moulu** |

Dans une grande casserole, porter le fond de volaille à ébullition. Y verser le boulghour et retirer du feu. Laisser reposer 2 heures à la température de la pièce.

Bien égoutter le boulghour, le mettre dans un saladier, ajouter le persil, la menthe, l'oignon, les échalotes nouvelles, les tomates et le poivre.

Mélanger le jus de citron et l'huile d'olive. Verser sur la salade. Bien remuer. Incorporer les crevettes. Laisser le tout mariner de 2 à 3 heures au réfrigérateur. Servir très froid.

**1 PORTION**

| | | |
|---|---|---|
| 594 CALORIES | 60g GLUCIDES | 30g PROTÉINES |
| 26g LIPIDES | 7,0g FIBRES | 156mg CHOLESTÉROL |

# SALADE LÉGÈRE DE POMMES DE TERRE DU GOURMET

**2 PORTIONS**

| | |
|---|---|
| **1** | **concombre** |
| **2** | **pommes de terre cuites en robe des champs** |
| **1** | **oignon** |
| **1** | **pomme, verte ou rouge** |
| **4** | **œufs durs** |
| **50 g** | **yaourt nature** |
| **2 c. à s.** | **jus de pomme non sucré ou cidre** |
| | **sel et poivre fraîchement moulu** |
| | **feuilles de laitue et de chicorée rouge** |

Éplucher le concombre, les pommes de terre et l'oignon, et les couper en dés. Enlever le cœur de la pomme et la couper en dés. Déposer le tout dans un grand saladier.

Écaler et émincer les œufs durs. Les ajouter aux légumes.

Dans un petit bol, mélanger le yaourt, le jus de pomme et le poivre. Verser sur les œufs et les légumes. Incorporer délicatement. Servir sur des feuilles de laitue et de chicorée rouge.

**NOTE DU CHEF**

*Pour un repas froid plus substantiel, servez cette salade accompagnée d'asperges en salade et de tranches de jambon, ou encore de pointes d'asperges enroulées dans des tranches de prosciutto.*

**1 PORTION**

| | | |
|---|---|---|
| 390 CALORIES | 48 g GLUCIDES | 18 g PROTÉINES |
| 14 g LIPIDES | 5,4 g FIBRES | 550 mg CHOLESTÉROL |

# SALADE DE THON ET DE MAÏS

**4 PORTIONS**

**NOTE DU CHEF**

*Utilisez de l'huile de noisette plutôt que de l'huile végétale; elle rehausse délicatement la saveur de cette salade.*

| | |
|---|---|
| **200 g** | **thon au naturel en conserve** |
| **2 c. à s.** | **huile végétale** |
| **4 c. à s.** | **vinaigre de vin blanc** |
| **2 c. à s.** | **persil ciselé** |
| **340 g** | **grains de maïs en conserve** |
| **4** | **grosses feuilles de laitue** |
| **4** | **œufs durs, tranchés** |
| | **sel et poivre** |

Égoutter le thon et le défaire en flocons.

Préparer la vinaigrette en mélangeant l'huile, le vinaigre, le persil, le sel et le poivre.

Dans un bol, incorporer la moitié de la vinaigrette aux grains de maïs égouttés et au thon.

Disposer joliment sur les feuilles de laitue, dans des assiettes individuelles. Garnir avec des tranches d'œufs durs et napper avec le reste de la vinaigrette.

1 PORTION

| | | |
|---|---|---|
| 273 CALORIES | 16g GLUCIDES | 23g PROTÉINES |
| 13g LIPIDES | 1,7g FIBRES | 282mg CHOLESTÉROL |

# ASSIETTE DE SALADE À LA SUISSE

**4 PORTIONS**

| | |
|---|---|
| 100 g | champignons, coupés en quatre |
| 50 g | gruyère en dés |
| 50 g | emmenthal en dés |
| 80 g | jambon maigre cuit, en lanières |
| 300 g | pointes d'asperges, cuites ou en conserve |
| 4 | tomates, pelées, coupées en quartiers |
| 1 | poivron vert, en lanières |
| | feuilles de laitue |

## VINAIGRETTE

| | |
|---|---|
| 0,5 dl | huile d'olive |
| 2 c. à s. | vinaigre de vin rouge |
| | poivre fraîchement moulu |

Dans un grand bol, bien mélanger les champignons, les fromages et le jambon.

Mélanger les ingrédients de la vinaigrette dans un petit bol.

Disposer les feuilles de laitue, les asperges, les quartiers de tomates et les lanières de poivron dans des assiettes individuelles. Déposer en petit monticule la préparation aux champignons. Napper de vinaigrette.

**1 PORTION**

| | | |
|---|---|---|
| 318 CALORIES | 12g GLUCIDES | 18g PROTÉINES |
| 22g LIPIDES | 3,2g FIBRES | 44mg CHOLESTÉROL |

# SALADE AUX ÉPINARDS ET AUX RAISINS

**4 PORTIONS**

| | |
|---|---|
| **200 g** | **riz cuit** |
| **100 g** | **épinards, lavés, équeutés, déchiquetés** |
| **1** | **oignon rouge, émincé** |
| **3** | **échalotes nouvelles, hachées** |
| **125 g** | **germes de soja** |
| **150 g** | **grains de raisin rouge, coupés en deux** |
| **150 g** | **grains de raisin vert, coupés en deux** |
| **1 c. à s.** | **persil ciselé** |
| **50 g** | **noix de Grenoble ou de pécan** |
| **1/4 c. à c.** | **poivre** |
| | **thym ciselé** |

## ASSAISONNEMENT

| | |
|---|---|
| **125 g** | **yaourt nature demi-écrémé** |
| **0,75 dl** | **jus d'orange non sucré** |
| **2 c. à s.** | **huile végétale** |
| **1** | **gousse d'ail, finement hachée** |
| **2 c. à s.** | **sirop d'érable** |
| **3 à 4** | **gouttes de tabasco** |

**NOTE DU CHEF**

*Afin que cette salade se transforme en un plat de résistance substantiel, ajoutez du poulet cuit coupé en petits morceaux.*

Dans un grand saladier, mélanger le riz et les épinards. Ajouter l'oignon rouge, les échalotes nouvelles, les germes de soja, les grains de raisin et bien mélanger.

Ajouter les fines herbes, les noix et le poivre et bien mélanger de nouveau.

Dans un petit bol, mélanger les ingrédients de l'assaisonnement. Bien incorporer à la salade juste avant de servir.

1 PORTION

| | | |
|---|---|---|
| 320 CALORIES | 46g GLUCIDES | 7g PROTÉINES |
| 12g LIPIDES | 3,2g FIBRES | 2mg CHOLESTÉROL |

# PIZZA FROIDE AUX LÉGUMES ET AU POULET

**4 PORTIONS**

| | |
|---|---|
| **100 g** | **mayonnaise légère** |
| **125 g** | **fromage blanc égoutté** |
| **1 c. à s.** | **concentré liquide de fond maigre** |
| **1** | **pain plat italien ou croûte de pizza cuite** |
| **2** | **tomates, tranchées** |
| **1** | **oignon rouge, émincé** |
| **4** | **cœurs d'artichaut en conserve, égouttés, tranchés** |
| **250 g** | **poulet cuit, en dés** |
| **2 c. à s.** | **estragon ciselé** |
| **1/4 c. à c.** | **poivre blanc** |
| **2 c. à s.** | **câpres** |
| | **olives tranchées** |

**NOTE DU CHEF**

*Ce plat, tout à la fois, complet, rapide et nutritif, est idéal pour les temps chauds.*

Dans un bol, mélanger la mayonnaise, le fromage blanc et le concentré de fond maigre. Étaler cette préparation sur le pain plat ou sur la croûte de pizza.

Disposer les tranches de tomate dessus, puis les rondelles d'oignon détachées en anneaux, les cœurs d'artichaut et le poulet en dés.

Parsemer d'estragon et saupoudrer de poivre. Garnir de câpres et de tranches d'olives, si désiré.

1 Mélanger la mayonnaise, le fromage blanc et le concentré de fond maigre.

2 Étaler la préparation sur le pain plat.

3 Disposer les légumes et le poulet en dés dessus.

4 Garnir de câpres et de tranches d'olive, si désiré.

**1 PORTION**

| | | |
|---|---|---|
| 456 CALORIES | 53g GLUCIDES | 25g PROTÉINES |
| 16g LIPIDES | 3,9g FIBRES | 41mg CHOLESTÉROL |

# PLATS VÉGÉTARIENS

Certaines personnes désirent diminuer leur consommation de viande ou ne mangent tout simplement pas de viande. Un de vos enfants a peut-être décidé de devenir végétarien! Or si vous avez été élevé avec l'idée qu'un repas équilibré doit comprendre de la viande, des pommes de terre et un légume, comment envisager un repas sans viande?

Pour diminuer la consommation de viande, commencez par réduire les portions et ajoutez un autre légume ou du pain complet à chaque repas. Puis, chaque semaine, préparez un ou deux repas sans viande, en cuisinant un plat que tout le monde apprécie déjà, comme le spaghetti ou la pizza, sans viande, bien entendu. Ce chapitre, vous propose du reste plusieurs recettes faciles à réaliser.

Bien des gens consomment plus de protéines qu'ils n'en ont réellement besoin. Si vous prenez régulièrement du lait et du yaourt, des fromages faibles en gras, des légumineuses, des noix, du pain à base de farine complète et des céréales à grains entiers, vous n'avez pas à vous inquiéter d'un manque d'apport en protéines. D'autre part, si vous consommez deux fois plus de fromage et d'œufs pour soi-disant compenser le manque de viande, votre alimentation risque d'être trop riche en matières grasses.

Si un membre de votre famille veut vraiment devenir végétarien, procurez-vous un livre de cuisine qui explique la combinaison des aliments entre eux, afin de lui procurer un apport suffisant en protéines. En parallèle, ce livre vous offre des idées de repas végétariens qui régaleront tous les palais.

# ASPERGES EN CROÛTE

**4 PORTIONS**

| | |
|---|---|
| **400 g** | **pâte feuilletée** |
| **1** | **jaune d'œuf, battu** |
| **2 c. à s.** | **lait** |
| **20** | **pointes d'asperges, parées** |
| | **sel et poivre fraîchement moulu** |

## SAUCE AU FROMAGE

| | |
|---|---|
| **1 c. à s.** | **beurre** |
| **1 c. à s.** | **farine** |
| **2** | **échalotes roses, finement hachées** |
| **0,5 dl** | **vin blanc sec** |
| **3,75 dl** | **lait écrémé** |
| **50 g** | **parmesan râpé** |

Préchauffer le four à 200 °C. Abaisser la pâte feuilletée à 0,5 cm d'épaisseur.

Détailler l'abaisse en 4 rectangles égaux. Les disposer sur une tôle et en badigeonner le dessus avec un mélange de jaune d'œuf battu et de lait (2 c. à s.). Faire cuire au four 15 à 20 minutes, ou jusqu'à ce que la pâte soit bien dorée.

Pendant ce temps, préparer la sauce: faire fondre le beurre dans une casserole. Y incorporer la farine et les échalotes, puis faire cuire à feu moyen-doux, 1 minute, en évitant que les échalotes ne brunissent.

Mouiller avec le vin et laisser mijoter jusqu'à ce que le liquide soit légèrement réduit. Incorporer au fouet le lait et le parmesan. Laisser mijoter doucement jusqu'à ce que la sauce soit épaisse et crémeuse. Assaisonner au goût.

Faire cuire les pointes d'asperges dans l'eau bouillante salée jusqu'à ce qu'elles soient tendres tout en restant légèrement croquantes. Bien les égoutter et en garnir les rectangles de pâte feuilletée. Napper de sauce et servir.

1 PORTION

| | | |
|---|---|---|
| *603* CALORIES | *40g* GLUCIDES | *14g* PROTÉINES |
| *43g* LIPIDES | *1,3g* FIBRES | *72mg* CHOLESTÉROL |

# ROULEAUX FARCIS AU CHOU

**4 PORTIONS**

| | |
|---|---|
| 175 g | riz brun à longs grains |
| 1,5 litre | eau bouillante, salée |
| 1 c. à s. | huile d'olive |
| 1/2 | oignon, finement haché |
| 1 | carotte, râpée |
| 4 | champignons, hachés |
| 4 | œufs, battus |
| 2 c. à s. | parmesan râpé |
| 8 | grandes feuilles de chou |
| 0,5 dl | fond maigre |
| 2 c. à s. | sauce de tamarin |
| | tabasco |
| | sel et poivre |

**NUTRITION +**

*Le riz brun contient beaucoup plus de vitamines et de minéraux que le riz blanc.*

Faire cuire le riz dans 1,5 litre d'eau bouillante salée, 45 minutes, ou jusqu'à ce qu'il soit tendre. Égoutter et réserver.

Faire chauffer l'huile dans un poêlon à revêtement antiadhésif, à feu moyen-vif. Y faire revenir l'oignon, la carotte et les champignons jusqu'à ce qu'ils soient tendres.

Incorporer le riz cuit et les œufs battus au mélange de légumes. Ajouter le parmesan, assaisonner avec le tabasco, le sel et le poivre. Couvrir et réserver.

Blanchir les feuilles de chou dans de l'eau bouillante jusqu'à ce qu'elles s'assouplissent. Les retirer et les coucher sur le plan de travail, le côté bombé en dessous. Répartir la farce au riz entre les feuilles, puis rouler celles-ci en repliant les extrémités afin de bien emprisonner la farce.

Disposer les rouleaux sur une tôle, le côté replié en dessous. Mélanger le fond maigre et la sauce de tamarin et en verser sur les roulcaux. Faire cuire au four à 150 °C, environ 30 minutes, ou jusqu'à ce que les rouleaux soient tendres.

1 PORTION

| | | |
|---|---|---|
| 263 CALORIES | 29g GLUCIDES | 12g PROTÉINES |
| 11g LIPIDES | 5,1g FIBRES | 275mg CHOLESTÉROL |

# CRÊPES AUX CHAMPIGNONS SAUCE AU FROMAGE

**4 PORTIONS**

| | |
|---|---|
| **2 c. à s.** | **beurre** |
| **300 g** | **champignons émincés** |
| **0,5 dl** | **vin blanc sec** |
| **1/2** | **sachet de mélange à sauce aux champignons** |
| **0,75 dl** | **crème fraîche épaisse** |
| **2 c. à s.** | **persil ciselé** |
| **4** | **crêpes fines, de 20 cm de diamètre** |

## SAUCE

| | |
|---|---|
| **2 c. à s.** | **beurre** |
| **2 c. à s.** | **farine** |
| **3,75 dl** | **lait demi-écrémé** |
| **1** | **oignon, pelé, piqué de 1 clou de girofle** |
| **1** | **feuille de laurier** |
| **50 g** | **gruyère râpé** |

Faire fondre le beurre dans une grande casserole. Y faire dorer les champignons à feu moyen-vif.

Mélanger le vin et le sachet de sauce puis en mouiller les champignons. Incorporer la crème et laisser mijoter jusqu'à ce que la préparation épaississe. Ajouter le persil. Farcir les crêpes avec ce mélange et les rouler. Tenir au chaud.

Pour préparer la sauce: faire fondre le beurre dans une casserole. Saupoudrer de farine et faire cuire à feu moyen-doux, 3 à 4 minutes. Verser graduellement le lait en fouettant, puis ajouter l'oignon et la feuille de laurier. Laisser mijoter à feu doux de 10 à 15 minutes.

Retirer l'oignon, ajouter le fromage râpé. Lorsque la sauce est crémeuse, la verser sur les crêpes. Faire légèrement gratiner sous le gril du four, si désiré. Servir avec un légume vert au choix.

**NOTE DU CHEF**

*Vous pouvez utiliser des crêpes surgelées ou des crêpes maison (voir recette p.364), non sucrées.*

**1 PORTION**

| | | |
|---|---|---|
| 443 CALORIES | 37g GLUCIDES | 13g PROTÉINES |
| 27g LIPIDES | 1,7g FIBRES | 107mg CHOLESTÉROL |

# CRÊPES DE MAÏS

**2 À 4 PORTIONS**

**NOTE DU CHEF**

*Ces crêpes peuvent être servies au petit déjeuner, au déjeuner, ou alors pour un souper léger, accompagnées d'un légume vert et d'une salade.*

| | |
|---|---|
| **70 g** | **farine de maïs jaune** |
| **70 g** | **farine de blé entier** |
| **2** | **œufs** |
| **1,75 dl** | **lait demi-écrémé** |
| **1 c. à c.** | **moutarde forte** |
| **375 g** | **maïs en grains en conserve ou surgelés** |
| **70 g** | **fromage cheddar râpé** |
| **1 c. à s.** | **persil haché** |
| | **sel et poivre** |
| | **huile végétale, pour la friture** |

Dans un grand bol, battre au fouet la farine de maïs, la farine de blé entier, les œufs, le lait et la moutarde.

Incorporer à ce mélange les grains de maïs, le fromage et le persil. Assaisonner au goût.

Faire chauffer 1 c. à s. d'huile dans un poêlon, à feu moyen-vif. Y déposer la pâte par cuillerées à soupe, en prenant soin que les crêpes ne se touchent pas. Les faire dorer des deux côtés. Répéter l'opération jusqu'à ce qu'il n'y ait plus de pâte, en ajoutant de l'huile si nécessaire.

1 PORTION

| | | |
|---|---|---|
| 349 CALORIES | 34g GLUCIDES | 14g PROTÉINES |
| 13g LIPIDES | 3,6g FIBRES | 153mg CHOLESTÉROL |

# OMELETTE AU CAMEMBERT ET AU POIVRON ROUGE

**2 PORTIONS**

| | |
|---|---|
| **4 c. à c.** | **beurre** |
| **1** | **gousse d'ail, hachée** |
| **1** | **poivron rouge, en dés** |
| **2 c. à s.** | **basilic ciselé** |
| **90 g** | **camembert** |
| **4** | **œufs, légèrement battus** |
| | **poivre fraîchement moulu** |

Faire fondre 2 c. à c. de beurre dans un petit poêlon à revêtement antiadhésif. Ajouter l'ail et le poivron rouge et faire cuire à feu doux, 5 minutes. Incorporer le basilic et le poivre. Réserver.

Débarrasser le camembert de sa croûte, puis le détailler en tranches fines.

Faire fondre 1 c. à c. de beurre dans le même poêlon, à feu moyen. Y verser la moitié des œufs battus et faire cuire de 2 à 3 minutes, ou jusqu'à ce que l'omelette soit presque cuite et baveuse au centre.

Étaler la moitié du fromage et du mélange au poivron sur un côté de l'omelette. Replier et faire cuire jusqu'à ce que le fromage commence à fondre. Tenir au chaud et préparer la seconde omelette.

| 1 PORTION | | |
|---|---|---|
| 388 CALORIES | 3g GLUCIDES | 22g PROTÉINES |
| 32g LIPIDES | 0,7g FIBRES | 604mg CHOLESTÉROL |

# OMELETTE AUX LÉGUMES

**4 PORTIONS**

| | |
|---|---|
| **8** | **blancs d'œufs** |
| **4** | **jaunes d'œufs** |
| **0,75 dl** | **lait écrémé** |
| **2 c. à s.** | **persil ciselé** |
| **70 g** | **fromage blanc** |
| **1 c. à s.** | **beurre** |
| **50 g** | **champignons émincés** |
| **60 g** | **bouquets de brocolis cuits** |
| **40 g** | **carottes râpées** |
| **40 g** | **poivron rouge ou vert en dés** |
| | **sel et poivre** |

Dans un bol, battre ensemble les blancs et les jaunes d'œufs et le lait. Assaisonner au goût. Incorporer le persil et le fromage. Réserver.

Faire fondre le beurre dans un poêlon à revêtement antiadhésif et y faire revenir les champignons à feu vif, jusqu'à ce qu'ils dorent.

Verser les œufs sur les champignons. Disposer les bouquets de brocolis, les carottes râpées et les dés de poivron dessus.

Poursuivre la cuisson à feu doux ou encore faire cuire au four, à 180 °C, jusqu'à ce que l'omelette soit prête. La plier en deux, la faire glisser dans un plat de service et servir aussitôt.

~



**1 PORTION**

| | | |
|---|---|---|
| 261 CALORIES | 6 g GLUCIDES | 21 g PROTÉINES |
| 17 g LIPIDES | 1,0 g FIBRES | 453 mg CHOLESTÉROL |

# TACOS MEXICAINS AUX ŒUFS BROUILLÉS

**2 À 4 PORTIONS**

| | |
|---|---|
| 1 c. à s. | beurre |
| 1 | tomate, pelée, épépinée, hachée |
| 25 g | poivron rouge ou vert, en dés |
| 25 g | échalotes nouvelles hachées |
| 1/2 | piment jalapeño, finement haché |
| 1 | pincée de cumin moulu |
| 6 | œufs |
| 2 c. à s. | yaourt nature ou lait |
| 4 | coquilles pour tacos |
| 4 | feuilles de laitue |

Faire fondre le beurre dans un poêlon à revêtement antiadhésif. Y faire cuire pendant 2 minutes la tomate, le poivron, les échalotes nouvelles, le piment jalapeño et le cumin. Jeter le surplus de liquide.

Dans un bol, battre au fouet les œufs et le yaourt. Verser dans le poêlon, sur les légumes. Faire cuire en remuant jusqu'à ce que les œufs soient cuits.

Avec une cuillère, remplir les coquilles pour tacos d'omelette brouillée et garnir de feuilles de laitue.

**NOTE DU CHEF**

*Pour compléter le repas, servez les tacos accompagnés d'une salade de flageolets ou de pois chiches, relevée d'oignon haché, de céleri, de poivron vert et assaisonnée d'une vinaigrette légère.*

**1 PORTION**

| | | |
|---|---|---|
| 214 CALORIES | 11g GLUCIDES | 11g PROTÉINES |
| 14g LIPIDES | 0,9g FIBRES | 419mg CHOLESTÉROL |

# OMELETTE ESPAGNOLE

**4 PORTIONS**

| | |
|---|---|
| **1 c. à s.** | **huile végétale** |
| **2** | **échalotes nouvelles, hachées** |
| **1** | **poivron vert, en dés** |
| **1** | **poivron rouge, en dés** |
| **2** | **gousses d'ail, finement hachées** |
| **800 g** | **tomates en conserve, égouttées, hachées** |
| **2 c. à s.** | **basilic ciselé** |
| **2 c. à s.** | **origan ciselé** |
| **1 c. à s.** | **beurre** |
| **6** | **œufs, légèrement battus** |
| | **sel et poivre** |

**NOTE DU CHEF**

*Les omelettes sont plus riches et plus crémeuses si elles restent baveuses. Les œufs continueront à cuire encore un peu après avoir retiré la poêle du feu.*

Faire chauffer l'huile dans un poêlon et y faire revenir les échalotes nouvelles, les poivrons et l'ail à feu vif, jusqu'à ce qu'ils soient tendres.

Ajouter les tomates, le basilic et l'origan. Laisser mijoter 15 minutes à feu moyen-doux. Assaisonner et réserver.

Faire fondre le beurre dans une poêle à revêtement anti-adhésif. Y verser les œufs et faire cuire jusqu'à ce que l'omelette soit à demi cuite. Incorporer la préparation aux tomates. Poursuivre la cuisson à feu doux, de 2 à 3 minutes, jusqu'à ce que l'omelette soit prête.

**1 PORTION**

232 CALORIES | 11 g GLUCIDES | 11 g PROTÉINES | 16 g LIPIDES | 2,0 g FIBRES | 418 mg CHOLESTÉROL

# QUICHE VÉGÉTARIENNE DU GOURMET

**4 PORTIONS**

| | |
|---|---|
| 1 | abaisse de pâte brisée |
| 4 | œufs |
| 5 dl | lait écrémé |
| 1 | pincée de piment de Cayenne |
| 1 | pincée de muscade moulue |
| 2 c. à c. | beurre |
| 50 g | champignons émincés |
| 30 g | courgettes émincées |
| 1/2 | poivron rouge ou vert, en dés |
| 1/2 | oignon, haché |
| 50 g | maïs en grains |

**NOTE DU CHEF**

*Vous pouvez ajouter du basilic ciselé ou de la sarriette au mélange de légumes.*

Préchauffer le four à 190 °C. Foncer un moule à tarte ou à quiche de 22 cm de diamètre avec l'abaisse de pâte brisée. Réserver.

Dans un bol, battre au fouet les œufs, le lait, le piment de Cayenne et la muscade. Réfrigérer.

Faire fondre le beurre dans un poêlon à revêtement antiadhésif, à feu moyen. Y faire revenir environ 10 minutes les champignons, les courgettes, le poivron et l'oignon.

Pendant ce temps, enfourner la croûte de pâte brisée et faire cuire 10 minutes. Répartir les légumes cuits et les grains de maïs sur la croûte. Verser la préparation au lait dessus et remettre au four de 30 à 40 minutes, ou jusqu'à ce que la quiche soit cuite. Servir froid ou chaud.

**1 PORTION**

| | | |
|---|---|---|
| 587 CALORIES | 51 g GLUCIDES | 17 g PROTÉINES |
| 35 g LIPIDES | 1,9 g FIBRES | 281 mg CHOLESTÉROL |

# QUICHE VÉGÉTARIENNE

**4 À 6 PORTIONS**

| | |
|---|---|
| **1** | **abaisse de pâte brisée** |
| **3** | **œufs** |
| **3,75 dl** | **lait ou lait de soja** |
| **140 g** | **tofu nature en dés** |
| **65 g** | **carottes râpées** |
| **80 g** | **courgettes râpées** |
| **160 g** | **lentilles cuites ou en conserve, rincées, égouttées** |
| **2 c. à s.** | **cerfeuil ciselé** |
| | **sel et poivre** |

Préchauffer le four à 180 °C. Foncer un moule à tarte ou à quiche avec l'abaisse de pâte brisée.

Dans un bol, battre les œufs avec le lait. Y incorporer le reste des ingrédients.

Verser cette préparation sur la pâte brisée. Faire cuire au four de 30 à 35 minutes, ou jusqu'à ce que le centre de la quiche soit cuit lorsqu'on y enfonce la pointe d'un couteau. Servir chaud ou froid, accompagné d'une salade composée.

**NOTE DU CHEF**

*Pour ceux qui présentent une intolérance aux produits lactés, le lait de soja peut remplacer le lait de vache dans presque toutes les recettes.*

**1 PORTION**

| | | |
|---|---|---|
| 441 CALORIES | 39g GLUCIDES | 15g PROTÉINES |
| 25g LIPIDES | 2,5g FIBRES | 145mg CHOLESTÉROL |

# PIZZA À LA RATATOUILLE

**4 PORTIONS**

**NOTE DU CHEF**

*Vous pouvez varier la saveur typiquement méditerranéenne de cette pizza en y ajoutant des poivrons grillés, des olives noires, du thon ou des anchois.*

| | |
|---|---|
| **1** | **petite aubergine** |
| **1** | **oignon** |
| **1** | **courgette** |
| **2 c. à s.** | **huile d'olive** |
| **2** | **gousses d'ail, finement hachées** |
| **2** | **tomates, hachées** |
| **100 g** | **champignons émincés** |
| **1/2 c. à c.** | **origan séché** |
| **1/2 c. à c.** | **thym séché** |
| **1/2 c. à c.** | **poivre** |
| **1** | **croûte à pizza précuite** |
| **150 g** | **mozzarella au lait demi-écrémé, râpée** |

Préchauffer le four à 180 °C. Émincer l'aubergine, l'oignon et la courgette.

Faire chauffer l'huile dans un grand poêlon à revêtement antiadhésif, à feu moyen. Y faire cuire l'aubergine, l'oignon, la courgette et l'ail jusqu'à ce qu'ils aient légèrement ramolli.

Ajouter les tomates, les champignons, les fines herbes et le poivre; laisser mijoter 5 minutes.

Répartir la préparation sur la croûte à pizza. Couvrir avec le fromage râpé et faire cuire au four de 15 à 20 minutes, ou jusqu'à ce que le fromage fonde.

**1 PORTION**

| | | |
|---|---|---|
| 417 CALORIES | 45g GLUCIDES | 21g PROTÉINES |
| 17g LIPIDES | 6,3g FIBRES | 24mg CHOLESTÉROL |

# TAGLIATELLE À LA PURÉE À L'AIL

**4 PORTIONS**

| | |
|---|---|
| **1 c. à s.** | **beurre** |
| **1 c. à s.** | **huile d'olive** |
| **2** | **oignons, émincés** |
| **6** | **gousses d'ail, hachées** |
| **1 c. à s.** | **farine** |
| **0,5 dl** | **fond de volaille** |
| **500 g** | **tagliatelle, cuites, égouttées** |
| **50 g** | **parmesan râpé** |
| | **sel et poivre fraîchement moulu** |

Faire chauffer le beurre et l'huile dans une casserole. Y faire revenir les oignons et l'ail à feu moyen, environ 5 minutes, jusqu'à ce que les oignons fondent. Ajouter la farine et bien mélanger.

Ajouter le fond de volaille et assaisonner au goût. Couvrir et laisser mijoter 30 minutes sur feu très doux.

Réduire la préparation en purée au robot ménager ou au mixer. Verser dans un grand bol. Incorporer les pâtes chaudes et le fromage, et servir.

**NOTE DU CHEF**

*Prenez soin de ne pas laisser brunir l'ail, ce qui donnerait une certaine âcreté à votre plat.*

**1 PORTION**

| | | |
|---|---|---|
| 461 CALORIES | 82g GLUCIDES | 13g PROTÉINES |
| 9g LIPIDES | 1,0g FIBRES | 13mg CHOLESTÉROL |

# PÂTES À LA SAUCE AUX POIVRONS GRILLÉS

**4 PORTIONS**

**NOTE DU CHEF**

*La riche saveur des poivrons grillés peut agrémenter presque toutes les recettes, voire même les salades.*

| | |
|---|---|
| **3** | **poivrons rouges** |
| **1 c. à s.** | **huile d'olive** |
| **1/2** | **oignon rouge, émincé** |
| **1** | **tomate, hachée** |
| **1,25 dl** | **vin blanc sec** |
| **3,75 dl** | **fond maigre** |
| **1** | **pincée de sucre** |
| **500 g** | **funghini ou toute autre sorte de petites pâtes** |
| | **huile d'olive** |

Faire noircir les poivrons sous le gril du four, en les retournant de temps en temps. Les envelopper dans du papier d'aluminium ou dans un sac en papier jusqu'à ce qu'ils refroidissent. Retirer la peau, les trancher en deux et les épépiner.

Faire chauffer 1 c. à s. d'huile dans une casserole, à feu moyen-doux. Y faire cuire l'oignon, la tomate et les poivrons grillés 15 minutes.

Mouiller avec le vin et le fond maigre et ajouter le sucre. Laisser mijoter 20 minutes.

Pendant ce temps, faire cuire les pâtes puis les égoutter. Les mettre dans un grand bol et les enrober d'un peu d'huile d'olive pour qu'elles ne collent pas.

Réduire la préparation aux poivrons et aux tomates en purée au robot ménager ou au mixer. Verser sur les pâtes, remuer et servir chaud.

| 1 PORTION | | |
|---|---|---|
| 452 CALORIES | 84g GLUCIDES | 11g PROTÉINES |
| 8g LIPIDES | 1,8g FIBRES | 0mg CHOLESTÉROL |

# NOUILLES AUX FINES HERBES

**2 PORTIONS**

| | |
|---|---|
| **250 g** | **nouilles aux œufs** |
| **540 g** | **tomates en conserve, en dés** |
| **2 c. à s.** | **fines herbes ciselées (sauge, origan, basilic, estragon, thym, etc.)** |
| **2 c. à s.** | **persil haché** |
| **2 c. à s.** | **huile d'olive** |
| **2** | **gousses d'ail, pelées** |
| | **sel et poivre fraîchement moulu** |

Faire cuire les nouilles en suivant les instructions sur le paquet. Égoutter et tenir au chaud.

Dans un bol, mélanger les tomates, les fines herbes et le persil; assaisonner au goût.

Faire chauffer l'huile dans un poêlon, à feu moyen-doux. Y faire dorer les gousses d'ail de tout côté pour que l'huile en soit parfumée. Retirer l'ail. Verser la préparation aux tomates dans le poêlon.

Ajouter les nouilles égouttées à la sauce aux tomates et remuer délicatement. Servir aussitôt dans des assiettes chaudes, avec du fromage râpé, si désiré.

**NOTE DU CHEF**

*Cette recette sera bien moins savoureuse si vous utilisez des fines herbes séchées. Si vous n'avez que du persil sous la main, augmentez la quantité de persil et de gousses d'ail.*

**1 PORTION**

| | | |
|---|---|---|
| 560 CALORIES | 91g GLUCIDES | 13g PROTÉINES |
| 16g LIPIDES | 3,5g FIBRES | 0mg CHOLESTÉROL |

# PÂTES AU FOUR À LA FLORENTINE

**4 PORTIONS**

**NOTE DU CHEF**

*La feta est un fromage de lait de brebis sans gras. Vous pouvez la remplacer par un fromage blanc demi-écrémé.*

| | |
|---|---|
| 500 g | pâtes, au choix |
| 1 c. à s. | huile d'olive |
| 2 | gousses d'ail, hachées |
| 2 | blancs de poireaux, effilochés |
| 1 | poivron rouge, en julienne |
| 1 | poivron vert, en julienne |
| 280 g | épinards, équeutés, rincés, déchiquetés |
| 1/4 c. à c. | poivre |
| 90 g | fromage blanc épais |
| 20 g | feta en dés |
| 1,25 dl | fond maigre |
| 2 c. à s. | parmesan râpé |

Faire cuire les pâtes «al dente», en suivant les instructions sur le paquet. Égoutter et réserver.

Faire chauffer l'huile dans un grand poêlon à revêtement antiadhésif, à feu moyen. Y faire revenir l'ail et les blancs de poireaux jusqu'à ce qu'ils fondent. Ajouter les poivrons rouge et vert. Faire cuire jusqu'à ce qu'ils soient tendres.

Mettre les épinards dans une grande casserole avec 1 c. à s. d'eau. Poivrer. Couvrir et faire cuire à feu vif, jusqu'à ce que les épinards flétrissent. Retirer du feu.

Dans un petit bol, mélanger le fromage blanc, la feta et le fond maigre.

Disposer les pâtes cuites dans un plat allant au four. Mélanger les légumes et les épinards puis les verser sur les pâtes. Couvrir généreusement de fromage. Saupoudrer de parmesan.

Faire gratiner au four.

1 PORTION

| | | |
|---|---|---|
| 475 CALORIES | 88g GLUCIDES | 15g PROTÉINES |
| 7g LIPIDES | 3,3g FIBRES | 9mg CHOLESTÉROL |

# LINGUINI AU BLEU

**4 PORTIONS**

| | |
|---|---|
| **2 c. à c.** | **huile d'olive** |
| **2 c. à s.** | **échalotes nouvelles hachées** |
| **1 c. à s.** | **origan séché, ou marjolaine** |
| **0,5 dl** | **vin blanc sec** |
| **0,5 dl** | **crème fleurette** |
| **250 g** | **bleu émietté** |
| **500 g** | **linguini, cuites, égouttées** |

Faire chauffer l'huile dans une grande casserole. Y faire revenir les échalotes à feu moyen, 1 à 2 minutes, puis ajouter l'origan et mouiller avec le vin blanc. Laisser mijoter jusqu'à ce que le liquide réduise du tiers.

Ajouter la crème et incorporer le bleu. Laisser mijoter à feu doux, jusqu'à ce que le bleu soit plus ou moins fondu. Ajouter alors les pâtes chaudes égouttées et remuer délicatement. Si la sauce semble trop épaisse, ajouter quelques cuillerées de l'eau de cuisson des pâtes. Servir aussitôt dans des assiettes chaudes.

**NOTE DU CHEF**

*Afin de varier la saveur de cette recette, vous pouvez couper de moitié la quantité de bleu et servir les linguini coiffées d'un œuf poché. Ou encore vous pouvez ajouter quelques cœurs d'artichauts en conserve, égouttés et grossièrement hachés, en même temps que la crème.*

**1 PORTION**

| | | |
|---|---|---|
| 510 CALORIES | 79g GLUCIDES | 17g PROTÉINES |
| 14g LIPIDES | 0,3g FIBRES | 29mg CHOLESTÉROL |

# RÉGALS D'AILLEURS

Les repas des bons restaurants
vous attirent, et vous aimeriez pouvoir
réaliser de tels plats à la maison?

Nous avons rassemblé dans ce chapitre
certaines recettes de chefs réputés en cuisine
italienne, française, cajun, chinoise et indienne,
afin de vous prouver qu'il est facile de préparer
des repas savoureux et de qualité.
Vous serez surpris de constater
à quel point certains de ces mets
se préparent rapidement.

Quels que soient leurs antécédents,
les chefs cuisiniers s'accordent tous sur certains
principes de base. Les ingrédients doivent
toujours être de première qualité et très frais.
Pour mettre en appétit, la présentation,
y compris garnitures et accompagnements,
est aussi importante que le plat lui-même.

Ce chapitre contient quantité de trucs
et de conseils concernant les garnitures
et les accompagnements, et des suggestions
quant aux ingrédients inhabituels, à savoir
où les trouver ou par quoi les remplacer.

Vous découvrirez la magie d'une présentation
artistique, même si elle met en vedette
des ingrédients tout à fait courants. Elle fera
toute la différence entre un repas ordinaire
et un repas remarquable.

# POULET AUX NOIX DE CAJOU ET CRÊPES CHINOISES

**4 PORTIONS**

| | |
|---|---|
| 0,5 dl | sirop de maïs |
| 1 c. à c. | huile de sésame |
| 3 c. à s. | sauce soja claire |
| 1 c. à s. | gingembre frais râpé |
| 2 | gousses d'ail, finement hachées |
| 1/2 c. à c. | piment fort écrasé |
| 350 g | poitrine de poulet désossée, en lanières |
| 2 c. à s. | huile végétale |
| 70 g | noix de cajou |
| 1/2 | oignon, émincé |
| 200 g | bouquets de brocoli |
| 1/2 | poivron rouge, en lanières |
| 1,25 dl | eau |
| 200 g | épis de maïs miniatures en conserve |
| 180 g | haricots mange-tout, tranchés en diagonale |
| 75 g | fèves germées |
| 2 c. à s. | fécule de maïs |
| 2 c. à c. | fond de volaille déshydraté |

Dans un bol de taille moyenne, mélanger le sirop de maïs, l'huile de sésame, la sauce soja, le gingembre, l'ail et le piment. Y faire mariner le poulet 30 minutes. Égoutter le poulet et réserver la marinade.

Faire chauffer l'huile dans un wok, à feu moyen. Y faire dorer les noix de cajou 1 minute. Retirer les noix et réserver.

Faire frire les lanières de poulet de 2 à 3 minutes. Ajouter l'oignon, le brocoli et le poivron rouge et les faire revenir de 1 à 2 minutes. Ajouter l'eau, les épis de maïs, les haricots mange-tout et les fèves germées. Couvrir et faire cuire de 3 à 4 minutes, ou jusqu'à ce que les légumes soient tendres mais encore croquants.

Délayer la fécule de maïs et le fond de volaille dans la marinade réservée. Verser dans le wok et laisser mijoter 1 minute jusqu'à ce que la préparation épaississe. Parsemer de noix de cajou et servir.

## CRÊPES CHINOISES

| | |
|---|---|
| 5 | tranches de bacon |
| 0,5 dl | eau chaude |
| 120 g | farine |
| 40 g | échalotes nouvelles hachées |
| 1 c. à s. | huile végétale |
| | sel et poivre fraîchement moulu |

Dans un poêlon à revêtement antiadhésif, faire frire le bacon jusqu'à ce qu'il soit croustillant. Égoutter sur du papier absorbant et émietter.

Dans un bol, mélanger l'eau, la farine, les échalotes nouvelles, le bacon émietté et le poivre. Travailler la pâte 5 minutes, en ajoutant un peu plus de farine si elle est trop collante pour être manipulée. Diviser en 8 pâtons d'égale grosseur. Abaisser chacun au rouleau à pâtisserie, aussi finement que possible.

Faire chauffer l'huile dans un poêlon, à feu moyen; y faire revenir les crêpes des deux côtés, environ 2 minutes, jusqu'à ce qu'elles soient dorées. Servir chaud avec le poulet aux noix de cajou, ou en amuse-gueule.

| 1 PORTION | | |
|---|---|---|
| 643 CALORIES | 70g GLUCIDES | 39g PROTÉINES |
| 23g LIPIDES | 6,9g FIBRES | 66mg CHOLESTÉROL |

# SATÉ DES TROPIQUES AU POULET

**4 PORTIONS**

| | |
|---|---|
| **12** | **longues lanières de poitrine de poulet, d'environ 60 g chacune** |
| **12** | **brochettes en bambous, ayant trempé dans l'eau 20 minutes** |

## CHUTNEY AUX MANGUES

| | |
|---|---|
| **0,75 dl** | **vinaigre de riz** |
| **1 c. à s.** | **sucre** |
| **1** | **mangue, pelée, en dés** |

## SAUCE AUX FRUITS DES TROPIQUES

| | |
|---|---|
| **0,75 dl** | **lait de noix de coco en conserve** |
| **1** | **mangue, pelée, hachée grossièrement** |
| **165 g** | **ananas frais ou en conserve, haché grossièrement** |
| **1/2 c. à c.** | **fécule de maïs, délayée dans un peu d'eau** |
| **80 g** | **yaourt nature** |

Préchauffer le four à 180 °C. Enfiler les lanières de poulet sur les brochettes, dans le sens de la longueur.

Mettre le vinaigre de riz et le sucre dans une petite casserole et porter à ébullition. Réduire à feu doux, ajouter les dés de mangue et laisser mijoter 15 minutes. Tenir au chaud.

Pendant ce temps, préparer la sauce. Dans une autre casserole, faire cuire à feu doux le lait de noix de coco, la mangue et l'ananas hachés, 20 minutes. Réduire en purée au mixer ou au robot ménager. Remettre dans la casserole, à feu doux. Incorporer la fécule de maïs délayée et le yaourt. Tenir au chaud.

Faire cuire les brochettes de poulet au four, 10 minutes. Servir accompagné de chutney et de sauce aux fruits.

**NOTE DU CHEF**

*Servez ce plat des tropiques avec un riz aromatisé au cari, auquel vous aurez ajouté des raisins secs et des amandes effilées*

**1 PORTION**

| | | |
|---|---|---|
| 358 CALORIES | 32g GLUCIDES | 44g PROTÉINES |
| 6g LIPIDES | 2,6g FIBRES | 116mg CHOLESTÉROL |

# POULET ET CREVETTES TANDOORI

**4 PORTIONS**

| | |
|---|---|
| **1 c. à c.** | **moutarde sèche** |
| **2 c. à c.** | **gingembre frais râpé** |
| **1/2 c. à c.** | **graines de cumin** |
| **1/2 c. à c.** | **coriandre moulu** |
| **1/2 c. à c.** | **curcuma** |
| **1 c. à c.** | **jus de citron** |
| **1/4 c. à c.** | **chili en poudre** |
| **2 c. à c.** | **concentré de tomates** |
| **0,75 dl** | **huile végétale** |
| **160 g** | **yaourt nature** |
| **8** | **pilons de poulet, sans la peau** |
| **8** | **grosses crevettes crues, décortiquées, déveinées** |
| | **quartiers de citron ou de citron vert** |

Dans un bol, bien mélanger la moutarde, le gingembre, le cumin, la coriandre, le curcuma, le jus de citron et le chili en poudre.

Incorporer graduellement le concentré de tomates et la moitié de l'huile; remuer jusqu'à ce que la préparation soit lisse. Incorporer l'huile qui reste et le yaourt. Réserver.

Avec une fourchette ou une brochette, transpercer de toutes parts les pilons de poulet afin qu'ils absorbent bien tous les parfums. Disposer les pilons de poulet et les crevettes dans un grand plat en verre. Verser la marinade dessus et bien mélanger. Couvrir et réfrigérer 30 minutes.

Préchauffer le four à 180 °C.

Égoutter les pilons de poulet et les crevettes. Les disposer sur une tôle. Faire cuire au four de 30 à 35 minutes. À mi-temps, retirer les crevettes et les tenir au chaud; retourner les pilons de poulet afin qu'ils brunissent des deux côtés. Servir avec du riz blanc ou du riz basmati aromatisé de raisins de Corinthe, de noix de coco râpée et de tranches de bananes, si désiré.

**1 PORTION**

| | | |
|---|---|---|
| 399 CALORIES | 3g GLUCIDES | 30g PROTÉINES |
| 23g LIPIDES | 0g FIBRES | 107mg CHOLESTÉROL |

# AILES DE POULET TANDOORI SAUCE À LA MENTHE

**2 PORTIONS**

**NOTE DU CHEF**

*Les ailes de poulet peuvent être grillées au barbecue. Accompagnez-les de tranches d'aubergines, d'ananas et de pommes que vous aurez badigeonnées de beurre fondu et mises à griller en même temps. Avec les ailes de poulet, servez du riz pilaf aromatisé aux fines herbes.*

| | |
|---|---|
| **12** | **ailes de poulet, sans la peau** |

## MARINADE

| | |
|---|---|
| **1/2 c. à c.** | **gingembre moulu** |
| **1 c. à c.** | **coriandre moulue** |
| **2 c. à c.** | **cumin moulu** |
| **1 c. à s.** | **vinaigre blanc** |
| **1** | **gousse d'ail, hachée** |
| **1 c. à c.** | **paprika** |
| **2 c. à c.** | **curcuma** |
| **55 g** | **yaourt nature demi-écrémé** |

## SAUCE À LA MENTHE

| | |
|---|---|
| **130 g** | **yaourt nature demi-écrémé** |
| **1 c. à s.** | **miel liquide** |
| **1/2 c. à c.** | **menthe ciselée** |

Mélanger tous les ingrédients de la marinade dans un bol. Verser dans un plat peu profond.

Ajouter les ailes de poulet, bien les enrober de marinade et réfrigérer 8 heures ou toute la nuit.

Quelque temps avant de servir, mélanger tous les ingrédients de la sauce et préchauffer le four à 180 °C.

Égoutter les ailes de poulet et les faire cuire au four environ 30 minutes, ou jusqu'à ce qu'elles soient tendres. Servir avec la sauce à la menthe.

1 Mélanger les ingrédients de la marinade.

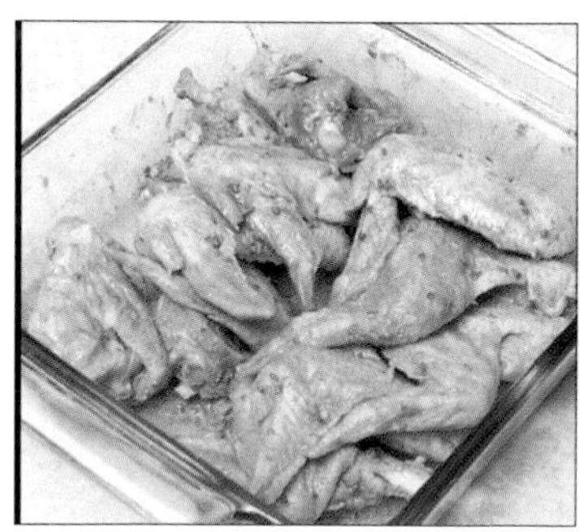

2 Faire mariner les ailes de poulet.

3 Mélanger les ingrédients de la sauce.

4 Faire cuire les ailes de poulet jusqu'à ce qu'elles soient tendres.

**1 PORTION**

| | | |
|---|---|---|
| 379 CALORIES | 12g GLUCIDES | 58g PROTÉINES |
| 11g LIPIDES | 0g FIBRES | 178mg CHOLESTÉROL |

# POULET À L'ESTRAGON

**4 PORTIONS**

| | |
|---|---|
| **1** | **poulet de 1 à 1,5 kg** |
| **3** | **carottes, hachées grossièrement** |
| **2** | **blancs de poireaux, hachés** |
| **1/2** | **oignon, émincé** |
| **2 c. à s.** | **estragon séché ou frais et ciselé** |
| **1** | **feuille de laurier** |
| **1** | **clou de girofle** |
| **6** | **brins de persil** |
| **2 c. à s.** | **fécule de maïs, délayée dans un peu d'eau** |
| **270 g** | **yaourt nature, demi-écrémé** |
| **250 g** | **crème aigre légère** |

Rincer le poulet à l'eau froide. Le mettre dans une casserole et ajouter juste assez d'eau pour le couvrir. Porter à ébullition. Retirer le poulet et réserver 5 dl du liquide de cuisson.

Remettre le poulet dans la casserole. Ajouter les légumes, les fines herbes, les épices et le liquide de cuisson réservé. Le liquide devrait monter aux ¾ du poulet.

Porter à ébullition puis réduire à feu doux et laisser mijoter environ 1 heure, ou jusqu'à ce que le poulet se désarticule facilement.

Retirer le poulet de la casserole et tenir au chaud.

Passer le liquide au chinois et jeter les légumes. Remettre le liquide dans la casserole, faire chauffer à feu doux. Incorporer la fécule de maïs délayée, le yaourt et la crème aigre. Laisser mijoter jusqu'à ce que la sauce épaississe.

Pour servir, découper le poulet en morceaux, retirer la peau et napper de sauce à l'estragon. Accompagner de courgettes cuites à la vapeur, de céleri-rave et de riz pilaf, si désiré.

| 1 PORTION | | |
|---|---|---|
| 285 CALORIES | 17g GLUCIDES | 34g PROTÉINES |
| 9g LIPIDES | 0g FIBRES | 109mg CHOLESTÉROL |

# POITRINES DE POULET FARCIES AUX ÉPINARDS ET AUX NOISETTES

**4 PORTIONS**

| | |
|---|---|
| **4** | **demi-poitrines de poulet désossées, sans la peau** |
| **70 g** | **gruyère râpé** |
| **30 g** | **noisettes hachées** |
| **25 g** | **épinards frais, déchiquetés** |
| **40 g** | **farine** |
| **2** | **œufs, légèrement battus** |
| **1** | **pincée de muscade moulue** |
| **15 g** | **chapelure** |
| **2 c. à s.** | **huile végétale** |
| | **poivre fraîchement moulu** |

Préchauffer le four à 180 °C.

Inciser profondément le côté de chaque demi-poitrine de façon à créer une poche profonde. Réserver.

Dans un bol, mélanger le fromage râpé, les noisettes et les épinards. En farcir les demi-poitrines de poulet. Enrober de farine.

Dans un bol, battre les œufs, la muscade et le poivre. Tremper les demi-poitrines de poulet dans cette préparation, puis les rouler dans la chapelure.

Faire chauffer l'huile dans un poêlon à revêtement antiadhésif, à feu moyen-vif. Y faire brunir le poulet des deux côtés. Disposer les demi-poitrines les unes à côté des autres dans un plat allant au four. Terminer la cuisson au four de 15 à 20 minutes, ou jusqu'à ce que la viande ne soit plus rosée à l'intérieur.

**NOTE DU CHEF**

*Servez ce poulet après avoir détaillé les demi-poitrines en tranches, de telle façon que l'on puisse voir la farce au centre. Dressez sur un lit de sauce tomate.*

**1 PORTION**

| | | |
|---|---|---|
| *386* CALORIES | *10g* GLUCIDES | *37g* PROTÉINES |
| *22g* LIPIDES | *0,7g* FIBRES | *226mg* CHOLESTÉROL |

# POITRINES DE CANARD SAUCE AU CASSIS

**2 PORTIONS**

| | |
|---|---|
| **130 g** | **gousses d'ail non épluchées** |
| **2** | **pommes de terre, pelées, émincées** |
| **5 dl** | **lait demi-écrémé** |
| **2** | **sachets de tisane au cassis** |
| **2** | **poitrines de canard désossées** |
| **2 c. à s.** | **gros sel** |
| **1 c. à s.** | **grains de poivre écrasés grossièrement** |
| **2 c. à s.** | **vinaigre de vin au cassis ou à la framboise** |
| **0,5 dl** | **gelée de cassis** |

Préchauffer le four à 180 °C. Mettre les gousses d'ail non épluchées dans une casserole et les couvrir d'eau froide. Porter à ébullition, puis retirer du feu et laisser suffisamment refroidir pour pouvoir les manipuler.

Peler les gousses d'ail et les mettre dans une casserole avec les pommes de terre et le lait. Laisser mijoter à feu moyen environ 30 minutes, jusqu'à ce que les pommes de terre soient tendres. Égoutter et réduire les pommes de terre et l'ail en purée.

Laisser infuser les sachets de tisane dans 5 dl d'eau bouillante. Réserver.

Frotter le côté charnu des poitrines de canard avec le sel et le poivre. Faire chauffer un poêlon à fond épais sur feu moyen, et y déposer les poitrines de canard, le côté charnu dessous. Faire cuire 2½ minutes, retourner et faire cuire 1 minute. Disposer les poitrines dans un plat allant au four.

Remettre le poêlon à chauffer, à feu moyen. Y verser le vinaigre, puis la tisane de cassis. Porter à ébullition et faire réduire le liquide de moitié. Baisser le feu à doux et bien incorporer la gelée de cassis.

Terminer la cuisson du canard au four pendant 5 minutes. Ne pas laisser cuire trop longtemps: la chair du canard devrait être rosée à l'intérieur. Trancher les poitrines de canard dans le sens de la longueur, napper de sauce au cassis et servir avec une purée de pommes de terre à l'ail.

| 1 PORTION | | |
|---|---|---|
| 628 CALORIES | 77g GLUCIDES | 53g PROTÉINES |
| 12g LIPIDES | 4,0g FIBRES | 147mg CHOLESTÉROL |

# SALADE CHAUDE DE POITRINE DE CANARD AU VINAIGRE DE VIN À LA FRAMBOISE

**2 PORTIONS**

| | |
|---|---|
| 2 | demi-poitrines de canard désossées |
| 1 c. à s. | moutarde douce |
| 1 c. à s. | huile végétale |
| 8 | feuilles de laitue pommée |
| 4 | feuilles de scarole ou de laitue frisée |
| 4 | feuilles de chicorée rouge |
| 1 | endive, émincée |
| 1 | pomme verte, évidée, détaillée en fines lamelles |
| | poivre fraîchement moulu |

## ASSAISONNEMENT

| | |
|---|---|
| 0,5 dl | vinaigre de vin à la framboise |
| 1 c. à c. | poivre rose écrasé |
| 0,5 dl | jus de pomme non sucré |
| 2 c. à s. | huile de colza |
| | sel et poivre |

Préchauffer le four à 180 °C.

Avec un couteau bien aiguisé, entailler la peau des poitrines de canard en losanges. Enrober de moutarde et poivrer.

Faire chauffer l'huile dans un poêlon allant au four. Faire brunir un côté du canard à feu vif. Retourner et faire brunir l'autre côté. Laisser rôtir au four environ 10 minutes. La chair du canard, à l'intérieur, devrait être rosée. Retirer le canard du poêlon et laisser reposer 10 minutes.

Jeter le jus de cuisson. Faire chauffer de nouveau le poêlon puis le déglacer au vinaigre. Ajouter les grains de poivre et le poivre moulu. Incorporer le jus de pomme et l'huile. Retirer du feu et laisser refroidir légèrement.

Nettoyer les feuilles de laitue et en garnir les assiettes, avec l'endive et la pomme verte. Retirer la peau des poitrines de canard puis les émincer. Les disposer sur les feuilles de laitue et napper de sauce.

| 1 PORTION | | |
|---|---|---|
| 352 CALORIES | 17g GLUCIDES | 17g PROTÉINES |
| 24g LIPIDES | 2,9g FIBRES | 64mg CHOLESTÉROL |

# POITRINE DE DINDE FARCIE AU CHOU ROUGE

**4 PORTIONS**

| | |
|---|---|
| **1 c. à c.** | **huile végétale** |
| **1 c. à s.** | **beurre** |
| **1/2** | **chou rouge, émincé** |
| **0,5 dl** | **porto ou vin rouge** |
| **0,5 dl** | **miel** |
| **1** | **poitrine de dinde désossée** |
| **5 dl** | **fond de volaille** |
| | **sel et poivre** |

Préchauffer le four à 180 °C.

Faire chauffer l'huile et le beurre à feu vif, dans une grande casserole ou dans un poêlon à revêtement antiadhésif. Ajouter le chou et le faire sauter jusqu'à ce qu'il devienne lustré. Incorporer le porto et le miel. Réduire le feu à moyen-doux et laisser mijoter de 10 à 15 minutes. Verser dans un bol et laisser refroidir.

Avec un couteau bien aiguisé, inciser profondément la poitrine de dinde, dans le sens de la longueur, afin d'obtenir une poche profonde. Farcir avec le chou puis disposer dans un plat à rôtir. Napper de fond de volaille, couvrir et laisser rôtir au four environ 1 heure, ou jusqu'à ce que la dinde soit bien cuite.

Verser les jus de cuisson dans une casserole. Assaisonner, puis faire cuire à feu vif jusqu'à ce que le liquide ait réduit de moitié. Napper de cette sauce les tranches de dinde farcie, et accompagner de légumes, au choix.

1 Faire sauter le chou à feu vif. Ajouter le porto et le miel.

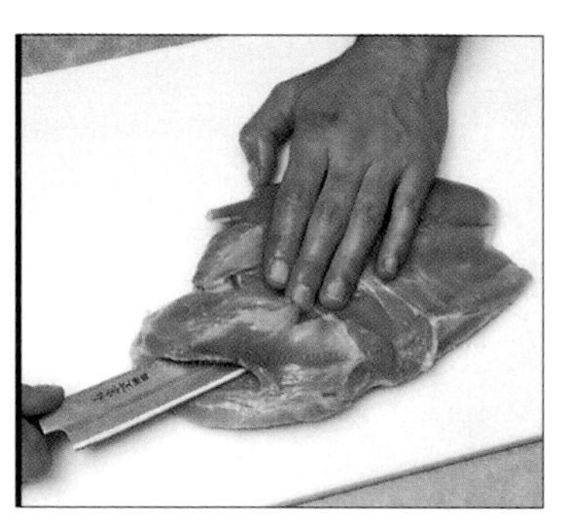

2 Inciser profondément la poitrine de poulet.

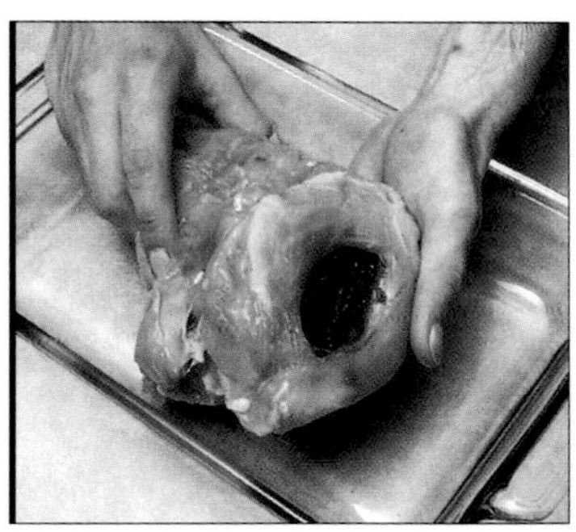

3 Farcir de chou.

**1 PORTION**

| | | |
|---|---|---|
| 410 CALORIES | 22g GLUCIDES | 58g PROTÉINES |
| 10g LIPIDES | 2,3g FIBRES | 137mg CHOLESTÉROL |

# BŒUF WELLINGTON

**6 PORTIONS**

**NOTE DU CHEF**

*Accompagnez ce plat de pommes de terre et de haricots verts cuits à la vapeur, ou encore de maïs cuit à la vapeur et de poivrons doux arrosés d'un filet de vinaigre balsamique.*

| | |
|---|---|
| **1 c. à s.** | **beurre** |
| **1 kg** | **filet de bœuf, tranché en 6 médaillons de 2,4 cm d'épaisseur** |
| **250 g** | **foies de poulet, parés, hachés grossièrement** |
| **130 g** | **champignons émincés** |
| **250 g** | **pâte feuilletée** |
| **1** | **œuf, battu** |

Faire fondre le beurre dans un poêlon à revêtement antiadhésif. Y faire brunir les médaillons de bœuf à feu vif, 2 minutes de chaque côté. Retirer et réserver.

Dans le même poêlon, faire cuire les foies de poulet pendant 2 minutes, en remuant. Ajouter les champignons et laisser mijoter 3 minutes. Laisser refroidir.

Abaisser la pâte feuilletée en un rectangle de 20 cm sur 40 cm. Le découper en 6 rectangles égaux. Répartir le mélange de foies de poulet et de champignons entre ces 6 rectangles de pâte. Déposer un médaillon de bœuf dessus et replier la pâte pour envelopper la garniture. Disposer sur une tôle, badigeonner d'œuf battu et réfrigérer 1 heure.

Préchauffer le four à 200 °C. Retirer le plat du réfrigérateur, enfourner aussitôt et faire cuire 20 minutes.

**1 PORTION**

| | | |
|---|---|---|
| 460 CALORIES | 12g GLUCIDES | 40g PROTÉINES |
| 28g LIPIDES | 0,2g FIBRES | 142mg CHOLESTÉROL |

# ROSBIF AU MIEL EN COCOTTE

**4 PORTIONS**

| | |
|---|---|
| **2 kg** | **rosbif maigre, désossé** |
| **1 c. à c.** | **thym séché** |
| **1 c. à s.** | **grains de poivre broyés** |
| **2 c. à s.** | **huile végétale** |
| **3 c. à s.** | **farine** |
| **0,5 dl** | **miel liquide** |
| **7,5 dl** | **fond de bœuf** |
| **1** | **feuille de laurier** |
| **3** | **grosses carottes** |
| **1** | **navet** |
| **1** | **rutabaga de taille moyenne** |

Préchauffer le four à 180 °C. Parsemer le rosbif de thym et de grains de poivre broyés.

Faire chauffer l'huile dans une grande cocotte. Y faire brunir le rosbif de tous côtés, à feu moyen-vif. Retirer et réserver.

Bien incorporer la farine à la graisse, dans la cocotte. Ajouter le miel, mélanger, puis remettre le rosbif dans la cocotte. Ajouter le fond de bœuf et la feuille de laurier.

Faire cuire au four, à découvert, 20 minutes. Pendant ce temps, peler les légumes et les détailler en morceaux. Disposer autour de la viande et laisser cuire au four encore 30 minutes, ou jusqu'à ce que les légumes soient tendres et la viande, cuite à point. Servir accompagné du jus de cuisson versé dans une saucière.

**NOTE DU CHEF**

*Cette méthode de cuisson s'applique particulièrement bien à la viande maigre, qui s'attendrit sans pour autant sécher.*

**1 PORTION**

| | | |
|---|---|---|
| 465 CALORIES | 31g GLUCIDES | 38g PROTÉINES |
| 21g LIPIDES | 3,3g FIBRES | 83mg CHOLESTÉROL |

# ROULEAUX DE VEAU SAUCE AU FROMAGE

**4 PORTIONS**

**NOTE DU CHEF**

*Utilisez cette recette pour préparer des escalopes de poulet, de dinde ou de porc. Vous pouvez, si vous le désirez, ajouter 2 c. à s. de mayonnaise légère à la sauce au fromage, ce qui donnera une autre saveur à ce plat.*

| | |
|---|---|
| **70 g** | **gruyère râpé** |
| **80 g** | **parmesan râpé** |
| **2,5 dl** | **lait écrémé** |
| **1** | **gousse d'ail, finement hachée** |
| **2 c. à s.** | **épaississant pour sauces blanches ou brunes** |
| **4** | **escalopes de veau, de 150 g chacune** |
| | **sel et poivre** |

Dans un bol, mélanger le gruyère, le parmesan, le lait et l'ail. Couvrir et réfrigérer 4 heures ou toute la nuit.

Préchauffer le four à 180 °C.

Dans une petite casserole, mettre la préparation au fromage et faire chauffer à feu moyen, jusqu'à ce que le mélange bouillonne. Y incorporer l'épaississant pour sauces et tenir au chaud.

Pendant ce temps, bien aplatir les escalopes de veau et les rouler. Disposer sur une tôle beurrée et faire cuire au four de 18 à 20 minutes.

Napper les escalopes de la sauce au fromage et faire cuire au four encore 5 minutes. Servir accompagné de champignons sautés et d'épinards cuits à la vapeur, si désiré.

**1 PORTION**

| | | |
|---|---|---|
| 386 CALORIES | 7g GLUCIDES | 49g PROTÉINES |
| 18g LIPIDES | 0,1g FIBRES | 166mg CHOLESTÉROL |

# MÉDAILLONS DE VEAU AU VERMOUTH

**4 PORTIONS**

| | |
|---|---|
| 4 | filets de veau, d'environ 150 g chacun |
| 4 | tranches de bacon, hachées |
| 2,5 dl | vermouth rouge sec |
| 2,5 dl | fond de volaille |
| 2 c. à s. | crème fraîche épaisse |
| | zeste râpé de 1 citron |

Détailler les filets de veau en tranches d'environ 2 cm d'épaisseur. Déposer les tranches de veau dans un poêlon, avec le bacon et faire brunir des deux côtés, à feu moyen-vif. Retirer l'excès de graisse.

Mouiller avec le vermouth et ajouter le zeste de citron. Couvrir et laisser mijoter 5 minutes. Ajouter le fond de volaille et faire cuire à feu doux 7 minutes, afin que la sauce réduise. Retirer la viande du poêlon, réserver au chaud.

Incorporer la crème fraîche à la sauce. Faire cuire à feu doux jusqu'à ce que la sauce épaississe légèrement. Servir les médaillons de veau nappés de sauce.

**NOTE DU CHEF**

*Servez les médaillons de veau sur des tranches de pain grillées. Utilisez alors un pain de campagne et faites griller les tranches dans un peu d'huile d'olive.*

| 1 PORTION | | |
|---|---|---|
| 308 CALORIES | 1g GLUCIDES | 40g PROTÉINES |
| 16g LIPIDES | 0,2g FIBRES | 155mg CHOLESTÉROL |

# JAMBON CUIT SAUCE AUX POIRES ET AUX AIRELLES

**6 À 8 PORTIONS**

**NOTE DU CHEF**

*Ce plat est la solution idéale lorsqu'il y a des festivités et que vous ne voulez pas passer trop de temps dans la cuisine. La sauce peut être préparée à l'avance puis congelée. La veille, faites bouillir le jambon et laissez-le refroidir toute la nuit dans le liquide de cuisson. Terminez la cuisson au four 1 heure avant le repas. Servez accompagné de pommes de terre et de légumes verts.*

| | |
|---|---|
| 1 litre | eau froide |
| 1 litre | bière ou jus de pomme non sucré |
| 2 | carottes coupées en quatre |
| 4 | oignons, coupés en quatre |
| 1 | gousse d'ail, finement hachée |
| 4 | côtes de céleri-branche |
| 1 | feuille de laurier |
| 1 c. à s. | moutarde sèche |
| 1 c. à s. | épices pour marinades |
| 1 | jambon fumé de 2,5 à 3 kg |

Mettre tous les ingrédients, sauf le jambon, dans une grande casserole (suffisamment grande pour y ajouter le jambon). Couvrir et laisser mijoter 30 minutes.

Déposer le jambon dans le liquide chaud, couvrir et laisser mijoter à feu très doux, sans faire bouillir, environ 1 heure.

Laisser le jambon refroidir dans le liquide de cuisson. Le retirer, enlever la peau et la couche de graisse s'il y a lieu. Disposer alors le jambon dans un plat allant au four. Arroser avec un peu de sauce aux poires et aux airelles. Faire cuire au four, à 160 °C, de 40 à 45 minutes. Arroser régulièrement avec le jus pendant la cuisson. Servir froid ou chaud.

| 1 PORTION | | |
|---|---|---|
| 557 CALORIES | 35g GLUCIDES | 66g PROTÉINES |
| 17g LIPIDES | 3,3g FIBRES | 166mg CHOLESTÉROL |

# SAUCE AUX POIRES ET AUX AIRELLES

**5 DL**

| | |
|---|---|
| 300 g | airelles |
| 160 g | poires fraîches pelées et râpées, ou en conserve et hachées |
| 1 | pincée de clous de girofle moulus |
| 1 | pincée de quatre-épices moulues |
| 150 g | sucre |
| 0,5 dl | eau |
| 1 c. à s. | jus de citron |
| 1 c. à s. | zeste râpé d'orange ou de citron |

Mélanger tous les ingrédients dans une grande casserole. Couvrir et porter à ébullition. Réduire à feu doux et laisser mijoter, en remuant de temps en temps, jusqu'à ce que la peau des airelles éclate.

Passer la sauce au chinois ou la garder telle quelle, au choix. Servir cette sauce chaude ou froide, avec le jambon cuit.

~

| 1 PORTION (0,5 DL) | | |
|---|---|---|
| 96 CALORIES | 24g GLUCIDES | 0g PROTÉINES |
| 0g LIPIDES | 2,6g FIBRES | 0mg CHOLESTÉROL |

# CRÊPES AU JAMBON ET AUX LÉGUMES

**4 PORTIONS**

## PÂTE À CRÊPE

| | |
|---|---|
| **100 g** | **farine** |
| **1/2 c. à c.** | **sel** |
| **1** | **œuf** |
| **2,5 dl** | **lait écrémé** |
| **1 c. à s.** | **beurre fondu** |
| | **huile végétale pour la friture** |

## GARNITURE

| | |
|---|---|
| **40 g** | **carottes en julienne** |
| **40 g** | **côte de céleri-branche en julienne** |
| **35 g** | **blancs de poireaux en julienne** |
| **250 g** | **jambon maigre, cuit, en julienne** |

## SAUCE BLANCHE LÉGÈRE

| | |
|---|---|
| **5 dl** | **lait écrémé** |
| **25 g** | **farine** |
| **2 c. à s.** | **beurre fondu** |
| **1/4 c. à c.** | **muscade moulue** |
| **150 g** | **emmenthal ou gruyère, râpé** |
| | **sel et poivre** |

Travailler tous les ingrédients de la pâte à crêpes, sauf l'huile, au robot ménager, ou encore battre au fouet dans un bol jusqu'à ce que la pâte soit lisse. Badigeonner le fond d'un poêlon à revêtement antiadhésif d'un peu d'huile et la faire chauffer à feu moyen. Pour faire une crêpe, verser 0,5 dl de pâte dans le poêlon. Lorsque la pâte est dorée d'un côté, la retourner et laisser dorer l'autre côté. Répéter l'opération avec le reste de la pâte. Réserver les crêpes.

Faire cuire légèrement les carottes, le céleri et les blancs de poireaux à la vapeur. Égoutter et mélanger avec le jambon, dans un bol. Déposer quelques cuillerées de ce mélange sur chacune des crêpes et les rouler. Les disposer les unes à côté des autres dans un plat allant au four. Réserver.

Pour préparer la sauce blanche: faire chauffer le lait dans une casserole jusqu'à ce qu'il bouillonne. Bien mélanger la farine et le beurre fondu et incorporer ce mélange au lait chaud. Assaisonner avec la muscade, le sel et le poivre. Lorsque la sauce est lisse et épaisse, en napper les crêpes. Couvrir de fromage râpé.

Faire gratiner au four, à 200 °C.

1 Faire cuire les crêpes une par une.

2 Mélanger les juliennes de légumes et de jambon.

3 Farcir les crêpes et les rouler.

4 Napper de sauce blanche et couvrir de fromage râpé.

**1 PORTION**

| | | |
|---|---|---|
| 468 CALORIES | 35 g GLUCIDES | 28 g PROTÉINES |
| 24 g LIPIDES | 1,4 g FIBRES | 295 mg CHOLESTÉROL |

# FILETS MIGNONS DE PORC SAUCE À L'ORANGE ET AU POIVRE VERT

**6 PORTIONS**

**NOTE DU CHEF**

*Le goût légèrement sucré des rutabagas rehausse délicieusement la saveur du porc. Détaillez les rutabagas en dés et faites-les dorer doucement dans un peu de beurre ou d'huile. Des haricots mange-tout donneront une touche de couleur et de fraîcheur à ce plat.*

| | |
|---|---|
| 2 | filets mignons de porc, de 500 g chacun |
| 1 c. à s. | farine |
| 1 c. à s. | huile végétale |
| 1 | gousse d'ail, hachée |
| 0,5 dl | vin blanc sec |
| 2 c. à s. | concentré de jus d'orange surgelé |
| 2 c. à c. | grains de poivre vert |
| 1,25 dl | crème fraîche épaisse |
| | sel et poivre |
| | lanières de zeste d'orange |

Préchauffer le four à 190 °C.

Enrober le porc de farine. Faire chauffer l'huile dans un poêlon à revêtement anti-adhésif à feu moyen et y faire brunir les filets sur tous les côtés. Saupoudrer d'ail, de sel et de poivre. Garnir de lanières de zeste d'orange et laisser rôtir au four environ 12 minutes, ou jusqu'à ce que le thermomètre à viande indique 70 °C. La viande devrait être à peine rosée. Retirer les filets mignons du plat, les couvrir d'une feuille de papier d'aluminium et laisser reposer 10 minutes.

Retirer l'excès de graisse du poêlon. Déglacer avec le vin. Ajouter le jus d'orange surgelé et les grains de poivre vert. Faire chauffer à feu moyen jusqu'à ce que le liquide ait réduit de moitié, en raclant bien le fond du poêlon.

Réduire à feu doux et incorporer la crème. Laisser mijoter environ 1 minute, ou jusqu'à ce que la sauce soit crémeuse.

Détailler chaque filet mignon en trois portions et servir nappé de sauce à l'orange et au poivre vert.

| 1 PORTION | | |
|---|---|---|
| 329 CALORIES | 4g GLUCIDES | 22g PROTÉINES |
| 25g LIPIDES | 0,1g FIBRES | 83mg CHOLESTÉROL |

# RÔTI DE PORC AUX PRUNEAUX

**6 PORTIONS**

| | |
|---|---|
| **1 kg** | **rôti de porc dans le filet ou le carré de côtes** |
| **3 c. à s.** | **huile végétale** |
| **300 g** | **pruneaux secs dénoyautés** |
| | **grains de poivre écrasés** |

Préchauffer le four à 220 °C. Rouler le rôti dans les grains de poivre, en pressant bien pour qu'ils s'incrustent en surface. Badigeonner d'huile de tous côtés. Déposer dans un plat à rôtir.

Faire rôtir la viande au four, 30 minutes. Retourner le rôti, baisser la température du four à 200 °C et faire cuire de nouveau 30 minutes. Retourner le rôti une autre fois, réduire la température du four à 180 °C et poursuivre la cuisson 40 minutes.

Pendant la cuisson du rôti, mettre les pruneaux dans une casserole et les couvrir d'eau froide. Porter à ébullition puis retirer du feu. Laisser les pruneaux gonfler dans l'eau.

Retirer le jus de cuisson du plat à rôtir 10 minutes avant que le rôti ne soit cuit. Verser ce jus dans un petit poêlon à revêtement antiadhésif et y ajouter les pruneaux égouttés. Saler et poivrer au goût; réserver.

Disposer le rôti dans un plat de service, entouré de la préparation aux pruneaux. Servir accompagné de carottes et de bouquets de brocoli et de chou-fleur cuits à la vapeur, et de purée de pommes de terre, si désiré.

| 1 PORTION | | |
|---|---|---|
| 338 CALORIES | 31 g GLUCIDES | 22 g PROTÉINES |
| 14 g LIPIDES | 3,7 g FIBRES | 56 mg CHOLESTÉROL |

# CÔTELETTES D'AGNEAU FARCIES CUITES AU FOUR

**4 PORTIONS**

**NUTRITION +**

*Les patates douces, comme tous les légumes de couleur orange, sont une excellente source de bêta-carotène.*

| | |
|---|---|
| **8** | **côtelettes d'agneau dans le carré de côtes, de 2 cm d'épaisseur chacune** |
| **1 c. à c.** | **sel** |
| **1/2 c. à c.** | **poivre** |
| **2 c. à c.** | **menthe ciselée** |
| **50 g** | **beurre, en dés** |
| **1** | **oignon, haché** |
| **1** | **patate douce de taille moyenne, pelée, en dés** |
| **60 g** | **chapelure** |
| **1** | **œuf, battu** |
| **1 c. à s.** | **persil finement ciselé** |
| **2 c. à s.** | **vin blanc sec** |
| **0,5 dl** | **fond de volaille** |

Préchauffer le four à 160 °C. Inciser les côtelettes sur le côté afin d'obtenir une poche. Saupoudrer l'intérieur de sel et de poivre, et parsemer de menthe.

Faire chauffer la moitié du beurre dans un poêlon et y faire fondre l'oignon. Ajouter la patate douce. Couvrir et faire cuire à feu moyen de 8 à 10 minutes, en remuant de temps en temps, jusqu'à ce que la patate soit tendre.

Retirer du feu et réduire la patate douce et l'oignon en purée. Y ajouter la chapelure, l'œuf, le persil, le vin blanc et le fond de volaille. Bien mélanger.

Farcir les côtelettes d'agneau avec cette préparation. Refermer la poche avec des brochettes de bambou. Badigeonner les côtelettes avec le reste de beurre, les placer côte à côte dans un plat allant au four et faire cuire au four de 30 à 35 minutes, ou jusqu'à ce qu'elles soient cuites à point.

Servir avec du riz et un légume vert.

**1 PORTION**

| | | |
|---|---|---|
| 580 CALORIES | 35g GLUCIDES | 38g PROTÉINES |
| 32g LIPIDES | 2,7g FIBRES | 198mg CHOLESTÉROL |

# FILETS D'AGNEAU À LA RHUBARBE

**4 PORTIONS**

| | |
|---|---|
| **160 g** | **rhubarbe en dés, fraîche ou surgelée** |
| **1 c. à s.** | **huile végétale** |
| **4** | **filets d'agneau, de 100 g chacun** |
| **0,75 dl** | **vermouth blanc** |
| **1,75 dl** | **fond maigre** |
| | **jus d'une orange** |

Faire cuire la rhubarbe et le jus d'orange dans une casserole, à feu moyen, environ 15 minutes ou jusqu'à ce que la rhubarbe ait la consistance d'une compote. Réserver.

Détailler les filets d'agneau en médaillons de 2 cm d'épaisseur. Faire chauffer l'huile dans un poêlon, à feu vif, et y faire revenir les médaillons 2 minutes de chaque côté. Retirer et tenir au chaud.

Remettre le poêlon sur le feu et déglacer avec le vermouth. Ajouter le fond maigre et laisser réduire 2 minutes. Servir l'agneau nappé de sauce au vermouth et accompagné de la compote de rhubarbe.

**NOTE DU CHEF**

*L'agneau se sert souvent accompagné de flageolets ou de haricots cocos. Vous pouvez aussi le servir avec des lingots ou des pois secs en conserve, rincés et égouttés, cuits dans un peu d'huile d'olive et agrémentés de fines herbes. Toutes les sortes de haricots secs sont une excellente source de fibres.*

**1 PORTION**

| | | |
|---|---|---|
| 228 CALORIES | 5g GLUCIDES | 25g PROTÉINES |
| 12g LIPIDES | 0,9g FIBRES | 78mg CHOLESTÉROL |

# GIGOT D'AGNEAU FARCI

**8 PORTIONS**

| | |
|---|---|
| **1 c. à s.** | **beurre** |
| **3** | **gousses d'ail, écrasées** |
| **2** | **oignons, émincés** |
| **300 g** | **épinards surgelés, dégelés** |
| **2,5 dl** | **crème fleurette** |
| **250 g** | **chair à saucisse** |
| **70 g** | **gruyère râpé** |
| **1** | **gigot d'agneau désossé** |
| **3 c. à s.** | **huile d'olive** |
| **1 c. à c.** | **thym séché** |
| **1 c. à c.** | **romarin séché** |
| **2,5 dl** | **vin blanc sec** |
| **7,5 dl** | **fond de volaille** |
| **2,5 dl** | **jus de légumes** |
| **1** | **feuille de laurier** |

Préchauffer le four à 230 °C. Faire fondre le beurre dans une casserole et y faire revenir l'ail et les oignons à feu moyen, environ 5 minutes.

Ajouter les épinards et la crème et faire cuire de nouveau 5 minutes. Verser dans un bol et laisser refroidir. Bien incorporer la chair à saucisse et le fromage râpé.

Farcir le gigot de cette préparation. Recoudre serré, badigeonner la surface d'huile et saupoudrer de thym et de romarin. Déposer le gigot dans un plat à rôtir et mettre au four. Lorsque la surface est bien brune, réduire la température du four à 200 °C. Mouiller avec le vin, le fond de volaille, et le jus de légumes; ajouter la feuille de laurier. Faire rôtir le gigot de nouveau, à découvert, de 40 à 50 minutes, ou jusqu'à ce qu'il soit cuit à point.

Laisser reposer 10 minutes avant de le trancher. Dégraisser le jus de cuisson et le servir dans une saucière.



**1 PORTION**

| | | |
|---|---|---|
| 395 CALORIES | 7g GLUCIDES | 40g PROTÉINES |
| 23g LIPIDES | 1,7g FIBRES | 25mg CHOLESTÉROL |

# CARI D'AGNEAU

**4 PORTIONS**

**NOTE DU CHEF**

*Cette recette peut accommoder presque toutes les sortes de viande. C'est une excellente façon d'utiliser des restes de dinde ou de bœuf rôti, mais vous n'aurez pas à faire cuire la viande aussi longtemps. Vous pouvez ajouter de la couleur et des éléments nutritifs en incorporant des petits pois surgelés ou des haricots verts déjà cuits pendant les dernières minutes de cuisson.*

| | |
|---|---|
| **2 c. à s.** | **huile végétale** |
| **2** | **oignons, émincés** |
| **1** | **gousse d'ail, hachée** |
| **2** | **tomates, en dés** |
| **1** | **feuille de laurier** |
| **2 c. à s.** | **poudre de curry** |
| **1 kg** | **épaule d'agneau désossée, en cubes** |
| **2,5 dl** | **eau** |
| **130 g** | **yaourt nature maigre** |
| | **piment de Cayenne** |

Faire chauffer 1 c. à s. d'huile dans une casserole et y faire fondre les oignons et l'ail à feu moyen. Ajouter les tomates et la feuille de laurier. Faire cuire quelques minutes à feu doux, puis incorporer le curry. Laisser mijoter 2 minutes, retirer du feu et réserver.

Faire chauffer l'huile qui reste dans un grand poêlon à revêtement antiadhésif. Y faire brunir les cubes d'agneau de tous côtés, à feu vif, en remuant de temps en temps.

Mettre les cubes d'agneau dans la casserole avec le mélange à l'oignon. Ajouter l'eau. Laisser mijoter à feu doux environ 1 heure, ou jusqu'à ce que l'agneau soit tendre et que la sauce épaississe. Incorporer le yaourt au dernier moment et assaisonner de piment de Cayenne.

Servir accompagné de riz cuit à la vapeur et de chutney aux fruits.

**1 PORTION**

| | | |
|---|---|---|
| 313 CALORIES | 9g GLUCIDES | 31g PROTÉINES |
| 17g LIPIDES | 1,4g FIBRES | 92mg CHOLESTÉROL |

# RAGOÛT DE HOMARD ET FETTUCCINE AUX ÉPINARDS

**4 PORTIONS**

**NUTRITION +**

*Pour diminuer la teneur en gras de ce plat, remplacez la crème par du yaourt nature ou par du lait.*

| | |
|---|---|
| **300 g** | **chair de homard surgelée** |
| **1,25 dl** | **jus de cuisson de homard ou fond de volaille** |
| **0,5 dl** | **crème fraîche épaisse** |
| **1½ c. à c.** | **fécule de maïs** |
| **0,5 dl** | **huile d'olive** |
| **1 c. à c.** | **graines de moutarde** |
| **1** | **gousse d'ail, hachée** |
| **1** | **poivron rouge, en dés** |
| **8** | **gros champignons, émincés** |
| **½ c. à c.** | **sel** |
| **15 g** | **persil ciselé** |
| **500 g** | **fettuccine aux épinards, cuits , égouttés** |
| | **jus de 1 citron** |

Faire dégeler le homard, l'égoutter et réserver le jus. Détailler la chair en petits morceaux et garder les pinces pour garnir. Réserver.

Dans un bol, mélanger 1,25 dl de jus de homard réservé et la crème fraîche. Y délayer la fécule de maïs et réserver.

Faire chauffer l'huile dans un wok ou dans un grand poêlon muni d'un couvercle, à feu moyen-vif. Ajouter les graines de moutarde et couvrir aussitôt. Remuer le wok ou le poêlon pendant 20 ou 30 secondes, jusqu'à ce que les graines cessent d'éclater. Réduire le feu à doux.

Incorporer l'ail, le poivron rouge, les champignons, le jus de citron et le sel; faire cuire 2 minutes.

Ajouter la chair de homard, le persil et la préparation au jus de homard. Faire cuire jusqu'à ce que le homard soit chaud et que la sauce épaississe légèrement.

Dresser les fettuccine cuits dans les assiettes chaudes et les entourer de la préparation au homard. Garnir avec les pinces et parsemer de persil ciselé.

1 PORTION

602 CALORIES | 83g GLUCIDES | 27g PROTÉINES

18g LIPIDES | 0,8g FIBRES | 72mg CHOLESTÉROL

# LANGOUSTINES EN SAUCE CRÉMEUSE À L'ESTRAGON

**4 PORTIONS**

**NOTE DU CHEF**

*Voici une excellente façon de préparer des langoustines surgelées, puisque cette méthode de cuisson les gardera moelleuses et tendres, si vous ne les faites pas trop cuire. Servez-les accompagnées de riz cuit à la vapeur ou de pâtes.*

| | |
|---|---|
| 12 à 16 | langoustines |
| 2 c. à c. | huile végétale |
| 1 | oignon, haché |
| 6 | champignons, coupés en quatre |
| 250 g | tomates cuites en conserve |
| 1 c. à s. | persil ciselé |
| 1/2 | gousse d'ail, finement hachée |
| 3 c. à s. | crème fraîche épaisse |
| 1 c. à s. | beurre |
| 1 | pincée d'estragon |
| 2 c. à s. | xérès ou brandy |
| | jus de 1/2 citron |
| | sel et poivre fraîchement moulu |

Utiliser des ciseaux pour inciser la carapace des langoustines par en dessous, le long du coffre, et les décortiquer. Les trancher en deux. Imbiber de jus de citron et réserver.

Faire chauffer l'huile dans un poêlon et y faire tomber l'oignon et les champignons. Incorporer les tomates, le persil et l'ail; laisser mijoter quelques minutes jusqu'à ce que la préparation épaississe légèrement.

Incorporer la crème en remuant doucement, et faire cuire à feu moyen jusqu'à un léger épaississement. Assaisonner et réserver.

Faire chauffer le beurre dans un poêlon à revêtement antiadhésif, à feu moyen-vif. Y faire cuire les langoustines en remuant, jusqu'à ce qu'elles rosissent. Ajouter l'estragon et le xérès; bien remuer. Faire cuire à feu moyen-vif, jusqu'à ce que les langoustines soient tendres. Ne pas faire trop cuire.

Incorporer la sauce tomate réservée et servir immédiatement.

| 1 PORTION | | |
|---|---|---|
| 154 CALORIES | 7g GLUCIDES | 9g PROTÉINES |
| 10g LIPIDES | 1,3g FIBRES | 93mg CHOLESTÉROL |

# CRÊPES AU SAUMON FUMÉ

**4 PORTIONS**

| | |
|---|---|
| **1** | **série de crêpes (voir recette p.168)** |

## GARNITURE

| | |
|---|---|
| **1 c. à s.** | **huile végétale** |
| **100 g** | **blancs de poireaux en julienne** |
| **150 g** | **courgettes en julienne** |
| **100 g** | **saumon fumé en fines lanières** |
| | **sel et poivre** |

## SAUCE AU BASILIC

| | |
|---|---|
| **1 c. à s.** | **beurre** |
| **1 c. à s.** | **échalotes roses hachées** |
| **1,25 dl** | **vin blanc sec** |
| **1,25 dl** | **crème fleurette** |
| **2,5 dl** | **sauce blanche légère (voir recette p.168)** |
| **30 g** | **basilic ciselé** |
| | **sel et poivre** |

Préparer une série de crêpes en suivant la recette de la page 168, ou utiliser des crêpes toutes faites. Réserver.

Pour préparer la sauce au basilic: faire fondre le beurre dans une casserole et y faire fondre les échalotes. Mouiller avec le vin blanc et laisser mijoter jusqu'à ce que le liquide ait réduit du tiers. Incorporer la crème et la sauce blanche. Laisser mijoter quelques minutes puis ajouter le basilic. Assaisonner au goût. Tenir au chaud.

Préchauffer le four à 200 °C.

Pour préparer la garniture: faire chauffer l'huile dans un poêlon, à feu vif. Y faire revenir les poireaux et les courgettes, 2 à 3 minutes. Retirer du feu et ajouter le saumon fumé. Assaisonner. Étaler la préparation sur les crêpes, les plier en quatre et les disposer dans un plat beurré allant au four. Faire cuire au four environ 10 minutes. Napper de sauce au basilic juste avant de servir.

1 PORTION

| | | |
|---|---|---|
| 637 CALORIES | 40g GLUCIDES | 27g PROTÉINES |
| 41g LIPIDES | 2,4g FIBRES | 180 mg CHOLESTÉROL |

# SAUMON CAJUN

**4 PORTIONS**

**NOTE DU CHEF**

*Vous pouvez accommoder de la sorte des poitrines de poulet désossées. Il est important d'utiliser des fines herbes fraîches. Souvenez-vous que les épices séchées et moulues perdent leur saveur après 6 mois.*

| | |
|---|---|
| 1 | gousse d'ail, finement hachée |
| 1 c. à c. | basilic séché |
| 1 c. à c. | thym séché |
| 1/2 c. à c. | muscade moulue |
| 3 c. à s. | paprika |
| 3 c. à s. | poudre de curry |
| 1 c. à c. | piment de Cayenne |
| 1/4 c. à c. | clous de girofle moulus |
| 1/2 c. à c. | cannelle moulue |
| 1/2 c. à c. | poivre noir |
| 4 | darnes de saumon épaisses, de 200 g chacune |
| 1 c. à s. | huile végétale |

Dans un bol, mélanger l'ail, les fines herbes et les épices. Enrober les darnes de saumon de ce mélange, et taper pour que les épices et les condiments adhèrent à la chair du saumon.

Préchauffer le four à 180 °C. Faire chauffer l'huile dans un poêlon à revêtement anti-adhésif, à feu vif. Y faire revenir les darnes de saumon, 3 minutes de chaque côté. Terminer la cuisson au four, 15 minutes.

Servir les darnes accompagnées d'une sauce tomate épicée et de riz ou de pommes de terre, si désiré.

1 PORTION

| | | |
|---|---|---|
| 260 CALORIES | 0g GLUCIDES | 38g PROTÉINES |
| 12g LIPIDES | 0g FIBRES | 102mg CHOLESTÉROL |

# SOLE ET TRUITE À LA SAUCE TOMATE AU BASILIC

**6 PORTIONS**

| | |
|---|---|
| **3** | **filets de sole, sans la peau** |
| **6** | **filets de truite arc-en-ciel, sans la peau** |
| **1 c. à s.** | **beurre ramolli** |
| **5 dl** | **fond de volaille ou fumet de poisson** |

## SAUCE TOMATE AU BASILIC

| | |
|---|---|
| **4** | **grosses tomates mûres ou tomates en conserve, concassées** |
| **2,5 dl** | **fond de volaille ou fumet de poisson** |
| **1,75 dl** | **vin blanc sec** |
| **0,5 dl** | **crème fleurette** |
| **1 c. à c.** | **basilic ciselé** |
| **1** | **gousse d'ail** |

Préchauffer le four à 200 °C.

Coucher les filets de poisson sur un plan de travail et les trancher en deux dans le sens de la longueur, de façon à obtenir 18 lanières.

Natter ensemble 2 lanières de filet de truite et 1 lanière de filet de sole, ce qui donnera au total 6 tresses de filet de poisson.

Beurrer un plat allant au four. À l'aide d'une spatule en métal, disposer les tresses dans le plat et y verser le fond de volaille. Couvrir hermétiquement d'une feuille de papier d'aluminium et faire cuire au four de 6 à 8 minutes, ou jusqu'à ce que la chair du poisson se détache à la fourchette. Ne pas laisser trop cuire. Servir sur un lit de sauce tomate au basilic chaude.

Pour préparer la sauce tomate au basilic: travailler tous les ingrédients de la sauce au robot ménager ou au mixer jusqu'à ce qu'ils soient réduits en purée. Passer au chinois si désiré. Faire chauffer la sauce dans une casserole, à feu doux.

| 1 PORTION | | |
|---|---|---|
| 231 CALORIES | 5g GLUCIDES | 37g PROTÉINES |
| 7g LIPIDES | 1,0g FIBRES | 108mg CHOLESTÉROL |

# TIMBALES DE SOLE ET DE CAROTTES

**4 PORTIONS**

**NOTE DU CHEF**

*Pour faire une béchamel légère, faire chauffer 1 c. à s. d'huile végétale dans une casserole. Y incorporer 1 c. à s. de farine. Ajouter graduellement au fouet 2,5 dl de lait chaud. Laisser mijoter à feu doux jusqu'à ce que la sauce épaississe. Retirer les grumeaux s'il y en a. Saler et parsemer de persil ciselé.*

| | |
|---|---|
| **2 c. à s.** | **beurre** |
| **1** | **oignon, haché** |
| **1** | **gousse d'ail, finement hachée** |
| **50 g** | **champignons hachés** |
| **60 g** | **carottes râpées** |
| **20 g** | **chapelure** |
| **10 g** | **persil ciselé** |
| **1 c. à s.** | **jus de citron** |
| **1/4 c. à c.** | **marjolaine séchée** |
| **1** | **œuf, légèrement battu** |
| **700 g** | **filets de sole** |
| | **sel et poivre** |

Préchauffer le four à 200 °C. Faire fondre le beurre dans un poêlon. Y faire revenir l'oignon et l'ail 4 minutes. Ajouter les champignons et faire cuire 2 minutes.

Retirer du feu. Incorporer au mélange les carottes râpées, la chapelure, le persil, le jus de citron, la marjolaine, le sel et le poivre, puis l'œuf. Réserver.

Beurrer 4 ramequins. Les chemiser avec les filets de sole: couper les filets en morceaux s'il le faut, afin qu'ils couvrent, sur une seule épaisseur, et le fond et les côtés des ramequins. Emplir le centre de la préparation aux carottes. Couvrir chaque ramequin d'une feuille de papier d'aluminium.

Déposer les ramequins dans un plat allant au four. Emplir ce plat d'eau bouillante jusqu'à mi-hauteur des ramequins. Faire cuire au four de 15 à 20 minutes, ou jusqu'à ce que le poisson soit cuit et que sa chair se détache à la fourchette. Démouler les timbales et servir avec une sauce blanche et une garniture de légumes au choix.

~

**1 PORTION**

| | | |
|---|---|---|
| 264 CALORIES | 10g GLUCIDES | 38g PROTÉINES |
| 8g LIPIDES | 0,9g FIBRES | 184mg CHOLESTÉROL |

# FILETS DE SOLE MONACO

**4 PORTIONS**

| | |
|---|---|
| 8 | filets de sole, d'environ 100 g chacun |
| 1 c. à s. | huile d'olive |
| 2 c. à s. | câpres, égouttées |
| 2 | citrons, épluchés, détaillés en quartiers pelés à vif |
| 2 c. à s. | olives noires dénoyautées hachées |
| 0,5 dl | vin blanc sec |
| 5 g | croûtons grillés |
| 1 c. à s. | persil ciselé |
| | farine |
| | sel et poivre fraîchement moulu |

Assaisonner les filets de sole et les enrober de farine. Faire chauffer l'huile dans un grand poêlon à revêtement antiadhésif et y faire légèrement dorer les filets de sole à feu moyen-vif, de 2 à 3 minutes de chaque côté. Retirer du poêlon et réserver.

Dans le même poêlon, faire réchauffer les câpres, les quartiers de citron et les olives noires à feu moyen. Mouiller avec le vin blanc. Laisser mijoter à feu doux de 3 à 4 minutes. Ajouter les croûtons et le persil.

Faire réchauffer rapidement les filets dans le poêlon. Servir la sole sur un lit de sauce, et garnir avec des fruits, par exemple des tranches de mangue ou de kiwi.

**NOTE DU CHEF**

*Les câpres agrémentent souvent les recettes à base de poisson et accompagnent, en général, le saumon fumé. La chaleur en fait ressortir l'âcreté, c'est pourquoi il ne faut pas les laisser cuire trop longtemps.*

**1 PORTION**

| | | |
|---|---|---|
| 260 CALORIES | 8g GLUCIDES | 39g PROTÉINES |
| 8g LIPIDES | 0,9g FIBRES | 106mg CHOLESTÉROL |

# BOUILLABAISSE DE LA NOUVELLE-ANGLETERRE

**4 PORTIONS**

| | |
|---|---|
| 2 c. à s. | huile d'olive |
| 3 | échalotes nouvelles, hachées |
| 1 | gousse d'ail, hachée |
| 800 g | tomates aux fines herbes en conserve |
| 1,25 dl | fond de volaille |
| 1 | grosse pomme de terre, en dés |
| 1 c. à c. | basilic séché |
| 1 c. à c. | sauce Worcestershire |
| 1/4 c. à c. | aneth séché |
| 250 g | filets de poisson (aiglefin, flétan, morue, turbot, baudroie, perche de mer), en cube |
| 250g | petites crevettes décortiquées |
| 500 g | moules de culture |
| | sel et poivre fraîchement moulu |

Faire chauffer l'huile dans une grande casserole, à feu moyen. Y faire revenir les échalotes 2 minutes. Ajouter l'ail, bien remuer et faire cuire 1 minute.

Incorporer les tomates en les broyant à la fourchette. Ajouter le fond de volaille, la pomme de terre, le basilic, la sauce Worcestershire et l'aneth. Couvrir et laisser mijoter 15 minutes, ou jusqu'à ce que la pomme de terre soit tendre. Remuer de temps en temps pour éviter que la préparation n'attache au fond de la casserole.

Ajouter les cubes de poisson et les crevettes. Laisser mijoter 5 minutes, à découvert, ou jusqu'à ce que le poisson soit presque cuit. Jeter les moules dans la casserole, couvrir, et faire cuire jusqu'à ce qu'elles s'ouvrent. Éliminer toute moule encore fermée. Servir dans des assiettes creuses, avec du pain frais. Parsemer de gruyère râpé, si désiré.

**1 PORTION**

| | | |
|---|---|---|
| 273 CALORIES | 19g GLUCIDES | 29g PROTÉINES |
| 9g LIPIDES | 2,4g FIBRES | 152mg CHOLESTÉROL |

# TAGLIATELLE AUX DEUX SAUCES

**4 PORTIONS**

| | |
|---|---|
| 1 c. à s. | huile d'olive |
| 2 | gousses d'ail, hachées |
| 250 g | petites palourdes en conserve, égouttées |
| 550 g | tomates aux fines herbes en conserve |
| 1/2 c. à c. | origan séché |
| 1 c. à c. | coriandre ciselée |
| 1 | œuf, légèrement battu |
| 250 g | ricotta légère |
| 30 g | parmesan râpé |
| 1 c. à s. | persil ciselé |
| 500 g | tagliatelle ou fettuccine, cuites |
| | sel et poivre fraîchement moulu |

Faire chauffer l'huile dans une casserole et y faire revenir l'ail et les palourdes à feu moyen, de 3 à 5 minutes. Ajouter les tomates et les fines herbes et mélanger. Laisser mijoter à feu doux de 15 à 20 minutes, en remuant de temps en temps.

Dans un bol, mélanger l'œuf, la ricotta, le parmesan et le persil. Saler et poivrer.

Garnir les assiettes de sauce tomate chaude; y déposer les pâtes cuites égouttées. (Vous pouvez aussi mélanger les pâtes avec la sauce avant de servir.) Creuser un petit nid au centre des pâtes et le remplir de la préparation au fromage.

| 1 PORTION | | |
|---|---|---|
| 613 CALORIES | 89g GLUCIDES | 35g PROTÉINES |
| 13g LIPIDES | 1,3g FIBRES | 126mg CHOLESTÉROL |

# PÂTES MAISON

**4 PORTIONS**

| | |
|---|---|
| **400 g** | **farine** |
| **6** | **œufs** |
| | **huile d'olive** |

Verser la farine en tas sur un plan de travail. Avec une cuillère, y creuser un puits.

Casser les 6 œufs et les laisser glisser dans le puits. Avec les mains, travailler la pâte en ramenant peu à peu la farine vers le centre.

Lorsque la pâte est bien mélangée, ajouter un filet d'huile d'olive et la travailler de nouveau.

Si la pâte est trop dure pour être abaissée, ajouter peu à peu jusqu'à 1,25 dl d'eau, tout en la travaillant. Lorsqu'elle est suffisamment souple, l'abaisser sur une surface farinée. Avec un couteau bien aiguisé, détailler les nouilles de la forme souhaitée.

~

1 Creuser un puits au centre de la farine. Y casser les œufs.

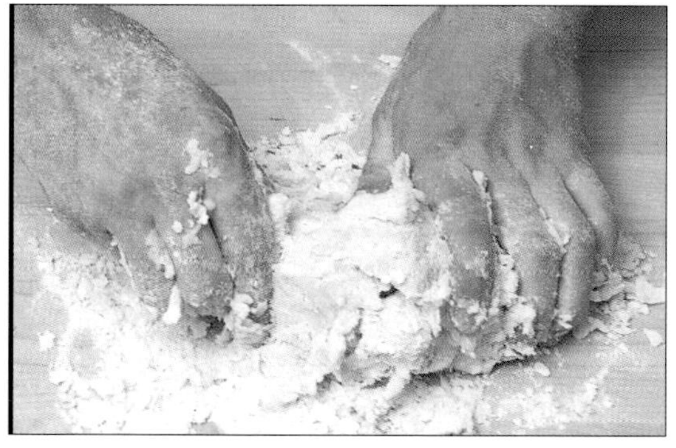

2 À la main, travailler la farine avec les œufs, en ramenant peu à peu la farine vers le centre.

3 Ajouter un filet d'huile d'olive et suffisamment d'eau pour que la pâte soit souple.

4 Abaisser la pâte sur une mince épaisseur, sur une surface légèrement farinée.

**1 PORTION**

| | | |
|---|---|---|
| 497 CALORIES | 76g GLUCIDES | 19g PROTÉINES |
| 13g LIPIDES | 3,1g FIBRES | 410mg CHOLESTÉROL |

# LASAGNE INDIVIDUELLES

**4 PORTIONS**

| | |
|---|---|
| **3 c. à s.** | **beurre** |
| **25 g** | **farine** |
| **5 dl** | **lait écrémé** |
| **1** | **pincée de muscade** |
| **16** | **lasagne aux épinards, cuites** |
| **100 g** | **emmenthal râpé** |
| | **sel et poivre fraîchement moulu** |

## SAUCE TOMATE À LA VIANDE

| | |
|---|---|
| **1 c. à s.** | **huile d'olive** |
| **1/2** | **oignon, haché** |
| **1** | **gousse d'ail, hachée** |
| **500 g** | **viande de veau ou de dinde, hachée, maigre** |
| **2 c. à s.** | **farine** |
| **540 g** | **tomates en conserve** |
| **55 g** | **concentré de tomates** |
| **1** | **feuille de laurier** |
| **1 c. à c.** | **thym séché** |
| **1/2 c. à c.** | **marjolaine séchée** |
| **1 c. à c.** | **sucre** |

Préchauffer le four à 200 °C.

Faire fondre le beurre dans une casserole, à feu moyen, et y incorporer la farine. Ajouter graduellement le lait en remuant sans arrêt afin d'éviter la formation de grumeaux. Ajouter la muscade et assaisonner au goût. Lorsque la sauce est lisse et épaisse, retirer du feu, couvrir et tenir au chaud.

Dans une autre casserole, faire chauffer l'huile à feu moyen. Ajouter l'oignon et l'ail, puis la viande, en détachant les grumeaux à la fourchette. Faire cuire 5 minutes, ou jusqu'à ce que la viande brunisse. Saupoudrer de farine et bien remuer.

Ajouter les tomates et leur jus, le concentré de tomates, la feuille de laurier, le thym, la marjolaine et le sucre. Laisser mijoter à feu doux 15 minutes, en remuant de temps en temps. Retirer la feuille de laurier et tenir la sauce au chaud.

Disposer une couche de lasagne dans des petits plats allant au four. Couvrir de sauce tomate, puis d'une couche de sauce blanche. Répéter ces couches jusqu'à l'épuisement des ingrédients. Couvrir de fromage râpé. Faire cuire au four, de 15 à 20 minutes.

1 Préparer une sauce blanche avec le beurre, la farine et le lait.

2 Faire revenir l'oignon, l'ail et la viande jusqu'à ce que la viande brunisse.

3 Ajouter les tomates, le concentré de tomates, les aromates et le sucre.

4 Disposer les lasagne, la sauce tomate et la sauce blanche par couches.

**1 PORTION**

| 844 CALORIES | 103g GLUCIDES | 45g PROTÉINES |
|---|---|---|
| 28g LIPIDES | 2,3g FIBRES | 138mg CHOLESTÉROL |

# BARBECUES

Préparer un repas au barbecue est devenu pratique courante depuis plusieurs années. Certains insistent sur l'utilisation du charbon de bois, mais la plupart des gens ont adopté les barbecues alimentés au gaz, qui permettent d'obtenir des charbons incandescents en quelques minutes.

Ceci signifie que nous pouvons préparer des barbecues en tout temps, lorsque nous en avons envie, et non pas simplement les week-ends. Il existe, sur le marché, un tel choix de viande, de volaille et de poissons qu'il serait dommage de ne pas en profiter pour varier nos menus.

Ce chapitre propose toute une gamme de repas non traditionnels, mais incroyablement faciles à réaliser. L'accent est mis sur les coupes de bœuf maigre, le poulet, la dinde, le poisson. Certaines recettes demandent l'utilisation de marinades qui rehaussent la saveur et la tendreté des coupes les plus ordinaires.

Vous trouverez aussi des suggestions d'accompagnement de légumes qui sont cuits sur le gril, en même temps que la viande. Certaines salades, fort nutritives, peuvent être préparées à l'avance et réfrigérées jusqu'au moment de les servir. Sortez de votre cuisine et ne vous privez pas d'un délicieux barbecue, peu importe la saison!

# HAMBURGERS SURPRISE AU POULET

**4 PORTIONS**

| | |
|---|---|
| **500 g** | **poulet haché** |
| **1 c. à s.** | **eau** |
| **3 c. à s.** | **paprika** |
| **3 c. à s.** | **poudre de curry** |
| **2** | **pincées de piment de Cayenne** |
| **1/2 c. à c.** | **origan moulu** |
| **1/2 c. à c.** | **thym moulu** |
| **4** | **tranches de gruyère** |
| | **poivre fraîchement moulu** |

Dans un bol, arroser le poulet haché d'eau et mélanger doucement. Façonner 4 galettes. (L'eau permet aux hamburgers de ne pas se désagréger.) Réserver.

Dans un bol peu profond, mélanger le paprika, le curry, le piment de Cayenne, l'origan, le thym et le poivre. Enrober les galettes de ce mélange d'épices.

Préchauffer le barbecue. Huiler le gril et y faire cuire les hamburgers, de 6 à 8 minutes de chaque côté.

Servir la viande dans un petit pain rond, recouverte d'une tranche de gruyère et de divers condiments, au choix.

~

1 PORTION

| | | |
|---|---|---|
| *263* CALORIES | *1g* GLUCIDES | *40g* PROTÉINES |
| *11g* LIPIDES | *0g* FIBRES | *98mg* CHOLESTÉROL |

# AILES DE POULET GRILLÉES ET COURGETTES FARCIES

**6 PORTIONS**

| | |
|---|---|
| 3 | courgettes, coupées en deux dans le sens de la longueur |
| 2 | échalotes nouvelles, hachées |
| 1 | poivron vert, finement haché |
| 1 | tomate, épépinée, finement hachée |
| 80 g | lentilles vertes, cuites |
| 1 c. à c. | basilic ciselé |
| 6 | tranches de cheddar |
| 2 c. à s. | noisettes moulues |
| 24 | ailes de poulet |
| | épices à barbecue |
| | sel et poivre fraîchement moulu |

**NOTE DU CHEF**

*Faire cuire les ailes de poulet à feu moyen afin que l'extérieur ne brûle pas avant que l'intérieur ne soit cuit. Huiler le gril pour éviter que la viande n'attache. Les ailes de poulet sont cuites lorsqu'elles se désarticulent facilement.*

Évider délicatement les demi-courgettes de façon à obtenir des barquettes. Les réserver, déposer la chair dans un bol et la hacher grossièrement.

Ajouter au hachis de courgette les échalotes nouvelles, le poivron vert et la tomate. Bien mélanger puis incorporer les lentilles égouttées et le basilic. Assaisonner.

Déposer chaque barquette sur une feuille de papier d'aluminium carrée, puis la farcir avec la préparation aux lentilles. Couvrir d'une tranche de fromage puis envelopper hermétiquement dans le papier d'aluminium.

Faire cuire les papillotes sur le gril du barbecue, de 15 à 20 minutes. Les courgettes devraient être tendres lorsqu'on les pique avec une fourchette. Développer et saupoudrer de noisettes moulues avant de servir.

Pendant ce temps, enrober les ailes de poulet d'épices à barbecue et les faire cuire sur le gril jusqu'à ce qu'elles soient tendres. Servir accompagnées des barquettes de courgette.



**1 PORTION**

| | | |
|---|---|---|
| 562 CALORIES | 9g GLUCIDES | 46g PROTÉINES |
| 38g LIPIDES | 2,5g FIBRES | 146mg CHOLESTÉROL |

# POITRINES DE POULET GRILLÉES À L'INDIENNE

**6 PORTIONS**

| | |
|---|---|
| **6** | **demi-poitrines de poulet d'environ 150 g chacune, désossées, sans la peau.** |
| **0,5 dl** | **huile végétale** |
| **200 g** | **yaourt nature** |
| **4** | **gousses d'ail, écrasées** |
| **2 c. à c.** | **paprika** |
| **2 c. à c.** | **cumin moulu** |
| **2 c. à c.** | **curcuma** |
| **1/2 c. à c.** | **gingembre moulu** |
| **2 c. à c.** | **concentré liquide de fond de bœuf** |
| | **jus de 3 citrons** |

Entailler les demi-poitrines de poulet en surface et les disposer dans un plat peu profond. Réserver.

Dans un bol, bien mélanger tous les autres ingrédients.

Mettre les demi-poitrines de poulet dans le bol et les enrober du mélange. Couvrir et réfrigérer 12 heures.

Préchauffer le barbecue. Huiler le gril et y faire cuire les poitrines de poulet, 10 minutes de chaque côté, ou jusqu'à ce qu'elles soient bien cuites, en les badigeonnant fréquemment de marinade.

**NOTE DU CHEF**

*La cuisson tandoori traditionnelle se fait dans un four en terre, chauffé aux charbons. La marinade épicée au yaourt, typique du tandoori, attendrit la viande et la garde juteuse.*

| 1 PORTION | | |
|---|---|---|
| 268 CALORIES | 3g GLUCIDES | 37g PROTÉINES |
| 12g LIPIDES | 0g FIBRES | 99mg CHOLESTÉROL |

# POULET GRILLÉ SAUCE AU GINGEMBRE ET AU MIEL

**4 PORTIONS**

**NOTE DU CHEF**

*Les tournedos de poulet sont d'épais morceaux de poitrine de poulet désossée, bardés de bacon comme le sont les tournedos de viande de bœuf. À défaut, utilisez des poitrines de poulet désossées.*

| | |
|---|---|
| **2 c. à c.** | **gingembre finement haché** |
| **3 c. à s.** | **miel liquide** |
| **2 c. à s.** | **vinaigre balsamique** |
| **1** | **oignon, émincé** |
| **1,25 dl** | **vin blanc sec** |
| **1,25 dl** | **eau** |
| **4** | **tournedos ou filets de poulet** |
| **2 c. à s.** | **concentré liquide de fond de volaille** |
| **1 c. à s.** | **fécule de maïs** |

Dans un plat peu profond, mélanger le gingembre, le miel, le vinaigre, l'oignon, le vin et l'eau. Couvrir et y laisser mariner les morceaux de poulet, 4 heures au réfrigérateur, en les retournant de temps en temps.

Préchauffer le barbecue. Huiler le gril et y faire cuire les tournedos égouttés, à feu doux, 10 minutes de chaque côté, en les badigeonnant régulièrement de marinade.

Faire réchauffer le reste de marinade dans une petite casserole, jusqu'au point d'ébullition. Dans une tasse, délayer la fécule de maïs dans le concentré de fond de volaille, puis ajouter à la marinade. Donner un bouillon et laisser mijoter jusqu'à ce que la sauce épaississe. Servir avec le poulet.

**1 PORTION**

| | | |
|---|---|---|
| 291 CALORIES | 17g GLUCIDES | 31g PROTÉINES |
| 11g LIPIDES | 0,1g FIBRES | 94mg CHOLESTÉROL |

# FILETS DE DINDE GRILLÉS, SAUCE BARBECUE À L'ANCIENNE

**4 PORTIONS**

| | |
|---|---|
| 2,5 dl | sauce tomate |
| 3 c. à s. | concentré liquide de fond de volaille |
| 3 c. à s. | huile végétale |
| 0,5 dl | vinaigre de cidre |
| 1 c. à s. | moutarde sèche |
| 3 c. à s. | cassonade |
| 1/2 c. à c. | ail en poudre |
| 2 c. à s. | oignon finement haché |
| 1 | pincée de poivre |
| 4 | tranches de dinde, dans le filet |

Dans un bol, mélanger tous les ingrédients sauf les tranches de dinde. Laisser reposer 10 minutes afin que toutes les saveurs se mêlent.

Déposer les tranches de dinde dans la marinade, couvrir et laisser mariner 3 à 4 heures au réfrigérateur.

Préchauffer le barbecue. Huiler le gril et y faire cuire les tranches de dinde égouttées, environ 5 minutes de chaque côté, en les badigeonnant régulièrement de marinade. Servir avec des pommes de terre cuites au four.

**NOTE DU CHEF**

*La dinde, comme le poulet, peut être porteuse des bacilles de la salmonellose. Assurez-vous de garder la viande fraîche au réfrigérateur, jetez la marinade qui reste ou faites-la bouillir quelques minutes si vous voulez la servir en sauce.*

| 1 PORTION | | |
|---|---|---|
| 215 CALORIES | 4g GLUCIDES | 34g PROTÉINES |
| 7g LIPIDES | 0g FIBRES | 78mg CHOLESTÉROL |

# ASSORTIMENT DE GRILLADES DU BORD DE MER

**4 PORTIONS**

| | |
|---|---|
| 1 c. à s. | huile végétale |
| 2 | gousses d'ail, finement hachées |
| 0,5 dl | vin blanc sec |
| 1 c. à c. | moutarde forte |
| 16 | ailes de poulet |
| 2 c. à s. | épices pour barbecue |
| 16 | grosses crevettes, décortiquées sauf les queues |
| 16 | grosses noix de coquilles Saint-Jacques |
| 8 | tranches de pain |
| 1 c. à s. | huile d'olive |
| | poivre fraîchement moulu |

## SAUCE

| | |
|---|---|
| 250 g | yaourt nature |
| 1 | gousse d'ail, finement hachée |
| 65 g | concombre épépiné, en dés |
| | poivre fraîchement moulu |

Dans un grand bol, mélanger l'huile, l'ail, le vin, la moutarde et le poivre.

Détailler les ailes de poulet en trois au niveau des articulations. Garder le bout des ailes pour faire un fond de volaille, si désiré. Mettre les morceaux charnus des ailes de poulet dans un sac avec les épices à barbecue, et bien secouer pour les en enrober. Déposer les ailes de poulet, les crevettes et les noix de coquilles Saint-Jacques dans la marinade. Bien mélanger, couvrir et réfrigérer 3 heures.

Faire tremper 8 brochettes de bambou dans de l'eau pendant 20 minutes. Enfiler 2 crevettes et 2 noix de coquilles Saint-Jacques sur chaque brochette et réserver.

Retirer la croûte des tranches de pain, les aplatir au rouleau à pâtisserie, puis les détailler en rond. Badigeonner légèrement chaque côté d'huile d'olive.

Pour préparer la sauce, mélanger le yaourt, l'ail, le concombre et le poivre. Travailler au robot ménager pour obtenir une texture lisse, si désiré.

Faire cuire les ailes de poulet marinées sur le gril environ 15 minutes, en les retournant de temps en temps. Faire cuire les brochettes de la même façon, de 3 à 4 minutes de chaque côté. Pendant la cuisson, badigeonner fréquemment les ailes de poulet et les fruits de mer avec la marinade. À la dernière minute, faire griller les tranches de pain sur le gril, leur donnant ½ tour pour obtenir un dessin quadrillé.

Servir avec la sauce au yaourt ou un taboulé (voir p. 234).

**1 PORTION**

| | | |
|---|---|---|
| 637 CALORIES | 28g GLUCIDES | 57g PROTÉINES |
| 33g LIPIDES | 0,9g FIBRES | 202mg CHOLESTÉROL |

# KEBABS DE DINDE GRILLÉS

**4 PORTIONS**

**NUTRITION +**

*Une salade de couscous ou de boulghour accompagne très bien les grillades, et se prépare rapidement. De plus, ce type de salade est une excellente source de fibres et de glucides.*

| | |
|---|---|
| **0,5 dl** | **vin blanc sec** |
| **2 c. à s.** | **sauce Worcestershire** |
| **1 c. à c.** | **thym séché** |
| **1** | **gousse d'ail, finement hachée** |
| **0,5 dl** | **fond de volaille** |
| **675 g** | **poitrine de dinde désossée, en cubes de 4 cm** |
| **12** | **champignons** |
| **12** | **cubes d'ananas** |
| | **poivre fraîchement moulu** |

Dans un grand bol, mélanger le vin, la sauce Worcestershire, le thym, l'ail et le fond de volaille.

Mettre la dinde, les champignons et les cubes d'ananas dans ce mélange. Poivrer. Couvrir et laisser mariner au réfrigérateur au moins 2 heures.

Faire tremper 8 brochettes de bambou dans de l'eau, 20 minutes.

Préchauffer le barbecue. Égoutter les cubes de dinde et d'ananas, et les champignons, les enfiler sur les brochettes, et réserver la marinade. Faire cuire sur le gril du barbecue de 10 à 12 minutes, en retournant souvent les brochettes et en les badigeonnant de marinade.

Pour la salade d'accompagnement, suivre la recette de base de la page 234, et y ajouter des tomates hachées et un mélange de fèves de Lima et de maïs en grains cuits. Assaisonner avec de l'huile, du vinaigre et des fines herbes.

**1 PORTION**

| | | |
|---|---|---|
| *249* CALORIES | *10g* GLUCIDES | *41g* PROTÉINES |
| *5g* LIPIDES | *1,4g* FIBRES | *91mg* CHOLESTÉROL |

# HAMBURGERS À L'ORIENTALE

**4 PORTIONS**

| | |
|---|---|
| 250 g | bœuf haché maigre |
| 2 c. à s. | concentré liquide de fond de volaille |
| 30 g | parmesan râpé |
| 2 c. à s. | ciboulette hachée, ou échalotes nouvelles |
| 1 | œuf, battu |
| 75 g | germes de soja |
| 250 g | poulet haché |
| 1 c. à s. | huile de sésame |

Dans un bol, bien mélanger le bœuf haché, le concentré de fond de volaille, le parmesan, la ciboulette, l'œuf et les germes de soja. Façonner en 4 galettes.

Façonner également le poulet haché en 4 galettes. Rassembler un hamburger de poulet et un de bœuf et bien les presser l'un contre l'autre. Badigeonner d'huile de sésame les deux côtés.

Préchauffer le barbecue. Huiler le gril et y faire cuire les hamburgers, 5 minutes de chaque côté. Servir dans un petit pain rond, avec une tranche de tomate, de la laitue, ou toute autre garniture ou condiment, au choix.

~

**NOTE DU CHEF**

*L'huile de sésame est une huile délicieuse, à saveur prononcée. N'en utilisez que quelques gouttes. De plus, elle rancit rapidement, comme toutes les huiles pressées à froid. Ne l'achetez donc qu'en petite quantité et gardez-la au réfrigérateur dès que la bouteille est ouverte.*

**1 PORTION**

| | | |
|---|---|---|
| 223 CALORIES | 2g GLUCIDES | 29g PROTÉINES |
| 11g LIPIDES | 0,3g FIBRES | 129mg CHOLESTÉROL |

# HAMBURGERS À LA MEXICAINE

**4 PORTIONS**

| | |
|---|---|
| 500 g | bœuf haché maigre |
| 1 | œuf, battu |
| 1 | oignon, émincé |
| 1 | gousse d'ail, finement hachée |
| 10 g | chapelure |
| 1 c. à c. | chili en poudre |
| 1 c. à c. | coriandre moulue |
| 2 c. à s. | sauce Worcestershire |
| | sel et poivre fraîchement moulu |

Mettre le bœuf haché dans un bol et bien le défaire à la fourchette. Ajouter l'œuf, l'oignon, l'ail, la chapelure, les épices, le sel et le poivre; bien mélanger.

Façonner en 4 galettes, puis les badigeonner de sauce Worcestershire.

Préchauffer le barbecue. Huiler le gril et y faire cuire les hamburgers. Servir dans des petits pains ronds grillés, avec des condiments de votre choix.

| 1 PORTION | | |
|---|---|---|
| 200 CALORIES | 6g GLUCIDES | 26g PROTÉINES |
| 8g LIPIDES | 0,4g FIBRES | 110mg CHOLESTÉROL |

**NOTE DU CHEF**

*Cette sauce peut accompagner aussi bien les biftecks que les côtelettes ou les hamburgers. Vous pouvez l'utiliser pour y tremper des légumes crus ou cuits, ou avec des chips de maïs.*

# SAUCE BARBECUE

**ENVIRON 2,5 DL**

| | |
|---|---|
| 6 c. à s. | ketchup |
| 2 c. à s. | concentré de tomates |
| 2 c. à s. | huile végétale |
| 1 | pincée de poudre de curry |
| 2 c. à s. | cognac |
| 1 | trait de sauce de piment fort (ou plus, au goût) |
| 1 | oignon, haché |
| 1 | gousse d'ail, hachée |
| 2 c. à s. | persil ciselé |
| 1 c. à s. | ciboulette ciselée |
| | poivre fraîchement moulu |

Dans un bol, bien mélanger le ketchup, le concentré de tomates et l'huile. Battre au fouet jusqu'à ce que la préparation soit lisse.

Délayer le curry dans le cognac, puis ajouter la sauce de piment fort. Incorporer à la première préparation.

Ajouter l'oignon, l'ail, le persil, la ciboulette et le poivre; bien mélanger.

| 1 PORTION (0,5 DL) | | |
|---|---|---|
| 90 CALORIES | 8g GLUCIDES | 1g PROTÉINES |
| 6g LIPIDES | 0,9g FIBRES | 0mg CHOLESTÉROL |

# SANDWICH BISTRO AU BIFTECK

**4 PORTIONS**

| | |
|---|---|
| 2,5 dl | fond de bœuf |
| 1 c. à c. | fécule de maïs, délayée dans un peu d'eau |
| 4 | biftecks dans la queue de filet ou entrecôtes minute |
| 3 c. à s. | moutarde forte |
| 1 | oignon rouge, tranché de haut en bas |
| 1 c. à s. | huile végétale |
| 4 | petites baguettes ou petits pains |
| 40 g | laitue déchiquetée |
| 2 | tomates, finement tranchées |

**NOTE DU CHEF**

*Vous pouvez remplacer les biftecks par des steaks de poitrine de dinde ou par des filets de poulet.*

Dans une petite casserole, porter le fond de bœuf à ébullition, puis y incorporer la fécule de maïs pour qu'il épaississe légèrement. Retirer du feu et tenir au chaud.

Préchauffer le barbecue. Badigeonner les biftecks de moutarde, sur les deux faces, puis les faire cuire sur le gril du barbecue, de 2 à 3 minutes de chaque côté, ou encore les faire griller sous le gril du four.

Badigeonner les tranches d'oignon d'huile et les faire cuire sur le gril jusqu'à ce qu'elles soient chaudes.

Faire griller légèrement les pains. Les garnir d'oignon, de laitue et de tranches de tomates. Arroser d'un peu de sauce ou servir la sauce chaude à côté, pour y tremper les sandwichs.

1 Faire chauffer le fond de bœuf et le faire épaissir avec la fécule de maïs délayée dans un peu d'eau.

2 Badigeonner les biftecks de moutarde et les faire griller au barbecue.

3 Badigeonner les tranches d'oignon d'huile et les faire griller.

4 Faire griller le pain et disposer le bifteck et les garnitures dessus.

**1 PORTION**

| | | |
|---|---|---|
| 570 CALORIES | 61g GLUCIDES | 50g PROTÉINES |
| 14g LIPIDES | 2,9g FIBRES | 94mg CHOLESTÉROL |

## HAMBURGERS MÉDITERRANÉENS ET PAIN PITA

**12 HAMBURGERS**

| | |
|---|---|
| **2** | **œufs** |
| **1 c. à c.** | **poudre de curry** |
| **1 c. à c.** | **cumin moulu** |
| **1/4 c. à c.** | **piment de Cayenne** |
| **2** | **gousses d'ail, finement hachées** |
| **1 kg** | **bœuf maigre haché** |
| **120 g** | **chapelure** |
| **8** | **olives vertes dénoyautées, finement hachées** |
| **6** | **pains pita, coupés en deux** |

### GARNITURE

| | |
|---|---|
| | **feuilles de laitue** |
| | **olives vertes tranchées** |
| | **yaourt nature léger** |

Dans un bol, battre les œufs, puis y incorporer les épices et l'ail.

Ajouter le bœuf haché, la chapelure et les olives; bien mélanger.

Préchauffer le barbecue. Façonner en 12 galettes. Huiler le gril du barbecue et y faire cuire les hamburgers jusqu'au degré de cuisson désiré.

Pendant ce temps, envelopper les pains pita dans une feuille de papier d'aluminium et les faire réchauffer sur le gril pendant quelques minutes. Déposer un hamburger cuit dans chaque demi-pain pita, et garnir de laitue, d'olives et de yaourt.

~

**1 HAMBURGER**

| | | |
|---|---|---|
| *266* CALORIES | *31g* GLUCIDES | *22g* PROTÉINES |
| *6g* LIPIDES | *0,5g* FIBRES | *74mg* CHOLESTÉROL |

# BIFTECKS DE BAVETTE, MARINÉS ET GRILLÉS

**4 PORTIONS**

| | |
|---|---|
| 1 | bifteck de bavette épais, d'environ 1 kg |
| 3 dl | sauce au jus de viande |

## MARINADE

| | |
|---|---|
| 3,75 dl | vin rouge sec |
| 0,5 dl | vinaigre de vin rouge |
| 2 c. à s. | huile végétale |
| 3 | gousses d'ail, finement hachées |
| 1 | oignon, émincé |
| 1/2 c. à c. | basilic séché |
| 1/2 c. à c. | thym séché |
| | poivre fraîchement moulu |

Mélanger tous les ingrédients de la marinade dans un plat peu profond. Y déposer la viande, couvrir et réfrigérer au moins 5 heures, en retournant la viande de temps en temps.

Préchauffer le barbecue. Égoutter le bifteck et le faire cuire sur le gril du barbecue, environ 5 minutes de chaque côté, en badigeonnant de marinade très souvent pendant les dernières minutes de cuisson. Laisser reposer la viande quelques minutes avant de la trancher.

Porter le reste de la marinade à ébullition, à feu vif, et laisser réduire du quart. Y incorporer la sauce au jus de viande et laisser mijoter de 5 à 8 minutes. Servir cette sauce avec le bifteck de bavette détaillé en fines tranches, en diagonale.

**NOTE DU CHEF**

*Même si vous aimez la viande salée, n'ajoutez pas de sel dans la marinade ni sur le bifteck avant la fin de la cuisson. Le sel fait sortir les sucs de la viande, qui devient alors sèche.*

**1 PORTION**

| | | |
|---|---|---|
| 430 CALORIES | 6g GLUCIDES | 52g PROTÉINES |
| 22g LIPIDES | 0,3g FIBRES | 85mg CHOLESTÉROL |

# CÔTELETTES DE VEAU OU D'AGNEAU AUX FINES HERBES, GRILLÉES AU BARBECUE

**4 PORTIONS**

**NOTE DU CHEF**

*Déposez quelques brins de romarin sur les charbons du barbecue. Ils dégageront un arôme délicieux et parfumeront la viande.*

| | |
|---|---|
| **12** | **côtelettes de veau ou d'agneau** |
| | MARINADE |
| **2 c. à s.** | **thym ciselé** |
| **2** | **feuilles de laurier** |
| **2 c. à s.** | **romarin ciselé** |
| **1 c. à s.** | **sauge ciselée** |
| **1 c. à s.** | **sarriette ciselée** |
| **2 c. à s.** | **basilic ciselé** |
| **2 c. à s.** | **menthe ciselée** |
| **1 c. à c.** | **graines de fenouil** |
| **1/2 c. à c.** | **graines d'anis** |
| **1 c. à c.** | **poivre moulu** |
| **1 c. à c.** | **moutarde sèche** |
| **2** | **gousses d'ail, finement hachées** |
| **1,25 dl** | **huile de colza** |

Bien mélanger tous les ingrédients de la marinade dans un grand bol. Y déposer les côtelettes de veau ou d'agneau, et les retourner pour bien les enrober. Couvrir et laisser mariner au moins 3 heures au réfrigérateur.

Préchauffer le barbecue. Égoutter les côtelettes et les faire cuire sur le gril, 5 à 8 minutes de chaque côté, ou selon le degré de cuisson désiré. Badigeonner de marinade vers la fin de la cuisson.

Servir accompagné de petites pommes de terre coupées en deux, badigeonnées de marinade et cuites sur le gril, si désiré.

| 1 PORTION | | |
|---|---|---|
| 679 CALORIES | 0g GLUCIDES | 73g PROTÉINES |
| 43g LIPIDES | 0g FIBRES | 282mg CHOLESTÉROL |

# SHASHLIK

**4 PORTIONS**

| | |
|---|---|
| **500 g** | **d'agneau désossé, en cubes de 1 cm** |

## MARINADE

| | |
|---|---|
| **2 c. à s.** | **huile végétale** |
| **2 c. à s.** | **vinaigre de vin rouge** |
| **1/2 c. à c.** | **poivre fraîchement moulu** |
| **1** | **gousse d'ail, hachée** |
| **1 c. à s.** | **persil ciselé** |
| **1/2 c. à c.** | **estragon séché** |
| **1/2 c. à c.** | **thym séché** |

Mélanger tous les ingrédients de la marinade dans un bol. Y mettre les cubes d'agneau, couvrir et réfrigérer au moins 12 heures.

Laisser tremper les brochettes de bambou dans de l'eau 20 minutes. Enfiler les cubes d'agneau.

Préchauffer le barbecue. Faire griller les kebabs sur le gril, de 2 à 3 minutes de chaque côté, en les badigeonnant de marinade vers la fin de la cuisson.

Ce plat s'accompagne très bien de couscous aromatisé aux amandes et aux raisins secs. Pour ajouter de la couleur, faire griller quelques lanières de poivron vert avec les shashlik.

~

**NOTE DU CHEF**

*Servie en hors-d'œuvre, cette recette convient pour 8 portions.*

**1 PORTION**

| | | |
|---|---|---|
| 209 CALORIES | 0g GLUCIDES | 23g PROTÉINES |
| 13g LIPIDES | 0g FIBRES | 73mg CHOLESTÉROL |

# GRILLADES DE FRUITS DE MER

**4 PORTIONS**

**NOTE DU CHEF**

*Vous pouvez aussi faire cuire ces brochettes au four, sous le gril, environ 3 minutes de chaque côté.*

| | |
|---|---|
| **8** | **grosses noix de coquilles Saint-Jacques** |
| **8** | **grosses crevettes, décortiquées** |
| **250 g** | **filet de saumon, détaillé en lanières** |
| **250 g** | **filet de flétan, détaillé en lanières** |

## MARINADE

| | |
|---|---|
| **1 c. à s.** | **huile de colza** |
| **0,5 dl** | **vin blanc sec** |
| **0,5 dl** | **jus de citron** |
| **2 c. à s.** | **échalotes nouvelles hachées** |
| **2 c. à s.** | **ciboulette ciselée** |
| **1 c. à s.** | **persil ciselé** |
| **1 c. à s.** | **aneth ciselé** |
| **1 c. à s.** | **romarin ciselé** |
| **2 c. à c.** | **thym ciselé** |
| **1 c. à c.** | **poivre fraîchement moulu** |

Mélanger tous les ingrédients de la marinade dans un plat peu profond.

Déposer les noix de coquilles Saint-Jacques, les crevettes, le saumon et le flétan dans le plat et enrober de marinade. Couvrir et réfrigérer 2 heures.

Retirer les fruits de mer et les lanières de poisson de la marinade, les égoutter, puis les enfiler sur des brochettes de bambou ayant trempé 20 minutes dans de l'eau.

Préchauffer le barbecue. Faire griller les brochettes sur le gril, de 5 à 7 minutes de chaque côté, en les badigeonnant de marinade vers la fin de la cuisson.

Dans une casserole, porter le reste de la marinade à ébullition et laisser mijoter 1 ou 2 minutes. Servir cette marinade en guise de sauce, si désiré. Accompagner les brochettes de riz et de légumes.

1 Mélanger tous les ingrédients de la marinade dans un plat peu profond.

2 Y mettre les fruits de mer et les poissons; bien enrober de marinade.

3 Égoutter les fruits de mer et les poissons avant de les enfiler sur des brochettes.

**1 PORTION**

| | | |
|---|---|---|
| 217 CALORIES | 3g GLUCIDES | 31g PROTÉINES |
| 9g LIPIDES | 0,3g FIBRES | 92mg CHOLESTÉROL |

# ROUGETS GRILLÉS SAUCE AUX TOMATES SÉCHÉES

**4 PORTIONS**

**NOTE DU CHEF**

*Les tomates séchées se présentent sous deux formes. Si elles sont conservées dans l'huile, vous n'avez qu'à les égoutter. Si elles sont simplement séchées, elles doivent être réhydratées avant usage: verser de l'eau bouillante dessus et laisser tremper environ 30 minutes, puis égoutter.*

| | |
|---|---|
| 4 | feuilles de laurier |
| 2 c. à c. | thym séché |
| 2 c. à s. | vin blanc sec |
| 4 | rougets, d'environ 200 g chacun |
| 2 c. à s. | huile d'olive |

SAUCE AUX TOMATES SÉCHÉES

| | |
|---|---|
| 1 c. à s. | huile d'olive |
| 500 g | tomates pelées, épépinées, hachées |
| 30 g | tomates séchées, mises à tremper si nécessaire (voir Note du chef) |
| 40 g | échalotes nouvelles hachées |
| 2 | gousses d'ail, finement hachées |
| 1/2 c. à c. | basilic séché |
| 1,25 dl | vin blanc sec |
| | poivre fraîchement moulu |
| | jus de 2 citrons |

Pour préparer la sauce: faire chauffer l'huile dans une casserole et y mettre les tomates fraîches, les tomates séchées, les échalotes nouvelles, l'ail et le basilic. Laisser mijoter à feu moyen 5 minutes.

Assaisonner au goût, puis mouiller avec le vin blanc et le jus de citron. Laisser mijoter à feu doux de 8 à 10 minutes.

Préchauffer le barbecue et huiler le gril. Introduire les feuilles de laurier, le thym et le vin blanc à l'intérieur des rougets, par les orifices. Badigeonner les poissons d'huile d'olive et les faire cuire sur le gril, de 5 à 8 minutes de chaque côté. Ou encore: envelopper les rougets dans une feuille de papier d'aluminium avant de les poser sur le gril.

Servir le rouget sur un lit de sauce tomate chaude, et garnir de fines herbes. Accompagner de riz.

1 PORTION

| | | |
|---|---|---|
| 290 CALORIES | 10g GLUCIDES | 22g PROTÉINES |
| 18g LIPIDES | 1,5g FIBRES | 53mg CHOLESTÉROL |

# FLÉTAN GRILLÉ À LA CARDAMOME

**4 PORTIONS**

| | |
|---|---|
| **1,25 dl** | **vin blanc sec** |
| **1 c. à s.** | **huile végétale** |
| **1 c. à s.** | **cardamome moulue** |
| **0,5 dl** | **jus d'orange non sucré** |
| **4** | **filets de flétan, de 200 g chacun environ** |
| | **poivre fraîchement moulu** |

Dans un plat peu profond, mélanger le vin, l'huile, la cardamome, le jus d'orange et le poivre. Y déposer le flétan, couvrir et réfrigérer 3 heures.Préchauffer le barbecue. Huiler le gril et y faire cuire le flétan, 8 minutes environ de chaque côté, ou jusqu'à ce que la chair du poisson se détache à la fourchette. Badigeonner de marinade vers la fin de la cuisson.

Si désiré, envelopper des pommes de terre et des blancs de poireaux bouillis dans une feuille de papier d'aluminium et terminer leur cuisson sur le gril du barbecue, en même temps que les filets de poisson. Faire griller également d'épaisses tranches de tomates fermes, parsemées de chapelure assaisonnée et déposées sur une feuille de papier d'aluminium.

**NOTE DU CHEF**

*Vous pouvez utiliser cette recette pour accommoder des filets de saumon, de thon ou d'espadon*

**1 PORTION**

| | | |
|---|---|---|
| *248* CALORIES | *4g* GLUCIDES | *40g* PROTÉINES |
| *8g* LIPIDES | *0g* FIBRES | *60mg* CHOLESTÉROL |

# DARNES DE SAUMON MARINÉES AU CITRON, GRILLÉES

**4 PORTIONS**

| | |
|---|---|
| **4** | **darnes de saumon, de 2,5 cm d'épaisseur** |
| **0,5 dl** | **jus d'orange** |
| **1 c. à c.** | **zeste d'orange râpé** |
| **0,5 dl** | **jus de citron** |
| **1 c. à c.** | **zeste de citron râpé** |
| **0,5 dl** | **jus de citron vert** |
| **1 c. à c.** | **zeste râpé de citron vert** |
| **1** | **oignon, râpé** |
| **1 c. à c.** | **miel liquide** |
| **3 c. à s.** | **huile végétale** |
| | **quelques gouttes de tabasco** |
| | **poivre fraîchement moulu** |

Disposer les darnes de saumon les unes à côté des autres dans un plat peu profond.

Dans un bol, mélanger tous les autres ingrédients et les verser sur le saumon. Couvrir d'une pellicule de plastique et laisser mariner au moins 1 heure au réfrigérateur, en retournant les darnes une fois.

Préchauffer le barbecue. Huiler le gril et y faire cuire les darnes, de 5 à 7 minutes de chaque côté. Badigeonner de marinade pendant la cuisson.

~

1 PORTION

| | | |
|---|---|---|
| *363* CALORIES | *9g* GLUCIDES | *39g* PROTÉINES |
| *19g* LIPIDES | *0,5g* FIBRES | *26mg* CHOLESTÉROL |

# FILETS DE SAUMON FARCIS, GRILLÉS, SAUCE AU BEURRE BLANC

**4 PORTIONS**

| | |
|---|---|
| **100 g** | **bulbe de fenouil finement haché** |
| **1 c. à s.** | **beurre** |
| **0,5 dl** | **crème fleurette** |
| **2 c. à s.** | **jus de citron** |
| **4** | **filets de saumon épais** |
| | **poivre fraîchement moulu** |
| | **huile végétale** |

## GARNITURE DE LÉGUMES

| | |
|---|---|
| **2** | **carottes, détaillées en longue julienne** |
| **2** | **côtes de céleri-branche, détaillées en longue julienne** |
| **2** | **courgettes, détaillées en longue julienne** |

## SAUCE AU BEURRE BLANC

| | |
|---|---|
| **125 g** | **beurre** |
| **3** | **échalotes roses, hachées** |
| **1,25 dl** | **vin blanc sec** |
| **2 c. à s.** | **crème fleurette** |
| **2 c. à s.** | **yaourt nature** |

Faire cuire le fenouil au beurre, dans une casserole couverte, jusqu'à ce qu'il soit très tendre. Le réduire en purée au robot ménager ou au mixer. Ajouter la crème, le jus de citron et le poivre. Travailler jusqu'à ce que la préparation soit lisse.

Faire cuire la julienne de légumes dans de l'eau bouillante salée, 2 minutes. Égoutter et tenir au chaud.

Pour préparer la sauce: faire fondre 1 c. à s. de beurre dans une petite casserole, à feu moyen-doux. Ajouter les échalotes et les faire à peine revenir. Mouiller avec le vin, porter à ébullition et laisser mijoter jusqu'à ce qu'il n'en reste que le quart. Incorporer la crème et retirer du feu. Incorporer au fouet le reste de beurre, morceau par morceau, pour obtenir une sauce onctueuse. Ajouter le yaourt, mélanger, réserver et tenir au chaud.

Préchauffer le barbecue et huiler le gril. Inciser les filets de saumon sur l'épaisseur afin d'y ouvrir une grande poche. Farcir du mélange au fenouil. Bien badigeonner les filets d'huile; les faire cuire sur le gril, de 6 à 8 minutes de chaque côté.

Verser la sauce au beurre blanc dans 4 assiettes, puis y disposer la julienne de légumes et un filet de saumon.

**1 PORTION**

| | | |
|---|---|---|
| *603* CALORIES | *13g* GLUCIDES | *41g* PROTÉINES |
| *43g* LIPIDES | *2,9g* FIBRES | *187mg* CHOLESTÉROL |

# TURBOT À LA SAUCE CITRONNÉE

**4 PORTIONS**

| | |
|---|---|
| 4 | filets de turbot, de 200 g chacun environ |
| 2 | échalotes roses ou échalotes nouvelles, hachées |
| 1,25 dl | vin blanc sec |
| 1 | citron vert, en quartiers |
| 1 | citron, en quartiers |
| 1 | pamplemousse, en quartiers |
| 2 c. à s. | persil ciselé |
| | beurre |
| | poivre fraîchement moulu |

Couper 4 feuilles de papier d'aluminium suffisamment grandes pour envelopper les filets de turbot. Beurrer le papier d'aluminium et disposer, sur chaque feuille, un filet de turbot.

Préchauffer le barbecue. Dans un bol, mélanger tous les autres ingrédients. Répartir entre les 4 filets. Replier les feuilles de papier d'aluminium et fermer hermétiquement. Déposer les papillotes sur le gril du barbecue et faire cuire de 12 à 15 minutes, en les retournant une fois.

Servir aussitôt avec des légumes verts de votre choix et du riz, si désiré.

**1 PORTION**

| | | |
|---|---|---|
| 249 CALORIES | 9g GLUCIDES | 33g PROTÉINES |
| 9g LIPIDES | 1,7g FIBRES | 96mg CHOLESTÉROL |

# BAR AU LAIT DE COCO À LA THAÏLANDAISE

**4 PORTIONS**

**NOTE DU CHEF**

*La citronnelle est une des principales composantes de la cuisine thaïlandaise. Elle peut être remplacée par du zeste de citron râpé.*

| | |
|---|---|
| **1** | **piment rouge fort** |
| **1,75 dl** | **lait de coco en conserve** |
| **2** | **gousses d'ail, finement hachées** |
| **2 c. à s.** | **jus de citron vert** |
| **1 c. à c.** | **gingembre haché** |
| **1 c. à s.** | **citronnelle ciselée** |
| **8** | **filets de bar, de 90 g chacun environ** |
| **2 c. à s.** | **huile végétale** |
| **1** | **petite boîte de châtaignes d'eau (facultatif)** |
| **1** | **petite boîte de pousses de bambou (facultatif)** |

Dans un plat peu profond, mélanger le piment for, le lait de coco, l'ail, le jus de citron vert, le gingembre et la citronnelle.

Déposer les filets de bar dans la marinade, couvrir et faire mariner 2 heures au réfrigérateur.

Égoutter le poisson et faire cuire au barbecue, sur le gril préalablement chauffé et huilé, de 3 à 5 minutes de chaque côté, en retournant les filets avec précaution.

Faire chauffer le reste de la marinade dans une petite casserole. Y ajouter les châtaignes d'eau et les pousses de bambou égouttées, si désiré. Faire cuire environ 2 minutes, jusqu'à ce que la sauce épaississe légèrement.

Servir la sauce avec les filets de poisson. Accompagner de riz et de haricots mange-tout cuits à la vapeur, si désiré.

| 1 PORTION | | |
|---|---|---|
| 352 CALORIES | 9g GLUCIDES | 34g PROTÉINES |
| 20g LIPIDES | 1,7g FIBRES | 144mg CHOLESTÉROL |

# KEBABS DE POISSON, SAUCE À L'ORANGE

**4 PORTIONS**

| | |
|---|---|
| 2 | échalotes roses, finement hachées |
| 2 c. à s. | huile végétale |
| 1 c. à s. | ciboulette ciselée |
| 4 | filets de brochet, de 200 g chacun environ |
| 8 | tranches d'orange, avec l'écorce |
| 1 c. à s. | fécule de maïs, délayée dans un peu d'eau |
| | jus de 2 oranges |

Dans un bol, mélanger le jus d'orange, les échalotes, l'huile et la ciboulette.

Détailler les filets de brochet en cubes de 2,5 cm. Les laisser mariner plusieurs heures dans le jus d'orange, au réfrigérateur.

Préchauffer le barbecue et huiler le gril. Enfiler les cubes de poisson sur des brochettes de bambou ayant trempé 20 minutes dans de l'eau. Faire cuire les kebabs sur le gril, environ 4 minutes de chaque côté.

Pendant ce temps, faire réchauffer la marinade qui reste dans une petite casserole et y incorporer la fécule de maïs délayée. Laisser mijoter jusqu'à épaississement. Napper les kebabs de sauce avant de servir. Accompagner de riz et de légumes, par exemple des courgettes émincées ou des carottes en papillotes cuites sur le gril du barbecue.

| 1 PORTION | | |
|---|---|---|
| 284 CALORIES | 13g GLUCIDES | 40g PROTÉINES |
| 8g LIPIDES | 0,7g FIBRES | 78mg CHOLESTÉROL |

# SALADE DE RIZ SAUVAGE

**4 PORTIONS**

| | |
|---|---|
| **200 g** | **riz sauvage** |
| **2 litres** | **eau bouillante** |
| **1 c. à c.** | **sel** |
| **1** | **orange** |
| **150 g** | **poivrons rouge, jaune et vert, en dés** |
| **1** | **grosse pomme évidée, en dés** |
| **65 g** | **échalotes nouvelles hachées** |
| **30 g** | **persil ciselé** |
| **1 c. à s.** | **jus de citron** |

## ASSAISONNEMENT

| | |
|---|---|
| **1** | **œuf** |
| **0,75 dl** | **jus d'orange non sucré** |
| **2 c. à s.** | **vinaigre de vin** |
| **1 c. à c.** | **moutarde forte** |
| **1 c. à c.** | **zeste d'orange râpé** |
| **1/2 c. à c.** | **estragon séché** |
| **1/2 c. à c.** | **sel** |
| **1** | **pincée de poivre** |
| **3 c. à s.** | **eau** |
| **3 c. à s.** | **huile végétale** |

Rincer le riz sauvage dans beaucoup d'eau froide. Égoutter et verser dans l'eau bouillante salée. Couvrir, réduire le feu à doux et laisser mijoter environ 45 minutes. Les grains devraient être tendres mais légèrement caoutchouteux. Égoutter le riz et le laisser refroidir à la température de la pièce.

Travailler tous les ingrédients de l'assaisonnement, sauf l'huile, au robot ménager ou au mixer, pendant quelques secondes. Continuer à travailler tout en versant l'huile en un mince filet. Réserver.

Détailler le zeste de l'orange en fines lanières pour la garniture. Éplucher l'orange à vif. Réserver.

Mettre le riz égoutté dans un grand bol. Y incorporer les poivrons, la pomme, les échalotes nouvelles, le persil et le jus de citron. Y verser l'assaisonnement et remuer délicatement. Garnir avec les lanières de zeste et les quartiers d'orange. Servir à la température de la pièce ou froid.

1 Faire cuire le riz dans de l'eau bouillante salée.

2 Verser l'huile en un mince filet tout en continuant à battre le mélange.

3 Éplucher les oranges à vif.

4 Mélanger le riz cuit, les poivrons, la pomme, les échalotes nouvelles, le persil et le jus de citron. Bien y incorporer l'assaisonnement.

| 1 PORTION | | |
|---|---|---|
| 328 CALORIES | 46g GLUCIDES | 9g PROTÉINES |
| 12g LIPIDES | 5,1g FIBRES | 68mg CHOLESTÉROL |

# TABOULÉ

**4 PORTIONS**

**NOTE DU CHEF**

*Il est possible de remplacer le boulghour par du couscous qui sera alors préparé selon les indications sur l'emballage. Le jus et le zeste de citron peuvent également remplacer le jus et le zeste de citron vert.*

| | |
|---|---|
| 5 dl | eau |
| 130 g | boulghour à cuisson rapide |
| 1 | oignon rouge, haché |
| 50 g | persil ciselé |
| 25 g | menthe ciselée |
| 3 | tomates, épépinées et finement hachées |
| 1/2 | concombre, épépiné et finement haché |

## ASSAISONNEMENT

| | |
|---|---|
| 0,5 dl | huile d'olive |
| 2 | gousses d'ail, hachées |
| 1,25 dl | jus de citron vert |
| 1 c. à s. | moutarde forte |
| 2 c. à s. | miel liquide |
| 1 | pincée de piment de Cayenne |
| | zeste râpé de 1 citron vert |

Porter l'eau à ébullition dans une casserole. Y ajouter le boulghour et retirer la casserole du feu. Couvrir et laisser reposer jusqu'à ce que le boulghour soit froid et qu'il ait absorbé tout le liquide.

Au robot ménager ou au mixer, hacher finement l'oignon, le persil et la menthe.

Mélanger tous les ingrédients de l'assaisonnement dans un bol. Verser dans le bol du robot ménager et démarrer l'appareil puis l'arrêter plusieurs fois de suite pour bien mélanger.

Mettre le boulghour dans un saladier. Incorporer les tomates, le concombre, l'oignon, le persil et la menthe. Arroser de l'assaisonnement et bien mélanger. Couvrir et réfrigérer au moins 4 heures avant de servir.

**1 PORTION**

| | | |
|---|---|---|
| 313 CALORIES | 43g GLUCIDES | 6g PROTÉINES |
| 13g LIPIDES | 3,4g FIBRES | 0mg CHOLESTÉROL |

# SALADE DE PÂTES FROIDES AU BASILIC

**4 PORTIONS**

| | |
|---|---|
| **500 g** | **pâtes en spirale, cuites, égouttées** |
| **1/2** | **poivron rouge, haché** |
| **30 g** | **olives noires dénoyautées, hachées** |
| **2 c. à s.** | **persil ciselé** |
| **2** | **tomates pelées, épépinées, hachées** |

## ASSAISONNEMENT

| | |
|---|---|
| **2 c. à s.** | **vinaigre de vin rouge** |
| **1 c. à s.** | **huile d'olive** |
| **1 c. à s.** | **eau** |
| **2 c. à s.** | **basilic finement ciselé** |
| **2 c. à c.** | **moutarde forte** |

Dans un grand saladier, bien mélanger les pâtes cuites, le poivron rouge, les olives, le persil et les tomates. Réserver.

Mélanger tous les ingrédients de l'assaisonnement dans un petit bol.

Verser l'assaisonnement sur les pâtes et bien mélanger. Couvrir et réfrigérer environ 2 heures, pour permettre à toutes les saveurs de se combiner. Servir froid.

**NOTE DU CHEF**

*Vous pouvez facilement transformer cette salade d'accompagnement en une salade-repas en y ajoutant des cubes de poulet cuit, du saumon ou du thon en conserve, des œufs durs hachés, ou encore des dés de fromage.*

**1 PORTION**

| | | |
|---|---|---|
| 426 CALORIES | 81g GLUCIDES | 12g PROTÉINES |
| 6g LIPIDES | 1,1g FIBRES | 0mg CHOLESTÉROL |

# SALADE DE CHOU CRU AUX FRUITS

**4 À 6 PORTIONS**

**NUTRITION +**

*Le yaourt donne aux assaisonnements une texture crémeuse et il ne contient ni gras ni calories qui sont les caractéristiques générales des mayonnaises et des autres assaisonnements épais.*

| | |
|---|---|
| **1 c. à s.** | **jus de citron** |
| **1** | **pomme rouge, évidée, en dés** |
| **150 g** | **chou râpé** |
| **2** | **côtes de céleri-branche, finement hachées** |
| **80 g** | **grains de raisins verts ou rouges** |
| **50 g** | **cheddar en dés** |
| **1 c. à s.** | **huile végétale** |
| **3 c. à s.** | **yaourt nature** |
| **1 c. à c.** | **miel liquide** |

Verser le jus de citron sur les dés de pomme pour éviter qu'ils ne brunissent. Égoutter les dés de pomme avant de les mélanger aux autres ingrédients et réserver le jus de citron.

Dans un saladier, mélanger les dés de pomme, le chou, le céleri, le raisin et le fromage. Réserver.

Dans un bol, mélanger le jus de citron réservé, l'huile, le yaourt et le miel. Verser cet assaisonnement sur la salade et bien mélanger avant de servir.

**1 PORTION**

| | | |
|---|---|---|
| 114 CALORIES | 12g GLUCIDES | 3g PROTÉINES |
| 6g LIPIDES | 1,2g FIBRES | 11mg CHOLESTÉROL |

# POMMES CUITES AU BARBECUE

**4 PORTIONS**

| | |
|---|---|
| **75 g** | **abricots séchés hachés** |
| **1 c. à s.** | **raisins secs** |
| **1** | **pincée de clous de girofle moulus** |
| **1** | **pincée de quatre-épices moulues** |
| **50 g** | **cassonade** |
| **2 c. à s.** | **beurre ramolli** |
| **4** | **pommes, lavées, évidées** |
| | **crème fraîche épaisse (facultatif)** |

Dans un bol, mélanger les abricots hachés, les raisins, les épices, la cassonade et le beurre.

Farcir les pommes de ce mélange; les envelopper individuellement dans une double feuille de papier d'aluminium.

Faire cuire au barbecue de 45 à 50 minutes, ou jusqu'à ce que les pommes soient tendres lorsqu'on les pique avec une fourchette. Tourner souvent pendant la cuisson.

Fouetter la crème. Développer les papillotes et les servir avec de la crème fouettée.

1 Mélanger tous les ingrédients pour farcir les pommes.

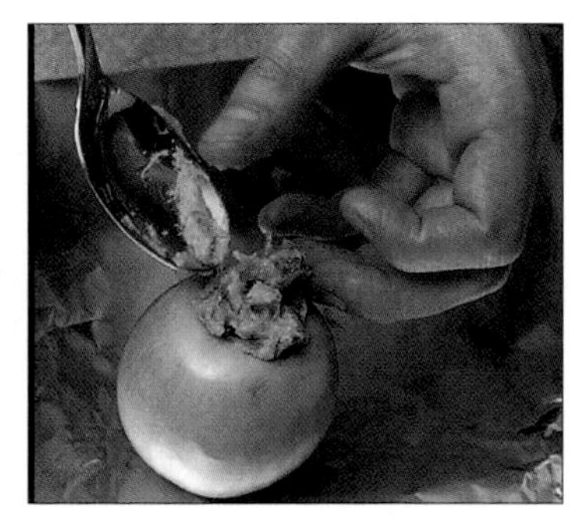

2 Farcir les pommes, puis les envelopper dans du papier d'aluminium.

| 1 PORTION | | |
|---|---|---|
| 202 CALORIES | 36g GLUCIDES | 1g PROTÉINES |
| 6g LIPIDES | 3,2g FIBRES | 16mg CHOLESTÉROL |

# BRUNCHS ET REPAS RAPIDES

La vie trépidante que nous menons
aujourd'hui nous empêche bien souvent
de prendre le temps de nous asseoir
et de déguster un repas en famille.

Trop souvent, nous grignotons
en courant d'un endroit à un autre,
ou nous mangeons à n'importe quelle heure
à cause d'un horaire trop exigeant. Ce mode
de vie nous amène à consommer des aliments
vite apprêtés, qui ne répondent pas toujours
à nos besoins nutritionnels.

Ne serait-il pas intéressant de connaître
des recettes simples et rapides à préparer
qui vous permettraient de diversifier vos repas
tout en vous assurant un apport
alimentaire équilibré ?

Ce chapitre vous offre une sélection
d'idées qui vous permettront de préparer
des repas rapides en tout temps. Certaines
recettes sont idéales pour un brunch
du dimanche, d'autres pour un repas du soir
vite préparé. Vous trouverez aussi quelques
goûters faciles à réaliser pour contenter
ceux qui sont friands de sucreries.

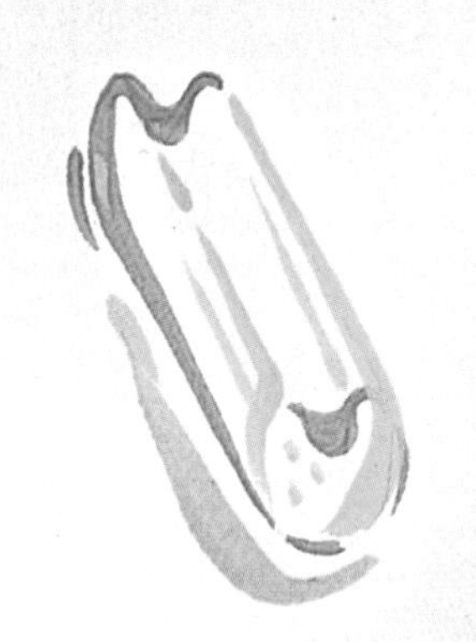

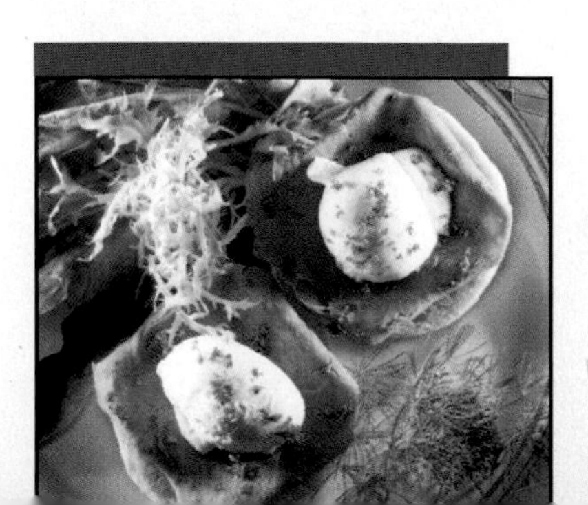

# ŒUFS BROUILLÉS DU GOURMET

**4 PORTIONS**

| | |
|---|---|
| **1 c. à s.** | **beurre** |
| **150 g** | **courgettes râpées** |
| **65 g** | **carottes râpées** |
| **35 g** | **oignon haché** |
| **5** | **œufs, légèrement battus** |
| **1/4 c. à c.** | **poivre** |
| **115 g** | **fromage blanc épais, en crème** |
| | **persil ciselé** |

**NOTE DU CHEF**

*Le sel a tendance à durcir les œufs. Ne l'ajoutez qu'après la cuisson*

Faire fondre le beurre dans un grand poêlon à revêtement antiadhésif, à feu moyen. Ajouter les courgettes, les carottes et l'oignon; couvrir et faire cuire 2 minutes. Découvrir et poursuivre la cuisson 1 ou 2 minutes.

Incorporer les œufs au mélange, et réduire le feu à doux. Poivrer, puis faire cuire jusqu'à ce que les œufs soient baveux, en remuant de temps en temps de l'extérieur vers le centre.

Incorporer délicatement le fromage. Parsemer de persil ciselé et servir.

1 Faire cuire les légumes 2 minutes à couvert, puis 1 ou 2 minutes à découvert.

2 Incorporer les œufs et le poivre à la préparation, et réduire le feu à doux.

3 Poursuivre la cuisson en remuant de temps en temps jusqu'à ce que les œufs soient baveux.

4 Incorporer le fromage et parsemer de persil.

**1 PORTION**

| | | |
|---|---|---|
| 172 CALORIES | 4g GLUCIDES | 12g PROTÉINES |
| 12g LIPIDES | 1,1g FIBRES | 354mg CHOLESTÉROL |

# ŒUFS BROUILLÉS AUX AVOCATS

**4 PORTIONS**

**NUTRITION +**

*Bien que l'avocat contienne des matières grasses, celles-ci sont constituées d'acides gras non saturés (tout comme celles contenues dans l'huile d'olive) qui aident à prévenir le cholestérol.*

| | |
|---|---|
| **1/2** | **poivron rouge, en dés** |
| **4** | **avocats** |
| **1 c. à s.** | **beurre** |
| **6** | **œufs, légèrement battus** |
| **130 g** | **yaourt nature** |
| **2 c. à s.** | **ciboulette ciselée** |

Porter une casserole remplie d'eau salée à ébullition. Y faire blanchir les dés de poivron 5 secondes. Égoutter, rincer sous l'eau froide et réserver.

Couper les avocats en 2, les dénoyauter, retirer leur chair à la cuillère et la hacher grossièrement. Couvrir et réfrigérer.

Faire fondre le beurre dans un poêlon, à feu moyen. Ajouter les œufs battus et faire cuire en remuant sans arrêt, jusqu'à ce qu'ils soient baveux.

Incorporer les avocats, le yaourt et les dés de poivron aux œufs brouillés. Bien faire réchauffer. Parsemer de ciboulette ciselée et servir chaud.

**1 PORTION**

| | | |
|---|---|---|
| 276 CALORIES | 18g GLUCIDES | 15g PROTÉINES |
| 16g LIPIDES | 5,2g FIBRES | 421 mg CHOLESTÉROL |

# ŒUFS BROUILLÉS ET JAMBON, À L'ESPAGNOLE

**4 À 6 PORTIONS**

| | |
|---|---|
| 8 | œufs |
| 0,5 dl | lait écrémé |
| 1 | pincée de thym |
| 1 | pincée de poivre |
| 2 c. à s. | beurre |
| 4 | échalotes nouvelles, hachées |
| 75 g | poivron rouge ou vert haché |
| 1 | petite courgette, hachée |
| 1 | tomate, en dés |
| 160 g | jambon cuit en dés |
| 150 g | fromage râpé ou fromage à tartiner |

Battre les œufs et le lait, assaisonner de thym et de poivre et réserver.

Faire fondre 1 c. à s. de beurre dans un grand poêlon à revêtement antiadhésif. Ajouter les légumes et le jambon et faire cuire à feu moyen jusqu'à ce que les légumes soient ramollis. Verser dans un bol et réserver.

Faire fondre le reste de beurre dans le même poêlon. Y mettre les œufs battus et faire cuire à feu moyen jusqu'à ce que l'omelette soit baveuse, en remuant de temps en temps de l'extérieur vers le centre.

Disposer les œufs dans des assiettes allant au four, entourer du mélange légumes et jambon et parsemer de fromage. Placer quelques secondes sous le gril du four pour faire fondre le fromage et servir.

| 1 PORTION | | |
|---|---|---|
| 237 CALORIES | 4g GLUCIDES | 17g PROTÉINES |
| 17g LIPIDES | 1,0g FIBRES | 400mg CHOLESTÉROL |

# GALETTES DE POMMES DE TERRE

**4 PORTIONS**

| | |
|---|---|
| **1 c. à s.** | **beurre** |
| **2 c. à s.** | **oignon haché** |
| **20 g** | **poivron rouge haché** |
| **80 g** | **jambon cuit en dés** |
| **1** | **gousse d'ail, finement hachée** |
| **3** | **pommes de terre, épluchées, bouillies** |
| **15 g** | **persil ciselé** |
| **2 c. à s.** | **huile végétale** |
| | **sel et poivre** |

Faire fondre le beurre dans un poêlon à revêtement anti-adhésif, à feu moyen. Y faire revenir l'oignon, le poivron, le jambon et l'ail, jusqu'à ce que l'oignon soit fondu. Réserver.

Râper les pommes de terre au robot ménager équipé d'une râpe, ou à la râpe manuelle.

Dans un bol, mélanger les pommes de terre et la préparation au jambon. Incorporer le persil; saler et poivrer au goût. Façonner en 4 galettes.

Faire chauffer l'huile dans un poêlon à revêtement anti-adhésif, à feu moyen, et y faire revenir les galettes environ 3 minutes de chaque côté, jusqu'à ce qu'elles soient cuites et bien dorées.

**NOTE DU CHEF**

*Vous pouvez également confectionner une seule grosse galette de pommes de terre. Faites alors revenir un des côtés à la poêle, puis terminez la cuisson au four, à 200 °C, jusqu'à ce que la galette soit bien dorée.*

1 Faire revenir l'oignon, le poivron, le jambon et l'ail jusqu'à ce que l'oignon soit fondu.

2 Râper les pommes de terre au robot ménager équipé d'une râpe ou avec une râpe manuelle.

3 Mélanger les pommes de terre et la préparation au jambon.

4 Façonner en 4 galettes avant de les faire revenir dans l'huile.

**1 PORTION**

| | | |
|---|---|---|
| 207 CALORIES | 22g GLUCIDES | 5g PROTÉINES |
| 11g LIPIDES | 2,1g FIBRES | 16mg CHOLESTÉROL |

# PETITS PAINS AU FROMAGE

**3 À 6 PORTIONS**

**NOTE DU CHEF**

*Vous pouvez préparer la sauce à l'avance et la conserver jusqu'à 5 jours au réfrigérateur, dans un contenant hermétique.*

| | |
|---|---|
| **150 g** | **emmenthal râpé** |
| **1 c. à s.** | **beurre** |
| **1/2 c. à c.** | **moutarde sèche** |
| **2 c. à s.** | **bière** |
| **3** | **petits pains ronds, divisés en deux, grillés** |
| **6** | **œufs** |
| **6** | **tranches de jambon cuit** |
| | **sel et poivre** |
| | **persil ciselé** |

Dans une casserole, mélanger le fromage, le beurre, la moutarde sèche et la bière. Faire chauffer doucement à feu moyen, en remuant continuellement, jusqu'à ce que la préparation soit lisse et crémeuse.

Assaisonner au goût. Retirer du feu et laisser refroidir légèrement.

Faire chauffer le gril du four. Verser la sauce sur les moitiés de petits pains. Les faire dorer sous le gril.

Pendant ce temps, faire pocher les œufs dans de l'eau frémissante; les égoutter.

Dresser une tranche de jambon et 1 œuf poché sur chaque demi-pain. Parsemer de persil, si désiré, et servir immédiatement.

**1 PORTION**

| | | |
|---|---|---|
| 259 CALORIES | 14g GLUCIDES | 17g PROTÉINES |
| 15g LIPIDES | 0,3g FIBRES | 305mg CHOLESTÉROL |

# ROULEAUX À LA SAUCISSE

**4 PORTIONS**

| | |
|---|---|
| 4 | saucisses de porc ou de bœuf, cuites |
| 2 | œufs |
| 150 g | épinards cuits à la vapeur, égouttés |
| 4 | abaisses de pâte feuilletée, d'environ 10 cm de côté |
| 1 | œuf, battu |
| | sel et poivre |

Préchauffer le four à 200 °C.

Au robot ménager, réduire en pâte grossière les saucisses, les œufs, les épinards, le sel et le poivre.

Étaler cette préparation sur les abaisses de pâte feuilletée; plier chaque abaisse en deux.

Disposer les chaussons sur une tôle et faire cuire au four environ 15 minutes, ou jusqu'à ce qu'ils soient bien dorés. Servir accompagné de sauce tomate, si désiré, et d'une salade.

**NOTE DU CHEF**

*Vous pouvez servir ces rouleaux froids, ou en confectionner de plus petits et les servir en amuse-gueule avec l'apéritif.*

**1 PORTION**

| | | |
|---|---|---|
| 354 CALORIES | 27g GLUCIDES | 12g PROTÉINES |
| 22g LIPIDES | 1,2g FIBRES | 214mg CHOLESTÉROL |

# JAMBON GRILLÉ AU VINAIGRE DE VIN AROMATISÉ À LA FRAMBOISE

**4 PORTIONS**

**NOTE DU CHEF**

*Cette recette, rapide et facile à préparer, est excellente pour un brunch du dimanche ou un déjeuner. Servez ce plat accompagné d'asperges cuites à la vapeur, et terminez le repas par une salade de fruits (voir recette suivante).*

| | |
|---|---|
| **1,25 dl** | **vinaigre de vin rouge** |
| **2** | **sachets de thé à la framboise** |
| **8** | **tranches de jambon fumé, de 60 g chacune** |
| **2,5 dl** | **fond de bœuf** |
| **8** | **petits pains ronds** |

Faire chauffer le vinaigre dans une petite casserole. Retirer de la casserole et y faire infuser les sachets de thé jusqu'à ce que le liquide ait légèrement refroidi.

Faire griller les tranches de jambon dans un plat à rôtir strié ou dans un poêlon, jusqu'à ce qu'elles brunissent légèrement et soient chaudes. Tenir au chaud.

Retirer les sachets de tisane du vinaigre et verser celui-ci dans le plat à rôtir. Faire chauffer à feu moyen-vif en raclant bien le fond, jusqu'à ce que le liquide ait réduit de moitié.

Séparer les petits pains en deux et faire griller chaque moitié. Les garnir ensuite d'une tranche de jambon. Servir 2 demi-pains garnis par personne et napper de sauce à la framboise.

**1 PORTION**

| | | |
|---|---|---|
| *316* CALORIES | *31g* GLUCIDES | *30g* PROTÉINES |
| *8g* LIPIDES | *0,5g* FIBRES | *64mg* CHOLESTÉROL |

# SALADE DE FRUITS À LA GRENADINE

**4 PORTIONS**

| | |
|---|---|
| 1 | orange |
| 1 | pamplemousse rose |
| 1 | mangue, pelée, dénoyautée |
| 1 | papaye, pelée, évidée |
| 1 | pomme verte, évidée |
| 1 | poire, évidée |
| 160 g | grains de raisins rouges sans pépins, coupés en deux |
| 2,5 dl | jus de fruit de la passion |
| 0,5 dl | sirop de grenadine |
| 2 c. à s. | menthe ciselée |

Avec un couteau bien aiguisé, peler à vif l'orange et le pamplemousse. Mettre les quartiers et leur jus dans un saladier.

Couper la mangue et la papaye en dés. Émincer la pomme et la poire. Ajouter ces fruits dans le saladier et mélanger. Incorporer le jus de fruit de la passion, le sirop de grenadine et la menthe ciselée.

Couvrir et réfrigérer environ 2 heures afin que les saveurs se mêlent. Servir dans de petites coupes à dessert et garnir de menthe fraîche.

| 1 PORTION | | |
|---|---|---|
| 233 CALORIES | 54g GLUCIDES | 2g PROTÉINES |
| 1g LIPIDES | 6,2 g FIBRES | 0mg CHOLESTÉROL |

# CROISSANTS FARCIS AU THON

**8 PORTIONS**

| | |
|---|---|
| **3 c. à s.** | **mayonnaise** |
| **2 c. à s.** | **cornichons aigre-doux, hachés** |
| **1 c. à s.** | **moutarde forte** |
| **35 g** | **oignon finement haché** |
| **200 g** | **thon au naturel en conserve, égoutté, en flocons** |
| **2** | **œufs durs, hachés** |
| **8** | **croissants** |
| **140 g** | **emmenthal ou gruyère râpé** |
| **1 c. à s.** | **graines de sésame** |

Préchauffer le four à 190 °C.

Mélanger la mayonnaise, les cornichons, la moutarde et l'oignon. Y incorporer le thon et les œufs hachés.

Ouvrir les croissants en 2 et les farcir avec la préparation au thon. Parsemer le thon de fromage râpé et de graines de sésame. Refermer les croissants.

Disposer les croissants sur une tôle et les faire réchauffer au four de 3 à 4 minutes. Servir chaud ou froid.

**1 PORTION**

| | | |
|---|---|---|
| 372 CALORIES | 29g GLUCIDES | 19g PROTÉINES |
| 20g LIPIDES | 0,3g FIBRES | 100mg CHOLESTÉROL |

# SANDWICHES AUX PRODUITS DE LA MER ET AU FROMAGE

**2 PORTIONS**

| | |
|---|---|
| 2 | petits pains ronds, coupés en deux |
| 90 g | restes de poisson cuit (turbot, flétan, sole, aiglefin), défaits en flocons |
| 40 g | petites crevettes cuites |
| 1 c. à s. | mayonnaise |
| 1 c. à c. | relish |
| 4 | tranches de tomate |
| 4 | tranches de fromage, au choix |
| | feuilles de laitue |
| | sel et poivre |

Faire griller les demi-pains et réserver.

Mélanger le poisson, les crevettes, la mayonnaise et la relish. Assaisonner de sel et de poivre, au goût. Étaler cette préparation sur les demi-pains.

Garnir de tomate et de fromage.

Préchauffer le gril du four. Faire chauffer les demi-pains sous le gril jusqu'à ce que le fromage soit fondu. Servir sur des feuilles de laitue.

**NOTE DU CHEF**

*Vous pouvez utiliser des crevettes en conserve, et remplacer le poisson par de la chair de crabe en conserve.*

| 1 PORTION | | |
|---|---|---|
| 240 CALORIES | 16g GLUCIDES | 17g PROTÉINES |
| 12g LIPIDES | 0,5g FIBRES | 57mg CHOLESTÉROL |

# SANDWICHES AU THON À LA GRECQUE

**2 PORTIONS**

**NOTE DU CHEF**

*Pour une présentation plus raffinée, vous pouvez enlever la croûte du pain ou tailler les tranches en ronds.*

| | |
|---|---|
| 1 c. à s. | mayonnaise |
| 1 c. à c. | jus de citron |
| 1/4 c. à c. | origan séché |
| 100 g | thon au naturel en conserve, égoutté |
| 2 c. à s. | fromage blanc épais, léger |
| 1 c. à s. | échalote nouvelle hachée |
| 4 | tranches de pain complet, grillées |
| 1 | tomate, tranchée |
| 2 c. à s. | feta émiettée |
| | poivre |

Préchauffer le four à 200 °C.

Dans un bol, mélanger la mayonnaise, le jus de citron et l'origan. Y incorporer le thon, le fromage frais et l'échalote nouvelle.

Répartir cette préparation entre les 4 tranches de pain. Couvrir de 1 ou 2 tranches de tomate et d'un peu de feta. Poivrer.

Envelopper chacune des tranches dans une feuille de papier d'aluminium et faire réchauffer au four 4 à 5 minutes.

**1 PORTION**

| | | |
|---|---|---|
| 282 CALORIES | 33g GLUCIDES | 24g PROTÉINES |
| 6g LIPIDES | 0,9g FIBRES | 19mg CHOLESTÉROL |

# SANDWICHES AU SAUMON

**4 PORTIONS**

| | |
|---|---|
| **360 g** | **saumon cuit en flocons** |
| **3 c. à s.** | **mayonnaise** |
| **2 c. à s.** | **yaourt nature** |
| **1 c. à s.** | **jus de citron** |
| **2 c. à s.** | **ciboulette ciselée** |
| **2 c. à s.** | **persil ciselé** |
| **1 c. à s.** | **estragon ciselé** |
| **2 c. à c.** | **moutarde forte** |
| **½ c. à c.** | **poivre** |
| **4** | **pains à sous-marin (demi-baguettes)** |
| | **feuilles de laitues déchiquetées** |

Mettre le saumon dans un bol, retirer tout morceau d'arête et réserver.

Dans un autre bol, mélanger la mayonnaise, le yaourt, le jus de citron, la ciboulette, le persil, l'estragon, la moutarde et le poivre.

Y incorporer délicatement le saumon. Séparer chaque demi-baguette en deux et étaler la préparation au saumon sur une moitié. Parsemer de laitue et recouvrir de la seconde moitié.

**NOTE DU CHEF**

*Vous pouvez remplacer le saumon frais par du saumon au naturel en conserve, et l'estragon frais, par ½ c. à c. d'estragon séché.*

**1 PORTION**

| | | |
|---|---|---|
| *427* CALORIES | *58g* GLUCIDES | *24g* PROTÉINES |
| *11g* LIPIDES | *1,9g* FIBRES | *40mg* CHOLESTÉROL |

# SANDWICHES À LA PROVENÇALE

**4 PORTIONS**

| | |
|---|---|
| **2 c. à s.** | **huile d'olive** |
| **2 c. à s.** | **jus de citron** |
| **2** | **gousses d'ail, finement hachées** |
| **4** | **petits pains ronds** |
| **4** | **feuilles de laitue** |
| **4** | **filets d'anchois (facultatif)** |
| **12** | **olives noires dénoyautées, émincées** |

GARNITURE

| | |
|---|---|
| **50 g** | **concombre de type hollandais finement émincé** |
| **2** | **tomates, en minces quartiers** |
| **50 g** | **poivron vert haché** |
| **2** | **échalotes nouvelles, hachées** |
| **200 g** | **thon au naturel en conserve, égoutté, en flocons** |
| **2 c. à s.** | **persil ciselé** |
| | **sel et poivre** |

Dans un petit bol, mélanger l'huile, le jus de citron et l'ail.

Couper une calotte sur chaque petit pain et réserver. Évider la base des pains (réserver la mie pour une autre utilisation). Badigeonner l'intérieur d'huile parfumée au citron et à l'ail.

Dans un saladier, mélanger délicatement tous les ingrédients de la garniture.

Disposer une feuille de laitue au fond de chaque pain. Farcir de garniture et garnir de filets d'anchois et d'olives, si désiré. Remettre la calotte en place. Servir accompagné de tranches de tomates et de quartiers d'œufs durs, si désiré.

1 Mélanger l'huile, le jus de citron et l'ail.

2 Couper une calotte sur chaque petit pain et réserver. Badigeonner l'intérieur d'huile.

3 Mélanger les ingrédients de la garniture.

4 Farcir les pains de laitue et de garniture, disposer des anchois et des olives dessus.

**1 PORTION**

| | | |
|---|---|---|
| 452 CALORIES | 39g GLUCIDES | 38g PROTÉINES |
| 16g LIPIDES | 3,5g FIBRES | 26mg CHOLESTÉROL |

# PAINS PITA FARCIS À LA SALADE DE CRABE

**4 PORTIONS**

**NUTRITION +**

*Pour augmenter leur teneur en vitamines et en fibres, vous pouvez aussi farcir les pains pita d'une salade aux œufs, au thon ou au poulet, et les garnir de graines germées ou de légumes râpés*

| | |
|---|---|
| **200 g** | **chair de crabe en conserve, égouttée, en flocons** |
| **70 g** | **tofu en dés** |
| **3 c. à s.** | **mayonnaise légère** |
| **1 c. à s.** | **cerfeuil ou persil ciselé** |
| **1 c. à s.** | **ciboulette hachée** |
| **1 c. à s.** | **câpres égouttées** |
| **4** | **pains pita de blé entier** |
| **2** | **œufs durs, tranchés** |
| **25 g** | **germes de luzerne ou de radis** |
| | **sel et poivre** |

Dans un bol, bien mélanger la chair de crabe, le tofu, la mayonnaise, le cerfeuil, la ciboulette et les câpres. Saler et poivrer.

Diviser les pains pita en deux et farcir chacune des poches de la préparation au crabe. Garnir d'œufs durs et de germes de luzerne.

**1 PORTION**

| | | |
|---|---|---|
| 339 CALORIES | 37g GLUCIDES | 23g PROTÉINES |
| 11g LIPIDES | 4,7g FIBRES | 163mg CHOLESTÉROL |

# CROISSANTS CHAUDS AUX DEUX VIANDES

**4 PORTIONS**

| | |
|---|---|
| **4** | **croissants** |
| **2** | **demi-poitrines de poulet désossées, sans la peau, cuites, émincées** |
| **110 g** | **jambon cuit froid, coupé en lanières** |
| **12** | **feuilles d'épinard, blanchies** |
| **2,5 dl** | **sauce blanche légère (voir recette p. 168)** |
| **150 g** | **emmenthal ou gruyère râpé** |

Couper les croissants en deux, dans le sens de la longueur. Couvrir la base du croissant de fines tranches de poulet, de lanières de jambon et de feuilles d'épinard.

Préchauffer le four à gril. Déposer les demi-croissants garnis dans un plat allant au four. Napper de sauce blanche et parsemer de fromage râpé. Mettre sous le gril jusqu'à ce que le fromage soit fondu. Couvrir des autres moitiés des croissants, faire chauffer pendant quelques secondes et servir.

~

**1 PORTION**

| | | |
|---|---|---|
| 578 CALORIES | 34g GLUCIDES | 43g PROTÉINES |
| 30g LIPIDES | 0,6g FIBRES | 123mg CHOLESTÉROL |

# SANDWICHES AU PORC À LA GRECQUE

**4 PORTIONS**

| | |
|---|---|
| 4 c. à s. | huile d'olive |
| 4 c. à s. | jus de citron |
| 1 c. à s. | moutarde douce |
| 2 | gousses d'ail, pelées |
| 1 c. à c. | origan séché |
| 500 g | porc maigre, en lanières |
| 270 g | yaourt nature |
| 130 g | concombre pelé haché |
| 1 c. à s. | ail haché |
| 1 c. à c. | graines de fenouil (facultatif) |
| 2 | pains pita |
| | laitue déchiquetée |
| | anneaux d'oignon rouge |

**NOTE DU CHEF**

*Une fois émincé et mariné, le porc cuit très rapidement. Ne le faites pas cuire trop longtemps, car il durcira.*

Mélanger l'huile d'olive, le jus de citron, la moutarde, les gousses d'ail entières et l'origan. Verser sur les lanières de porc. Couvrir et réfrigérer 2 à 3 heures, ou toute la nuit si désiré.

Bien mélanger le yaourt, le concombre et l'ail, ou encore réduire en un mélange lisse au robot ménager ou au mixer.

Retirer les lanières de porc de la marinade et les égoutter. Les faire cuire dans un poêlon à revêtement antiadhésif, jusqu'à ce qu'elles soient tendres et dorées, en remuant de temps en temps. Couper les pains pita en deux; farcir de porc et de laitue chaque poche de pita. Napper d'un peu de sauce au yaourt et garnir d'anneaux d'oignon rouge.

**1 PORTION**

| | | |
|---|---|---|
| 421 CALORIES | 23g GLUCIDES | 26g PROTÉINES |
| 25g LIPIDES | 0,5g FIBRES | 50mg CHOLESTÉROL |

# HAMBURGERS AU JAMBON

**4 PORTIONS**

| | |
|---|---|
| **500 g** | **jambon cuit haché** |
| **30 g** | **cornichons aigre-doux hachés** |
| **0,5 dl** | **lait écrémé** |
| **90 g** | **chapelure** |
| **1** | **œuf** |
| **1 c. à s.** | **huile** |
| **2** | **pains pita** |
| **1** | **tomate, en tranches** |
| **1/2** | **concombre de type hollandais, émincé** |
| | **feuilles de laitue** |

Dans un bol, mélanger le jambon, les cornichons, le lait, la chapelure et l'œuf.

Façonner en 4 galettes (ou en 12 à 16 boulettes, si préféré).

Faire chauffer l'huile dans un poêlon à revêtement antiadhésif, à feu moyen-vif. Y faire revenir les galettes des deux côtés, jusqu'à ce que la surface soit dorée et croustillante.

Couper les pains pita en deux. Farcir chaque poche d'une galette au jambon, et garnir avec des tranches de tomate, de concombre, et de la laitue.

**NOTE DU CHEF**

*Le jambon se hache facilement au robot ménager ou au mixer.*

**1 PORTION**

| | | |
|---|---|---|
| 485 CALORIES | 58g GLUCIDES | 34g PROTÉINES |
| 13g LIPIDES | 1,5g FIBRES | 129mg CHOLESTÉROL |

# SANDWICHES DU MOYEN-ORIENT

**6 PORTIONS**

| | |
|---|---|
| **500 g** | **agneau haché** |
| **1** | **gousse d'ail, finement hachée** |
| **1 c. à c.** | **coriandre ciselée** |
| **2 c. à s.** | **huile d'olive** |
| **2** | **poivrons verts, coupé en lanières** |
| **2** | **oignons, hachés** |
| **3** | **pains pita** |

## SAUCE AU CONCOMBRE

| | |
|---|---|
| **1** | **concombre, pelé, épépiné, finement haché** |
| **1 c. à s.** | **sel** |
| **270 g** | **yaourt nature** |
| **2** | **petites échalotes nouvelles, hachées** |
| **1 c. à c.** | **cumin moulu** |

Saupoudrer le concombre de sel et laisser dégorger pendant 15 minutes dans une passoire.

Dans un bol, bien mélanger le yaourt, les échalotes nouvelles et le cumin. Rincer le concombre, bien l'égoutter et l'incorporer à la préparation au yaourt. Réserver.

Préchauffer le four à 200 °C. Mélanger l'agneau haché, l'ail et la coriandre. Façonner en boulettes de 2,5 cm de diamètre.

Faire chauffer l'huile dans un grand poêlon à revêtement antiadhésif, à feu moyen-vif. Faire revenir les boulettes de viande environ 5 minutes, en les retournant de temps en temps. Ajouter les poivrons verts et les oignons. Poursuivre la cuisson 5 minutes, ou jusqu'à ce que les légumes soient tendres.

Couper les pains pita en deux. Les envelopper d'une feuille de papier d'aluminium et les faire chauffer quelques minutes au four.

Farcir les pains pita de boulettes d'agneau et de légumes. Servir avec la sauce au concombre.

~

**1 PORTION**

| | | |
|---|---|---|
| *274* CALORIES | *25g* GLUCIDES | *21g* PROTÉINES |
| *10g* LIPIDES | *1,5g* FIBRES | *53mg* CHOLESTÉROL |

# PAIN À L'AIL AU JAMBON ET AU FROMAGE

**4 PORTIONS**

**NOTE DU CHEF**

*Ces papillotes sont délicieuses lorsqu'elles sont cuites sur un feu de bois. Préparez-les à l'avance, et congelez-les jusqu'au moment de les faire cuire.*

| | |
|---|---|
| **1** | **pain parisien ou baguette** |
| **75 g** | **beurre** |
| **1 ou 2** | **gousses d'ail, hachées** |
| **1 c. à s.** | **fines herbes ciselées (ciboulette, persil, etc.)** |
| **1 c. à c.** | **jus de citron** |
| **125 g** | **fromage à tartiner** |
| **4** | **tranches de jambon cuit, coupées en quatre** |

Préchauffer le four à 190 °C. Couper le pain en 4 portions. Détailler chaque portion en 4, sans trancher entièrement. Les tranches doivent rester attachées les unes aux autres. Réserver.

Dans un bol, mélanger le beurre, l'ail, les fines herbes, le jus de citron et le fromage à tartiner. Étaler ce mélange entre les tranches de pain; en réserver un peu pour napper le dessus. Mettre une tranche de jambon dans chaque sandwich.

Déposer chaque sandwich sur une feuille de papier d'aluminium, napper avec le reste de mélange au fromage et envelopper étroitement. Faire chauffer les papillotes au four 15 minutes. Servir chaud.

1 PORTION

| | | |
|---|---|---|
| 424 CALORIES | 38g GLUCIDES | 14g PROTÉINES |
| 24g LIPIDES | 0,9g FIBRES | 67mg CHOLESTÉROL |

# SANDWICHES JARDINIÈRE

**4 PORTIONS**

| | |
|---|---|
| **150 g** | **gruyère râpé** |
| **125 g** | **carottes râpées** |
| **1** | **tomate, épépinée, hachée** |
| **65 g** | **petits bouquets de chou-fleur** |
| **2 c. à s.** | **mayonnaise légère** |
| **4** | **petits pains ronds, divisés en deux, grillés** |
| | **sel et poivre** |

Préchauffer le four à 180 °C.

Dans un bol, bien mélanger le gruyère, les carottes, la tomate, le chou-fleur et la mayonnaise. Assaisonner au goût.

Étaler ce mélange sur 4 demi-pains et recouvrir des autres moitiés.

Déposer les pains farcis sur une tôle et les faire chauffer au four environ 6 minutes. Servir chauds, accompagnés d'une salade verte si désiré.

**NOTE DU CHEF**

*Vous pouvez préparer ces sandwiches plus rapidement en les faisant réchauffer au four à micro-ondes, à puissance maximale, pendant 3 minutes.*

**1 PORTION**

| | | |
|---|---|---|
| *300* CALORIES | *34g* GLUCIDES | *14g* PROTÉINES |
| *12g* LIPIDES | *1,8g* FIBRES | *28mg* CHOLESTÉROL |

# SANDWICHES AUX CHAMPIGNONS

**4 PORTIONS**

| | |
|---|---|
| 2 c. à s. | beurre |
| 150 g | champignons émincés |
| 1 c. à c. | jus de citron |
| 3 | œufs, battus |
| 1 | pincée de piment de Cayenne |
| 35 g | parmesan râpé |
| 8 | tranches de pain |
| | sel et poivre |

Faire fondre le beurre dans un poêlon à revêtement antiadhésif, à feu moyen-vif.

Y faire dorer les champignons en remuant de temps en temps. Arroser de jus de citron.

Ajouter les œufs battus, le piment de Cayenne, le fromage, le sel et le poivre. Faire cuire jusqu'à ce que la préparation ait la même consistance que des œufs brouillés.

Étaler entre 2 tranches de pain et couper les sandwiches en diagonale avant de les servir. Accompagner d'une salade.

**1 PORTION**

| | | |
|---|---|---|
| 294 CALORIES | 30g GLUCIDES | 12g PROTÉINES |
| 14g LIPIDES | 1,4g FIBRES | 224mg CHOLESTÉROL |

# SANDWICHES AUX LÉGUMES

**4 PORTIONS**

| | |
|---|---|
| 3 dl | crème de champignons en conserve |
| 35 g | oignons finement hachés |
| 1 | côte de céleri-branche, en dés |
| 1/2 | poivron vert, en dés |
| 25 g | petits bouquets de brocoli |
| 125 g | grains de maïs en conserve, égouttés |
| 4 | demi-baguettes |
| | sel et poivre |

Dans un bol, bien mélanger tous les ingrédients, sauf les pains.

Couper les pains en deux dans le sens de la longueur. Garnir avec le mélange aux légumes.

Servir froids, ou réchauffés au four à micro-ondes, à puissance maximale, pendant 2 minutes.

**NOTE DU CHEF**

*Vous pouvez remplacer certains légumes par d'autres, au choix, et la crème de champignons par une autre sorte de crème de légumes.*

**1 PORTION**

| | | |
|---|---|---|
| 405 CALORIES | 69g GLUCIDES | 12g PROTÉINES |
| 9g LIPIDES | 3,3g FIBRES | 1mg CHOLESTÉROL |

# TORTILLAS GARNIES AUX POIVRONS GRILLÉS

**4 PORTIONS**

| | |
|---|---|
| **1** | **poivron vert** |
| **1** | **poivron rouge** |
| **1** | **botte de cresson de rivière** |
| **250 g** | **fromage frais léger** |
| **4** | **olives noires dénoyautées** |
| **1/4 c. à c.** | **tabasco** |
| **1/2 c. à c.** | **basilic séché** |
| **4** | **grandes tortillas** |
| **40 g** | **germes de luzerne** |
| | **sel et poivre** |

Faire griller les poivrons sous le gril du four ou au barbecue, jusqu'à ce que la peau soit noircie de tous côtés. Les mettre dans un sac en papier jusqu'à ce qu'ils refroidissent, puis enlever la peau. Épépiner, retirer les membranes et réserver.

Jeter les queues du cresson de rivière. Verser de l'eau bouillante salée sur les feuilles et laisser reposer 5 minutes pour qu'elles ramollissent. Laisser refroidir, puis égoutter.

Dans le bol d'un robot ménager, réduire en une préparation lisse le fromage, les poivrons grillés, le cresson, les olives, le tabasco et le basilic. Saler et poivrer.

Étaler uniformément sur les tortillas et couvrir de germes de luzerne. Enrouler les tortillas en serrant bien.

~



| 1 PORTION | | |
|---|---|---|
| *215* CALORIES | *20g* GLUCIDES | *9g* PROTÉINES |
| *11g* LIPIDES | *2,2g* FIBRES | *32mg* CHOLESTÉROL |

# TORTILLAS À LA FARINE DE BLÉ ENTIER

**12 TORTILLAS**

| | |
|---|---|
| **400 g** | **farine de blé entier** |
| **1 c. à c.** | **sel** |
| **3 c. à s.** | **graisse végétale, en dés** |
| **3 dl** | **eau chaude** |

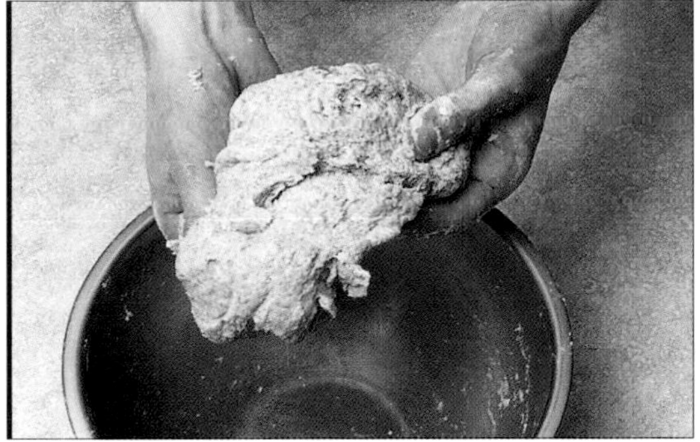

1 Mélanger la farine et le sel dans un grand bol. Y incorporer la graisse végétale du bout des doigts, jusqu'à ce qu'elle soit distribuée uniformément et que la texture soit granuleuse.

2 Ajouter suffisamment d'eau pour en faire une pâte. Pétrir 3 minutes, puis couvrir avec un linge humide et laisser reposer 10 minutes.

3 Séparer la pâte en 12 pâtons. Façonner chacun d'eux en une boule, puis l'abaisser le plus finement possible sur un plan de travail fariné.

4 Huiler un poêlon à revêtement antiadhésif. Éponger le surplus d'huile avec du papier absorbant. Faire cuire la première tortilla environ 30 secondes ou jusqu'à ce qu'elle soit dorée. La retourner et faire cuire 10 secondes. Répéter l'opération avec les autres tortillas.

**1 PORTION**

| | | |
|---|---|---|
| 220 CALORIES | 39g GLUCIDES | 7g PROTÉINES |
| 4g LIPIDES | 6,8g FIBRES | 0mg CHOLESTÉROL |

# TACOS FARCIS AU BŒUF ET AUX POMMES DE TERRE

**4 PORTIONS**

| | |
|---|---|
| 2 c. à s. | huile végétale |
| 150 g | pommes de terre, en dés |
| 1 | petit oignon rouge, haché |
| 1 | poivron vert ou rouge, en dés |
| 340 g | grains de maïs en conserve, égouttés |
| 2 | gousses d'ail, finement hachées |
| 500 g | bœuf haché maigre |
| 8 | coquilles pour tacos |
| | sel et poivre |
| | sauce de piment fort à la mexicaine (facultatif) |

**NOTE DU CHEF**

*La même recette peut se préparer avec de la dinde ou du poulet haché. Afin d'obtenir une saveur mexicaine plus authentique, ajoutez du cumin moulu et de la coriandre ciselée.*

Faire chauffer l'huile dans un poêlon à revêtement anti-adhésif, à feu moyen-vif, et y faire revenir les dés de pomme de terre, l'oignon, le poivron, les grains de maïs et l'ail.

Incorporer le bœuf haché. Faire cuire en remuant de temps en temps, jusqu'à ce que le bœuf brunisse et que les dés de pomme de terre soient tendres. Assaisonner au goût.

Jeter l'excès de graisse. Farcir les coquilles pour tacos avec le hachis de bœuf et assaisonner de la sauce de piment fort, si désiré. Servir les tacos chauds, accompagnés d'une salade croquante.

**1 PORTION**

| | | |
|---|---|---|
| 421 CALORIES | 39g GLUCIDES | 28g PROTÉINES |
| 17g LIPIDES | 3,0g FIBRES | 42mg CHOLESTÉROL |

# POMMES DE TERRE FARCIES AU THON

**4 PORTIONS**

| | |
|---|---|
| **4** | **grosses pommes de terre, cuites au four** |
| **200 g** | **thon nature en conserve** |
| **250 g** | **brocoli haché grossièrement, légèrement cuit à la vapeur** |
| **25 g** | **céleri-branche en dés** |
| **25 g** | **échalotes nouvelles hachées** |
| **1,25 dl** | **mayonnaise** |
| **2 c. à c.** | **moutarde forte** |
| **135 g** | **yaourt nature demi-écrémé** |
| | **sel et poivre** |
| | **paprika** |

Préchauffer le four à 180 °C. Couper le dessus de chaque pomme de terre cuite au four. Évider chaque pomme de terre à la cuillère, sans percer la peau.

Dans un bol, réduire la chair des pommes de terre en purée. Incorporer le thon égoutté. Ajouter le brocoli, le céleri, les échalotes nouvelles, la mayonnaise, la moutarde et le yaourt. Assaisonner au goût.

Farcir les pommes de terre évidées avec la préparation au brocoli. Les disposer dans un plat allant au four et saupoudrer de paprika.

Faire cuire au four de 10 à 12 minutes. Servir chaud, avec un peu de yaourt, si désiré.

~

**NOTE DU CHEF**

*Il est possible de remplacer le thon par du saumon nature en conserve. Faire attention de bien retirer tous les os.*

| 1 PORTION | | |
|---|---|---|
| 466 CALORIES | 64g GLUCIDES | 21g PROTÉINES |
| 14g LIPIDES | 9,7g FIBRES | 13mg CHOLESTÉROL |

# RIZ AUX CREVETTES

**2 PORTIONS**

| | |
|---|---|
| **2 c. à s.** | **huile végétale** |
| **85 g** | **oignon haché** |
| **350 g** | **riz blanc cuit** |
| **1** | **œuf, battu** |
| **200 g** | **petites crevettes en conserve** |
| **35 g** | **petits pois en conserve** |
| | **sel et poivre** |

Dans un poêlon à revêtement antiadhésif, faire chauffer l'huile à feu moyen, et y faire fondre les oignons, en remuant de temps en temps.

Ajouter le riz et le sel, et faire cuire en remuant, environ 2 minutes.

Verser les œufs battus sur le riz et remuer rapidement jusqu'à ce que les œufs soient cuits. Retirer le poêlon du feu.

Incorporer aussitôt les crevettes et les petits pois. Réchauffer si nécessaire. Poivrer et servir chaud, avec une salade de carottes râpées si désiré.

| 1 PORTION | | |
|---|---|---|
| 550 CALORIES | 66g GLUCIDES | 31g PROTÉINES |
| 18g LIPIDES | 2,4g FIBRES | 332mg CHOLESTÉROL |

# RATATOUILLE

**4 PORTIONS**

**NOTE DU CHEF**

*S'il vous reste de la ratatouille, elle peut être servie froide, en hors-d'œuvre ou en salade. Ajoutez quelques gouttes de vinaigre de vin rouge pour en rehausser la saveur.*

| | |
|---|---|
| **2 c. à s.** | **huile d'olive** |
| **1** | **oignon, en dés** |
| **1** | **aubergine, en dés** |
| **1** | **poivron rouge, épépiné, en dés** |
| **1** | **poivron vert, épépiné, en dés** |
| **1** | **gousse d'ail, finement hachée** |
| **1** | **feuille de laurier** |
| **1** | **courgette, en dés** |
| **2 c. à s.** | **concentré de tomates** |
| **3** | **tomates, en dés** |
| | **sel et poivre** |

Dans un grand poêlon à revêtement antiadhésif, faire chauffer l'huile à feu moyen. Y faire revenir l'oignon et l'aubergine, 5 minutes.

Ajouter les poivrons, l'ail, la feuille de laurier et la courgette. Poursuivre la cuisson 5 minutes, en remuant.

Incorporer le concentré de tomates et bien mélanger. Ajouter les dés de tomate, baisser le feu à doux et faire cuire environ 10 minutes. Retirer la feuille de laurier et assaisonner au goût. Servir avec du riz.

| 1 PORTION | | |
|---|---|---|
| 135 CALORIES | 15g GLUCIDES | 3g PROTÉINES |
| 7g LIPIDES | 5,8g FIBRES | 0mg CHOLESTÉROL |

# SANDWICHES À L'AUBERGINE

**4 PORTIONS**

| | |
|---|---|
| 1 | grosse aubergine, non épluchée |
| 60 g | sel |
| 60 g | chapelure |
| 55 g | parmesan râpé |
| 20 g | persil ciselé |
| 8 | fines tranches de jambon maigre cuit |
| 4 | fines tranches d'emmenthal |
| 2 | œufs, légèrement battus |
| 3 c. à s. | huile végétale |
| | sel et poivre |

Couper l'aubergine dans le sens de la longueur en 8 tranches d'environ 1 cm d'épaisseur. Étaler dans un grand plat, saupoudrer de sel et laisser dégorger 30 minutes. Rincer, puis assécher avec du papier absorbant.

Dans un petit bol, mélanger la chapelure, le parmesan et le persil. Assaisonner au goût et réserver.

Déposer 2 tranches de jambon et 1 tranche de fromage entre 2 tranches d'aubergine. Répéter l'opération de façon à obtenir 4 sandwiches. Les tremper dans l'œuf battu, puis les enrober du mélange à la chapelure.

Faire chauffer l'huile dans un grand poêlon à revêtement antiadhésif, y faire revenir les sandwiches à l'aubergine, environ 8 minutes de chaque côté. La surface externe doit être dorée et croquante.

**NOTE DU CHEF**

*Si vous ne pouvez faire revenir tous les sandwiches en même temps, tenir au chaud ceux qui sont déjà cuits, sur du papier absorbant, pour éliminer l'excès de gras.*

**1 PORTION**

| | | |
|---|---|---|
| 386 CALORIES | 26g GLUCIDES | 21g PROTÉINES |
| 22g LIPIDES | 2,0g FIBRES | 172mg CHOLESTÉROL |

# PIZZA AU FROMAGE BLANC

**4 PORTIONS**

| | |
|---|---|
| **230 g** | **fromage blanc épais** |
| **1** | **gousse d'ail, finement hachée** |
| **3 c. à s.** | **vin blanc sec** |
| **2** | **pincées de basilic ou d'origan séché** |
| **1** | **pain plat italien ou croûte à pizza précuite** |
| **150 g** | **viande froide au choix (jambon, salami, etc.), en fines lanières** |
| **2** | **tomates, en tranches** |
| | **poivre** |
| | **persil ciselé** |

Préchauffer le four à 180 °C.

Dans un bol, bien mélanger le fromage, l'ail, le vin, le basilic et le poivre. Étaler ce mélange sur le pain plat.

Garnir avec les lanières de viande froide et les tranches de tomates. Saupoudrer de persil ciselé et faire cuire au four, 8 à 10 minutes.

~

**1 PORTION**

| | | |
|---|---|---|
| 295 CALORIES | 43g GLUCIDES | 15g PROTÉINES |
| 7g LIPIDES | 3,2g FIBRES | 25mg CHOLESTÉROL |

## PIZZA CALIFORNIENNE

**4 PORTIONS**

**NOTE DU CHEF**

*Les tomates séchées se présentent sous deux formes. Dans l'huile, elles doivent seulement être égouttées. Séchées, elles doivent être réhydratées. Versez de l'eau bouillante dessus et laissez reposer environ 30 minutes, puis égouttez.*

| | |
|---|---|
| 1 | pain plat italien ou une croûte pour pizza précuite |
| 1/2 | tête de laitue, déchiquetée |
| 140 g | fromage cheddar râpé |
| 170 g | quartiers de mandarine en conserve |
| 50 g | tomates séchées, égouttées, hachées |
| 3 c. à s. | graines de sésame |
| 35 g | raisins secs |
| | assaisonnement à l'huile parfumée aux fines herbes et au vinaigre |

Couvrir le pain plat d'une couche de laitue déchiquetée.

Parsemer uniformément de fromage râpé. Recouvrir de quartiers de mandarine égouttés, de tomates séchées, de graines de sésame et de raisins secs.

Arroser avec l'assaisonnement à l'huile et au vinaigre juste avant de servir.

| 1 PORTION | | |
|---|---|---|
| 420 CALORIES | 51 g GLUCIDES | 18 g PROTÉINES |
| 16 g LIPIDES | 4,8 g FIBRES | 31 mg CHOLESTÉROL |

# PIZZA EXPRESS

**1 PORTION**

| | |
|---|---|
| **1** | **petit pain rond, coupé en deux** |
| **2 c. à s.** | **sauce tomate en conserve** |
| **2** | **tranches de salami ou de mortadelle** |
| **2** | **tranches de tomate** |
| **2** | **tranches de gruyère, d'emmenthal ou de mozzarella** |
| **4** | **olives noires dénoyautées hachées** |

Faire griller les demi-pains, puis les tartiner de sauce tomate.

Les garnir de tranches de viande froide, de tomate et de fromage. Parsemer d'olives hachées.

Mettre sous le gril du four jusqu'à ce que le fromage soit fondu. Servir avec des bâtonnets de carotte et de céleri.

**1 PORTION**

| | | |
|---|---|---|
| *482* CALORIES | *35g* GLUCIDES | *27g* PROTÉINES |
| *26g* LIPIDES | *1,7g* FIBRES | *74mg* CHOLESTÉROL |

# BARRES AU MÜESLI ET AU CHOCOLAT

**8 BARRES**

| | |
|---|---|
| **90 g** | **cassonade tassée** |
| **1,25 dl** | **sirop de maïs** |
| **125 g** | **beurre d'arachide** |
| **70 g** | **flocons d'avoine** |
| **40 g** | **céréales de riz soufflé** |
| **75 g** | **arachides non salées** |
| **25 g** | **graines de tournesol non salées** |
| **75 g** | **brisures de chocolat mi-sucré** |

Dans une casserole, faire cuire à feu moyen-doux la cassonade, le sirop de maïs et le beurre d'arachide, jusqu'à ce que le mélange soit lisse.

Dans un grand bol, mélanger les flocons d'avoine, les céréales de riz soufflé, les arachides, les graines de tournesol et les brisures de chocolat.

Bien incorporer la préparation chaude au mélange aux flocons d'avoine. Presser dans un plat huilé. Laisser refroidir, puis détailler en rectangles ou en carrés.

| 1 PORTION | | |
|---|---|---|
| 419 CALORIES | 52g GLUCIDES | 10g PROTÉINES |
| 19g LIPIDES | 3,5g FIBRES | 0mg CHOLESTÉROL |

# BONBONS AU BEURRE D'ARACHIDE ET À LA MÉLASSE

**ENVIRON 2 DOUZAINES**

| | |
|---|---|
| 125 g | beurre d'arachide croquant |
| 100 g | mélasse |
| 1 c. à c. | extrait de vanille |
| 1 | pincée de sel |
| 50 g | lait écrémé en poudre |
| 2 c. à s. | sucre glace |
| 1 | blanc d'œuf, légèrement battu |
| 150 g | arachides hachées |

Dans un bol, bien mélanger le beurre d'arachide, la mélasse et la vanille avec une cuillère en bois.

Bien incorporer le sel, le lait en poudre et le sucre glace. Façonner en boulettes de 2,5 cm de diamètre.

Tremper chaque boulette dans l'œuf battu, puis l'enrober d'arachides hachées.

**NUTRITION +**

*Le beurre d'arachide et le lait en poudre fournissent un bon apport en protéines.*

| 1 BONBON | | |
|---|---|---|
| 102 CALORIES | 8g GLUCIDES | 4g PROTÉINES |
| 6g LIPIDES | 0,9g FIBRES | 1mg CHOLESTÉROL |

# PAINS, MUFFINS ET DESSERTS

Rien ne vaut le délicieux arôme du pain,
des muffins ou des biscuits qui sortent
tout juste du four. Mais où trouver
le temps de les préparer?

Les recettes de ce chapitre
vous surprendront par leur simplicité :
muffins riches en fibres, gâteaux délicieux
même sans glaçage et croissants maison
extraordinairement faciles à réaliser.

Vous découvrirez des recettes
de biscuits et de carrés meilleurs que ceux
qui se vendent dans les supermarchés,
ainsi que quelques recettes de pain
dont la réussite est assurée.

Ne craignez plus de vous lancer
dans la pâtisserie; vos parents et amis
seront surpris des résultats.

# PAIN À L'ITALIENNE

**2 PAINS**

| | |
|---|---|
| **4,25 dl** | **eau chaude** |
| **2 c. à s.** | **levure sèche** |
| **2 c. à c.** | **sel** |
| **625 g** | **farine** |

Verser 1,2 dl d'eau chaude dans un grand bol. Saupoudrer la levure en surface; laisser reposer 10 minutes, puis remuer. Ajouter le reste de l'eau, le sel et 260 g de farine. Bien mélanger.

Ajouter suffisamment de farine, environ 260 g, pour obtenir une pâte consistante. Fariner un plan de travail, y pétrir la pâte en l'étirant avec la paume des mains et en la repliant, pendant environ 10 minutes. Si la pâte colle aux doigts, ajouter un peu plus de farine et l'incorporer en pétrissant. La pâte devrait être lisse et élastique.

Déposer la pâte dans un bol huilé et couvrir d'un linge. Laisser reposer à la température de la pièce environ 30 minutes, ou jusqu'à ce que la pâte ait doublé de volume.

Rompre la pâte d'un coup de poing, puis la déposer sur le plan de travail fariné. La diviser en deux et abaisser chaque pâton au rouleau à pâtisserie, en un carré de 30 cm de côté. Enrouler chaque carré et pincer les extrémités et le bord extérieur pour les sceller. Rouler chaque pain quelques fois sur lui-même afin que les couches adhèrent l'une à l'autre.

Déposer dans des moules à pain, le bord en dessous. Couvrir avec un linge et laisser reposer dans un endroit chaud 30 minutes ou jusqu'à ce que la pâte ait doublé de volume.

Préchauffer le four à 200 °C. Saupoudrer la surface des pains d'un peu de farine et entailler en 3 ou 4 endroits. Faire cuire au four environ 25 minutes.

1 Délayer la levure dans l'eau puis ajouter les autres ingrédients.

2 Pétrir la pâte puis la couvrir et la laisser lever.

3 Abaisser la pâte puis l'enrouler pour former des pains. Laisser la pâte lever de nouveau.

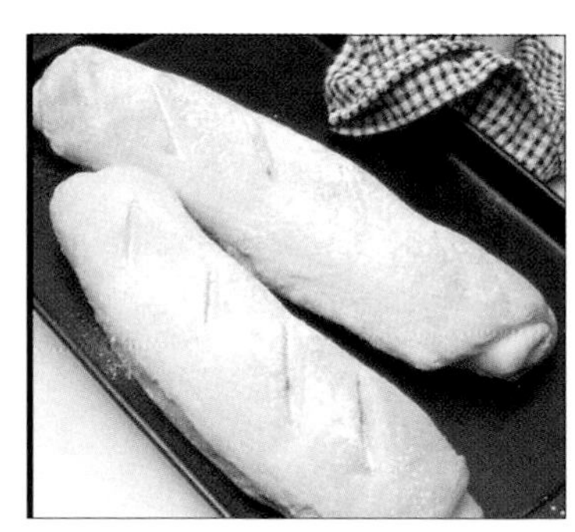

4 Saupoudrer la surface des pains de farine et entailler la surface avant d'enfourner.

**1 PAIN**

*1203* CALORIES | *256g* GLUCIDES | *38g* PROTÉINES | *3g* LIPIDES | *12,7g* FIBRES | *0mg* CHOLESTÉROL

# PAIN DÉLICIEUX

**1 PAIN**

| | |
|---|---|
| **1 c. à c.** | **levure sèche** |
| **1,25 dl** | **eau chaude** |
| **260 g** | **farine** |
| **1/2 c. à c.** | **sel** |

Dans un bol, verser l'eau et la saupoudrer de levure. Laisser reposer 10 minutes, jusqu'à ce que le mélange mousse. Bien mélanger.

Mélanger la farine et le sel dans un grand bol. Y creuser un puits et y verser le premier mélange. Avec une cuillère en bois, ramener la farine de l'extérieur vers le centre jusqu'à ce que farine et liquide soient mélangés.

Fariner légèrement un plan de travail et y pétrir la pâte en l'étirant avec la paume des mains et en la repliant, pendant 10 minutes. Si la pâte colle, la saupoudrer d'un peu de farine, puis pétrir pour l'incorporer.

La pâte doit être lisse et élastique. La déposer dans un bol huilé et couvrir d'un linge. Laisser reposer à la température de la pièce environ 1 heure, jusqu'à ce qu'elle ait doublé de volume.

Abaisser la pâte en un rectangle de 25 cm de long. Enrouler sur le côté le plus long du rectangle. Déposer dans un moule à pain huilé, le bord en dessous. Couvrir d'un linge et laisser reposer 30 minutes. Pendant ce temps, préchauffer le four à 200 °C.

Entailler la surface du pain en diagonale, à 2 ou 3 endroits. Faire cuire au four environ 30 minutes, ou jusqu'à ce que le pain soit bien doré.

**1 PAIN**

| | | |
|---|---|---|
| 975 CALORIES | 206g GLUCIDES | 31g PROTÉINES |
| 3g LIPIDES | 10,6g FIBRES | 0mg CHOLESTÉROL |

# PAIN COMPLET AUX RAISINS

**2 PETITES MICHES**

| | |
|---|---|
| **725 g** | **farine complète** |
| **1 c. à s.** | **sel** |
| **1 c. à s.** | **levure sèche** |
| **1 c. à s.** | **miel** |
| **4,25 dl** | **eau tiède** |
| **2 c. à s.** | **farine de soja** |
| **90 g** | **raisins secs** |

Dans un grand bol, mélanger la farine et le sel; réserver.

Dans un autre bol, mélanger la levure et le miel, puis verser 1,75 dl d'eau tiède. Y incorporer la farine de soja. Laisser reposer 5 minutes dans un endroit chaud (par exemple au-dessus du réfrigérateur).

Mélanger cette préparation avec la farine et le sel, les raisins secs et le reste de l'eau.

Pétrir la pâte selon les explications des recettes précédentes, jusqu'à ce qu'elle soit lisse et élastique. Déposer dans un bol, couvrir d'un linge et laisser lever 30 minutes dans un endroit chaud.

Pétrir la pâte pendant 5 minutes, la diviser en 2 et façonner en miches. Déposer les miches dans un plat allant au four, à revêtement antiadhésif. Couvrir et laisser lever de nouveau 30 minutes, ou jusqu'à ce qu'elles aient doublé de volume.

Pendant ce temps, préchauffer le four à 180 °C. Faire cuire les miches au four environ 25 à 30 minutes. Laisser refroidir sur une grille.

~

**1 PAIN**

| | | |
|---|---|---|
| *1487* CALORIES | *301g* GLUCIDES | *55g* PROTÉINES |
| *7g* LIPIDES | *47,4g* FIBRES | *0mg* CHOLESTÉROL |

# BISCUITS DANOIS À LA CANNELLE

**2 DOUZAINES**

| | |
|---|---|
| **520 g** | **farine** |
| **300 g** | **sucre** |
| **2 c. à s.** | **levure sèche à action rapide** |
| **1 c. à c.** | **sel** |
| **1,25 dl** | **eau** |
| **1,25 dl** | **lait demi-écrémé** |
| **175 g** | **beurre** |
| **2** | **œufs** |
| **2 c. à s.** | **cannelle moulue** |

## GLAÇAGE

| | |
|---|---|
| **2,5 dl** | **gelée d'abricots, fondue** |

Dans un grand bol, mélanger 260 g de farine, 100 g de sucre, la levure et le sel. Réserver.

Dans une casserole, faire chauffer l'eau, le lait et 125 g de beurre. Verser sur le mélange à la farine. Incorporer les œufs et environ 260 g de farine, ou suffisamment pour que la pâte obtenue puisse être façonnée en boule.

Saupoudrer le plan de travail de farine. Y pétrir la pâte environ 6 minutes, jusqu'à ce qu'elle soit lisse et élastique. Couvrir et laisser reposer 10 minutes.

Abaisser la pâte en un rectangle de 45 cm sur 55 cm. Faire fondre le reste du beurre et en badigeonner la surface. Saupoudrer du sucre qui reste et de la cannelle. Enrouler la pâte et pincer les bords pour les sceller.

Avec un couteau bien aiguisé, détailler le rouleau en 24 tranches. Disposer sur des tôles, couvrir et laisser reposer à la température de la pièce jusqu'à ce que le volume ait doublé.

Préchauffer le four à 180 °C. Faire cuire les biscuits danois au four 20 minutes, ou jusqu'à ce qu'ils soient bien dorés. Laisser refroidir légèrement puis badigeonner de gelée d'abricots.

1 Mélanger les ingrédients secs.

2 Faire chauffer l'eau, le lait et le beurre. Y incorporer les ingrédients secs et les œufs.

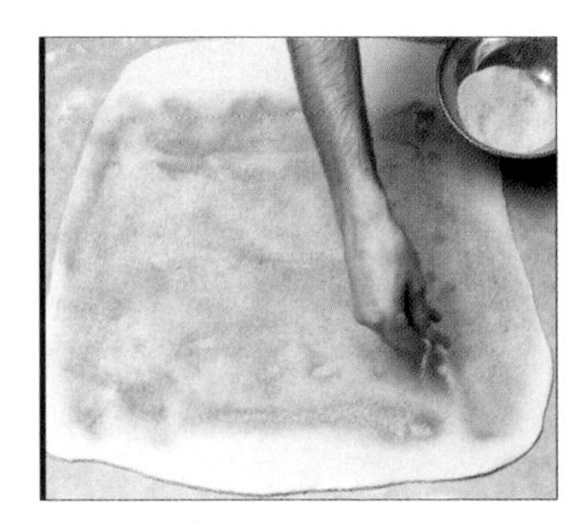

3 Pétrir pour obtenir une pâte consistante. Abaisser, badigeonner de beurre et saupoudrer de sucre et de cannelle.

4 Rouler la pâte et détailler en tranches.

**1 PORTION**

| | | |
|---|---|---|
| 211 CALORIES | 34g GLUCIDES | 3g PROTÉINES |
| 7g LIPIDES | 0,7g FIBRES | 38mg CHOLESTÉROL |

# BISCUITS AU FROMAGE

**ENVIRON 2 DOUZAINES**

| | |
|---|---|
| **300 g** | **farine** |
| **1/4 c. à c.** | **moutarde sèche** |
| **1** | **pincée de piment de Cayenne** |
| **175 g** | **beurre, en dés** |
| **150 g** | **gruyère râpé** |
| **150 g** | **emmenthal râpé** |
| **1** | **œuf, légèrement battu** |

Au robot ménager, mélanger la farine, la moutarde et le piment de Cayenne. Ajouter le beurre et travailler jusqu'à ce que la préparation soit granuleuse.

Ajouter les fromages et travailler de nouveau pour bien les incorporer au mélange. Envelopper dans une pellicule de plastique et réfrigérer 30 minutes.

Préchauffer le four à 190 °C. Fariner légèrement le plan de travail et abaisser la pâte à 5 mm d'épaisseur. Détailler des ronds de 5 cm de diamètre à l'emporte-pièce ou avec le bord d'un verre retourné. Disposer les ronds sur une tôle non beurrée et en badigconner la surface d'œuf battu.

Faire cuire les biscuits au four de 10 à 15 minutes, ou jusqu'à ce qu'ils soient dorés.

~

| 1 PORTION | | |
|---|---|---|
| 103 CALORIES | 6g GLUCIDES | 4g PROTÉINES |
| 9g LIPIDES | 0,3g FIBRES | 37mg CHOLESTÉROL |

# GÂTERIES AU FROMAGE

**8 PORTIONS**

| | |
|---|---|
| **270 g** | **crème aigre légère ou yaourt nature** |
| **110 g** | **fromage frais léger** |
| **80 g** | **parmesan râpé** |
| **10 g** | **céréales de riz soufflé ou flocons de maïs grillés** |
| **2** | **œufs** |
| **1** | **gousse d'ail** |
| **1 c. à c.** | **ciboulette ciselée** |
| **1 c. à c.** | **basilic ciselé** |

Préchauffer le four à 180 °C. Beurrer un moule carré de 20 cm de côté.

Travailler tous les ingrédients au robot ménager pour bien mélanger. (Si vous voulez battre le mélange à la main, hachez l'ail très finement et écrasez les céréales auparavant.)

Étaler le mélange dans le moule beurré et faire cuire au four environ 34 minutes, ou jusqu'à ce que le biscuit soit doré.

**1 PORTION**

| | | |
|---|---|---|
| *111* CALORIES | *5g* GLUCIDES | *7g* PROTÉINES |
| *7g* LIPIDES | *0g* FIBRES | *83mg* CHOLESTÉROL |

# MUFFINS AU FROMAGE ET AUX CAROTTES

**16 MUFFINS**

| | |
|---|---|
| **260 g** | **farine** |
| **4 c. à c.** | **levure chimique** |
| **1/2 c. à c.** | **sel** |
| **1** | **pincée de cannelle moulue** |
| **2,5 dl** | **lait écrémé** |
| **1** | **œuf** |
| **2 c. à s.** | **huile de colza** |
| **1,25 dl** | **miel liquide** |
| **250 g** | **carottes crues finement râpées** |
| **35 g** | **raisins secs** |
| **225 g** | **fromage frais léger** |

Préchauffer le four à 200 °C. Beurrer et fariner 16 grands moules à petits gâteaux ou les tapisser de moules de papier.

Mélanger la farine avec la levure chimique, le sel et la cannelle. Verser ce mélange dans le bol d'un robot ménager.

Ajouter le lait, l'œuf et l'huile; travailler juste pour mélanger. Ajouter le miel, les carottes et les raisins; travailler juste pour mélanger.

Répartir la pâte entre les moules. Découper le fromage frais en 16 cubes et en déposer un sur chaque muffin.

Faire cuire au four environ 20 minutes, ou jusqu'à ce que le dessus du muffin reprenne aussitôt sa forme lorsqu'on le presse avec le doigt.

1 Mélanger la farine, la levure chimique, le sel et la cannelle.

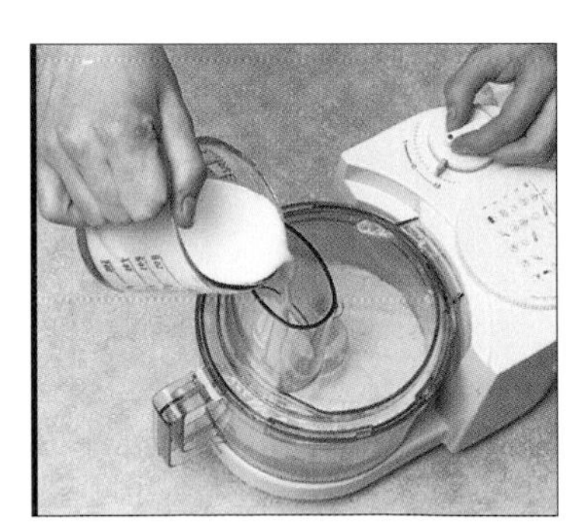

2 Ajouter le lait, l'œuf et l'huile. Mélanger délicatement.

3 Ajouter le miel, les carottes et les raisins secs. Mélanger délicatement.

4 Répartir la pâte entre les moules et déposer un cube de fromage sur chaque muffin.

**1 PORTION**

| 169 CALORIES | 27g GLUCIDES | 4g PROTÉINES |
|---|---|---|
| 5g LIPIDES | 1,0g FIBRES | 25mg CHOLESTÉROL |

# MUFFINS AU MAÏS ET AUX POIVRONS

**20 MUFFINS**

**NOTE DU CHEF**

*Ces muffins font un délicieux accompagnement pour des œufs brouillés à la mexicaine ou au chili.*

| | |
|---|---|
| 260 g | farine |
| 130 g | farine de maïs |
| 50 g | sucre |
| 2 c. à c. | levure chimique |
| 1 c. à c. | sel |
| 260 g | grains de maïs en conserve ou surgelés, égouttés |
| 25 g | poivron vert finement haché |
| 25 g | poivron rouge finement haché |
| 10 g | ciboulette finement ciselée |
| 5 dl | lait écrémé évaporé |
| 2 | œufs, battus |
| 50 g | beurre fondu |

Préchauffer le four à 180 °C. Beurrer 20 moules à petits gâteaux.

Dans un grand bol, mélanger la farine, la farine de maïs, le sucre, la levure chimique et le sel.

Y incorporer les grains de maïs, les poivrons hachés et la ciboulette.

Creuser un puits au centre de la préparation, y verser le lait et les œufs et mélanger juste pour humecter tous les ingrédients. Incorporer délicatement le beurre fondu.

Répartir la pâte entre les moules à petits gâteaux. Faire cuire au four de 20 à 25 minutes, ou jusqu'à ce que les muffins soient dorés. Laisser refroidir avant de servir.

| 1 PORTION | | |
|---|---|---|
| 143 CALORIES | 24g GLUCIDES | 5g PROTÉINES |
| 3g LIPIDES | 1,1g FIBRES | 34mg CHOLESTÉROL |

# MUFFINS AU JAMBON ET AUX LÉGUMES

**12 MUFFINS**

| | |
|---|---|
| 150 g | brocoli ou chou-fleur cuit, haché |
| 250 g | jambon cuit finement haché |
| 1 | oignon de taille moyenne, haché |
| 50 g | cheddar en dés |
| 2 c. à s. | parmesan râpé |
| 3 | œufs |
| 1,25 dl | huile de colza |
| 2,5 dl | lait écrémé |
| 160 g | farine |
| 3 c. à c. | levure chimique |
| 1 c. à c. | persil séché |
| 1/4 c. à c. | thym séché |
| 1/4 c. à c. | ail en poudre |

Préchauffer le four à 190 °C. Beurrer et fariner légèrement 12 moules à petits gâteaux.

Mélanger le brocoli haché, le jambon, l'oignon et les fromages. Réserver.

Dans un autre bol, battre les œufs jusqu'à ce qu'ils soient mousseux. Y incorporer l'huile et le lait.

Mélanger les ingrédients secs dans un troisième bol. Les incorporer à la préparation aux œufs jusqu'à ce que la pâte soit lisse. Verser sur les légumes, le jambon et les fromages et bien mélanger.

Répartir la pâte entre les moules à petits gâteaux. Faire cuire au four 20 à 25 minutes, ou jusqu'à ce que les muffins soient dorés. Servir chaud ou froid.

**NOTE DU CHEF**

*Ces muffins sont suffisamment riches pour constituer un repas rapide complet lorsqu'ils sont servis avec une salade.*

1 PORTION

| | | |
|---|---|---|
| 218 CALORIES | 14g GLUCIDES | 9g PROTÉINES |
| 14g LIPIDES | 1,1g FIBRES | 81mg CHOLESTÉROL |

# MUFFINS AU SON D'AVOINE ET AUX RAISINS SECS

**12 MUFFINS**

| | |
|---|---|
| **80 g** | **son d'avoine** |
| **35 g** | **cassonade tassée** |
| **2 c. à c.** | **levure chimique** |
| **90 g** | **raisins secs** |
| **270 g** | **yaourt nature demi-écrémé** |
| **2** | **blancs d'œufs, légèrement battus** |
| **0,5 dl** | **lait demi-écrémé** |
| **0,5 dl** | **sirop d'érable** |
| **2 c. à s.** | **huile de colza** |
| **1 c. à c.** | **zeste râpé d'orange ou de citron** |

Préchauffer le four à 200 °C. Beurrer et fariner légèrement 12 moules à petits gâteaux, ou les tapisser de moules de papier.

Au robot ménager ou à la main, mélanger le son d'avoine, la cassonade, la levure chimique et les raisins secs.

Ajouter le yaourt, les blancs d'œufs, le lait, le sirop d'érable, l'huile et le zeste d'orange. Mélanger juste pour humecter les ingrédients secs.

Répartir la pâte entre les moules. Faire cuire au four environ 20 minutes, ou jusqu'à ce qu'un cure-dent enfoncé au centre d'un muffin en ressorte sec.

~

**1 PORTION**

| | | |
|---|---|---|
| 139 CALORIES | 23g GLUCIDES | 5g PROTÉINES |
| 3g LIPIDES | 2,4g FIBRES | 1mg CHOLESTÉROL |

# MUFFINS AUX MYRTILLES

**12 MUFFINS**

| | |
|---|---|
| **170 g** | **cassonade claire tassée** |
| **50 g** | **flocons d'avoine à cuisson rapide** |
| **80 g** | **farine complète tamisée** |
| **65 g** | **farine** |
| **3 c. à c.** | **levure chimique** |
| **1/2 c. à c.** | **sel** |
| **1/4 c. à c.** | **cannelle moulue** |
| **2,5 dl** | **lait écrémé** |
| **0,5 dl** | **huile de colza** |
| **1** | **œuf** |
| **150 g** | **myrtilles, fraîches ou surgelées** |
| | **zeste râpé de 1 orange ou de 1 citron** |

Préchauffer le four à 200 °C. Beurrer 12 moules à petits gâteaux.

Au robot ménager ou à la main, mélanger la cassonade, les flocons d'avoine, la farine complète, la farine, la levure chimique, le sel, la cannelle et le zeste d'orange.

Ajouter le lait, l'huile et l'œuf. Mélanger juste pour humecter les ingrédients secs. Incorporer délicatement les myrtilles avec une spatule de caoutchouc.

Répartir la pâte entre les moules en les remplissant aux trois quarts. Faire cuire au four 20 à 25 minutes, ou jusqu'à ce que les muffins soient fermes au toucher.

**NOTE DU CHEF**

*Si la pâte est trop battue, les muffins seront durs, élastiques, et remplis de bulles d'air.*

| 1 PORTION | | |
|---|---|---|
| 185 CALORIES | 32g GLUCIDES | 3g PROTÉINES |
| 5g LIPIDES | 1,0g FIBRES | 24mg CHOLESTÉROL |

# MUFFINS AUX GROSEILLES ET AUX GERMES DE BLÉ

**2 DOUZAINES**

| | |
|---|---|
| **260 g** | **farine** |
| **215 g** | **farine complète** |
| **165 g** | **germes de blé** |
| **4 c. à c.** | **levure chimique** |
| **2 c. à c.** | **cannelle moulue** |
| **1 c. à c.** | **bicarbonate de soude** |
| **1 c. à c.** | **muscade moulue** |
| **200 g** | **sucre** |
| **1 c. à c.** | **sel** |
| **2,5 dl** | **margarine fondue ou huile de colza** |
| **2** | **œufs** |
| **5 dl** | **lait écrémé** |
| **160 g** | **mélasse** |
| **360 g** | **groseilles déshydratées** |

Préchauffer le four à 190 °C. Beurrer et fariner légèrement 24 moules à petits gâteaux, ou les tapisser de moules de papier.

Dans un grand bol, mélanger la farine, la farine complète, les germes de blé, la levure chimique, la cannelle, le bicarbonate de soude, la muscade, le sucre et le sel.

Y incorporer la margarine, puis les œufs, un à un, en alternant avec le lait. Lorsque la pâte est lisse, incorporer la mélasse et les groseilles.

Répartir la pâte entre les moules, en les remplissant aux trois quarts. Faire cuire au four environ 25 minutes, ou jusqu'à ce que les muffins soient dorés.

**1 PORTION**

| | | |
|---|---|---|
| 246 CALORIES | 42g GLUCIDES | 6g PROTÉINES |
| 6g LIPIDES | 5,6g FIBRES | 23mg CHOLESTÉROL |

# MUFFINS AU BEURRE D'ARACHIDE

**12 MUFFINS**

| | |
|---|---|
| **70 g** | **farine complète** |
| **130 g** | **farine** |
| **35 g** | **cassonade tassée** |
| **40 g** | **son de blé** |
| **3 c. à c.** | **levure chimique** |
| **1** | **pincée de sel** |
| **2** | **œufs** |
| **2,5 dl** | **lait écrémé** |
| **170 g** | **beurre d'arachide** |
| **0,5 dl** | **huile de colza** |
| **0,5 dl** | **jus de pomme non sucré** |

Préchauffer le four à 180 °C. Beurrer et fariner légèrement 12 moules à petits gâteaux, ou les tapisser de moules de papier.

Dans un grand bol, mélanger les farines, la cassonade, le son de blé, la levure chimique et le sel. Réserver.

Dans un autre bol, mélanger les œufs, le lait, le beurre d'arachide, l'huile et le jus de pomme, jusqu'à ce que la préparation soit lisse. Verser sur les ingrédients secs et mélanger juste pour les humecter.

Remplir les moules aux trois quarts et faire cuire au four environ 30 minutes, ou jusqu'à ce que les muffins soient fermes au toucher.

~

**1 PORTION**

| | | |
|---|---|---|
| *219* CALORIES | *23g* GLUCIDES | *7g* PROTÉINES |
| *11g* LIPIDES | *4,0g* FIBRES | *46mg* CHOLESTÉROL |

# CROISSANTS

**8 CROISSANTS**

1 Préparer 450 g de pâte feuilletée. Abaisser la pâte en un rectangle de 3 mm d'épaisseur. Détailler en triangles.

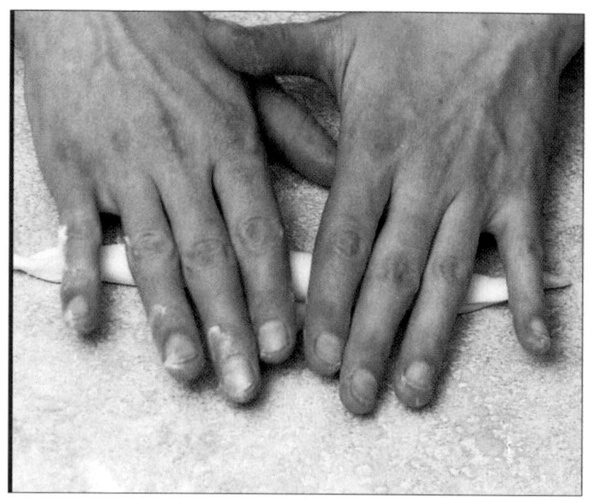

2 Enrouler chaque triangle, du côté le plus large vers la pointe.

3 Badigeonner une tôle avec de l'eau. Disposer les rouleaux de pâte sur la tôle et les incurver en forme de croissant. Laisser reposer 1 heure au réfrigérateur. Les croissants devraient gonfler légèrement.

4 Préchauffer le four à 190 °C. Battre un œuf avec un filet de lait et en badigeonner le dessus des croissants. Faire cuire au four 15 à 20 minutes, ou jusqu'à ce que les croissants soient dorés. Retirer de la tôle et laisser légèrement refroidir sur une grille avant de servir.

**1 PORTION**

| 178 CALORIES | 19g GLUCIDES | 3g PROTÉINES |
|---|---|---|
| 10g LIPIDES | 0,1g FIBRES | 24mg CHOLESTÉROL |

# BISCUITS ROULÉS AU SIROP D'ÉRABLE ET AUX NOIX DE GRENOBLE

**10 BISCUITS**

## SIROP

| | |
|---|---|
| 3,75 dl | sirop d'érable |
| 3,75 dl | eau |

## PÂTE

| | |
|---|---|
| 130 g | farine |
| 145 g | farine complète |
| 4 c. à c. | levure chimique |
| 1/4 c. à c. | sel |
| 75 g | beurre ramolli |
| 1 | œuf |
| 1,25 dl | lait écrémé |

## GARNITURE

| | |
|---|---|
| 2 c. à s. | beurre ramolli |
| 85 g | cassonade tassée |
| 75 g | noix de Grenoble hachées |

Préchauffer le four à 200 °C. Beurrer un grand moule rectangulaire allant au four.

Dans une casserole, faire chauffer quelques minutes le sirop d'érable et l'eau, à feu moyen. Verser dans le moule.

Au robot ménager, travailler pendant quelques secondes les farines, la levure chimique et le sel. Ajouter le beurre et l'œuf; travailler de nouveau pour mélanger. Ajouter le lait et travailler jusqu'à ce que la pâte se décolle des parois du bol et forme une boule.

Fariner légèrement un plan de travail. Abaisser la pâte en un rectangle de 35 cm sur 40 cm. Napper la surface de beurre ramolli puis saupoudrer de cassonade et de noix hachées.

Rouler la pâte sur elle-même en un long rouleau et détailler en 10 tranches. Les disposer à plat dans le moule, de telle sorte qu'elles trempent dans le sirop. Faire cuire au four 30 minutes ou jusqu'à ce que les biscuits soient dorés.

| 1 PORTION | | |
|---|---|---|
| 393 CALORIES | 64g GLUCIDES | 5g PROTÉINES |
| 13g LIPIDES | 2,3g FIBRES | 50mg CHOLESTÉROL |

# GÂTEAU À LA CITROUILLE

**8 PORTIONS**

| | |
|---|---|
| **60 g** | **noix de pécan hachées** |
| **2 c. à s.** | **farine** |
| **50 g** | **beurre** |
| **170 g** | **cassonade** |
| **1,5 dl** | **purée de citrouille maison ou en conserve** |
| **2** | **œufs (ou 4 blancs d'œufs)** |
| **65 g** | **farine ou farine complète** |
| **1/2 c. à c.** | **levure chimique** |
| **1/2 c. à c.** | **cannelle** |
| **1/2 c. à c.** | **muscade moulue** |
| **1/4 c. à c.** | **gingembre moulu** |
| **1/4 c. à c.** | **bicarbonate de soude** |
| | **sucre glace** |

Préchauffer le four à 180 °C. Beurrer un moule carré de 22 cm de côté, allant au four.

Dans un petit bol, mélanger les noix de pécan avec 2 c. à s. de farine. Réserver.

Faire fondre le beurre et la cassonade dans une casserole. Retirer du feu et ajouter la purée de citrouille. Bien mélanger et réserver.

Dans un bol, battre les œufs jusqu'à ce qu'ils soient mousseux. Bien les mélanger avec la préparation à la citrouille. Réserver. Mélanger ensemble tous les ingrédients secs. Incorporer à la préparation à la citrouille. Ajouter les noix de pécan, mélanger puis verser la pâte dans le moule

Faire cuire au four 30 à 45 minutes, ou jusqu'à ce qu'un cure-dent piqué au centre du gâteau en ressorte sec. Laisser refroidir 5 minutes avant de démouler. Saupoudrer de sucre glace avant de servir.

1 PORTION

| | | |
|---|---|---|
| 267 CALORIES | 39g GLUCIDES | 3g PROTÉINES |
| 11g LIPIDES | 1,2 g FIBRES | 82mg CHOLESTÉROL |

# GÂTEAUX AU PAIN D'ÉPICE

**10 PORTIONS**

| | |
|---|---|
| **0,5 dl** | **huile de colza** |
| **140 g** | **sucre** |
| **2** | **œufs** |
| **1,25 dl** | **lait écrémé** |
| **135 g** | **yaourt nature maigre** |
| **145 g** | **farine complète** |
| **130 g** | **farine** |
| **120 g** | **noix de pécan hachées** |
| **1 c. à c.** | **gingembre moulu** |
| **1 c. à c.** | **levure chimique** |
| **1/2 c. à c.** | **bicarbonate de soude** |
| **1/2 c. à c.** | **sel** |

## GLAÇAGE AU CITRON ET AUX NOIX (FACULTATIF)

| | |
|---|---|
| **240 g** | **sucre glace** |
| **0,75 dl** | **jus de citron** |
| **2 c. à s.** | **noix de pécan hachées très finement** |

Préchauffer le four à 180 °C. Beurrer et fariner légèrement 2 moules à pain.

Battre ensemble l'huile et le sucre jusqu'à ce que le mélange soit crémeux. Toujours en battant, incorporer les œufs puis le lait et le yaourt, jusqu'à ce que le mélange soit lisse. Réserver.

Dans un grand bol, mélanger les autres ingrédients du gâteau. Ajouter le mélange aux œufs et battre juste pour humecter les ingrédients secs.

Répartir la pâte entre les moules. Faire cuire au four 40 à 45 minutes, ou jusqu'à ce qu'un cure-dent piqué au centre des gâteaux en ressorte sec. Laisser refroidir environ 15 minutes avant de démouler.

Pour préparer le glaçage: mettre le sucre glace dans un bol et y incorporer graduellement le jus de citron pour obtenir la consistance désirée. Ajouter les noix hachées et napper les gâteaux.

**1 PORTION**

| | | |
|---|---|---|
| 293 CALORIES | 38g GLUCIDES | 6g PROTÉINES |
| 13g LIPIDES | 2,8g FIBRES | 55mg CHOLESTÉROL |

# GÂTEAU AU CHOCOLAT

**10 PORTIONS**

| | |
|---|---|
| **200 g** | **farine** |
| **170 g** | **cassonade** |
| **25 g** | **cacao** |
| **1 c. à c.** | **bicarbonate de soude** |
| **1/2 c. à c.** | **sel** |
| **2,5 dl** | **lait demi-écrémé** |
| **0,5 dl** | **huile de colza** |
| **1 c. à c.** | **extrait de vanille** |
| | **sucre glace** |

Préchauffer le four à 180 °C. Beurrer et fariner légèrement un moule à gâteau rond.

Dans un grand bol, mélanger la farine, la cassonade, le cacao, le bicarbonate de soude et le sel.

Creuser un puits au centre des ingrédients secs. Y verser le lait, l'huile et la vanille. Battre à la cuillère en bois ou au mixer jusqu'à ce que la pâte soit bien mélangée et lisse.

Verser la pâte dans le moule beurré. Faire cuire 30 minutes ou jusqu'à ce qu'un cure-dent piqué au centre du gâteau en ressorte sec. Laisser refroidir quelques minutes avant de démouler. Tamiser du sucre glace au-dessus du gâteau, si désiré.

| 1 PORTION | | |
|---|---|---|
| *190* CALORIES | *31g* GLUCIDES | *3g* PROTÉINES |
| *6g* LIPIDES | *1,3g* FIBRES | *2mg* CHOLESTÉROL |

# GÂTEAU AUX AMANDES

**6 PORTIONS**

| | |
|---|---|
| **60 g** | **poudre d'amande** |
| **140 g** | **sucre** |
| **2** | **gros œufs** |
| **25 g** | **farine** |
| **50 g** | **beurre fondu, tiède** |
| | **sucre glace (facultatif)** |

**NOTE DU CHEF**

*Servi avec des fruits frais et une crème anglaise, ce gâteau n'a pas d'égal.*

Préchauffer le four à 200 °C. Beurrer un moule à quiche ou à tarte.

À la main ou au robot ménager, battre ensemble la poudre d'amande et le sucre. Ajouter les œufs un à un, et battre 3 à 5 minutes, jusqu'à ce que le mélange soit léger et mousseux.

Ajouter la farine et bien mélanger. Ajouter le beurre et mélanger délicatement, juste pour que la pâte soit lisse. Verser dans le plat beurré et faire cuire au four environ 15 minutes. Le gâteau devrait être ferme au toucher.

Laisser reposer quelques minutes avant de démouler. Saupoudrer d'un peu de sucre glace, si désiré.

**1 PORTION**

| | | |
|---|---|---|
| 284 CALORIES | 30g GLUCIDES | 5g PROTÉINES |
| 16g LIPIDES | 1,6g FIBRES | 109mg CHOLESTÉROL |

# GÂTEAU MOKA

**6 PORTIONS**

| | |
|---|---|
| **3** | **œufs, séparés** |
| **60 g** | **sucre glace** |
| **110 g** | **chocolat mi-amer** |
| **1 c. à s.** | **café corsé** |
| **2 c. à s.** | **farine** |
| **3 c. à s.** | **amandes moulues** |
| **75 g** | **beurre fondu** |
| | **sucre glace** |
| | **yaourt à la vanille (facultatif)** |

Préchauffer le four à 200 °C. Beurrer un moule à gâteau rond.

Dans un bol, battre les jaunes d'œufs et le sucre glace jusqu'à ce que le mélange soit lustré et lisse. Réserver.

Faire fondre le chocolat au bain-marie. Y incorporer le café puis verser cette préparation sur le mélange aux œufs. Ajouter la farine, les amandes et le beurre; bien mélanger.

Battre les blancs d'œufs en neige ferme, puis les incorporer délicatement à la pâte au chocolat. Verser dans le moule beurré et faire cuire au four 20 minutes. Laisser refroidir avant de servir. Parsemer de sucre glace et servir avec une bonne cuillerée de yaourt, si désiré.

| 1 PORTION | | |
|---|---|---|
| 321 CALORIES | 18g GLUCIDES | 6g PROTÉINES |
| 25g LIPIDES | 7,2g FIBRES | 163mg CHOLESTÉROL |

**NOTE DU CHEF**

*Grâce aux carottes qu'il contient, ce gâteau reste frais très longtemps.*

# GÂTEAU AUX CAROTTES ET AUX AMANDES

**10 À 12 PORTIONS**

| | |
|---|---|
| 5 | jaunes d'œufs |
| 140 g | sucre |
| 250 g | carottes râpées |
| 200 g | amandes moulues |
| 90 g | fécule de maïs |
| 1 | pincée de cannelle |
| 1 | pincée de clous de girofle moulus |
| 1 c. à c. | levure chimique |
| 1 | pincée de sel |
| 3 c. à s. | kirsch |
| 5 | blancs d'œufs, battus en neige ferme |
| 1 c. à s. | gelée d'abricots, fondue |
| | jus de 1 citron |
| | zeste râpé de 2 citrons |

Préchauffer le four à 180 °C. Beurrer et fariner légèrement un moule à quiche ou à tarte.

Dans un bol, mélanger au batteur électrique les jaunes d'œufs, le sucre, le jus et le zeste de citron, jusqu'à ce que la préparation soit légère et mousseuse. Continuer à battre le mélange et y incorporer les carottes râpées et les amandes moulues.

Sans cesser de battre la pâte, incorporer la fécule de maïs, la cannelle, les clous de girofle, la levure et le sel. Ajouter le kirsch.

Lorsque la pâte est lisse, incorporer délicatement les blancs d'œufs en neige. Verser dans le plat beurré.

Faire cuire au four environ 50 minutes, ou jusqu'à ce qu'un cure-dent piqué au centre du gâteau en ressorte sec. Badigeonner le gâteau de gelée fondue pendant qu'il est encore chaud. Garnir de carottes en massepain, si désiré.

**1 PORTION**

| | | |
|---|---|---|
| 271 CALORIES | 27g GLUCIDES | 7g PROTÉINES |
| 15g LIPIDES | 3,1g FIBRES | 114mg CHOLESTÉROL |

# BISCUITS AUX FLOCONS D'AVOINE ET AUX RAISINS SECS

**ENVIRON 5 DOUZAINES**

| | |
|---|---|
| 210 g | flocons d'avoine |
| 200 g | farine |
| 110 g | germes de blé |
| 1 c. à c. | levure chimique |
| 1/2 c. à c. | sel |
| 85 g | cassonade tassée |
| 250 g | beurre ramolli |
| 1,25 dl | miel liquide |
| 1 1/2 c. à c. | extrait de vanille |
| 2 | œufs |
| 90 g | raisins secs |
| 100 g | amandes hachées |
| 30 g | graines de sésame |

Préchauffer le four à 190 °C. Beurrer légèrement une tôle.

Dans un grand bol, bien mélanger les 5 premiers ingrédients. Réserver.

Dans un autre grand bol, battre ensemble la cassonade, le beurre et le miel jusqu'à ce que la préparation soit lisse. Sans cesser de battre, y incorporer la vanille et les œufs, puis le mélange aux flocons d'avoine. Ajouter le reste des ingrédients et bien mélanger.

Déposer la pâte à la cuillère sur la tôle et faire cuire au four 7 à 8 minutes ou jusqu'à ce que les biscuits soient dorés.

**1 BISCUIT**

| | | |
|---|---|---|
| 101 CALORIES | 12g GLUCIDES | 2g PROTÉINES |
| 5g LIPIDES | 0,9g FIBRES | 18mg CHOLESTÉROL |

# CARRÉS AU CHOCOLAT LÉGERS

**16 CARRÉS**

| | |
|---|---|
| **75 g** | **margarine ramollie** |
| **140 g** | **sucre** |
| **65 g** | **farine** |
| **60 g** | **cacao** |
| **1 c. à c.** | **levure chimique** |
| **70 g** | **noix hachées (facultatif)** |
| **1 c. à c.** | **extrait de vanille** |
| **4** | **blancs d'œufs** |
| | **yaourt (facultatif)** |

Préchauffer le four à 160 °C. Beurrer et fariner légèrement un moule à gâteau carré.

Battre ensemble la margarine et le sucre jusqu'à ce que le mélange soit crémeux. Sans cesser de battre, y incorporer la farine, le cacao, la levure chimique, les noix et la vanille. Réserver.

Dans un autre bol, monter les blancs en neige, puis les incorporer délicatement au premier mélange, jusqu'à ce que la pâte soit lisse.

Verser dans le moule beurré. Faire cuire 20 à 25 minutes, ou jusqu'à ce que le biscuit reprenne sa forme lorsqu'on appuie dessus avec le doigt. Laisser refroidir complètement avant de couper. Servir avec du yaourt, si désiré.

~

**1 PORTION**

| | | |
|---|---|---|
| *100* CALORIES | *14g* GLUCIDES | *2g* PROTÉINES |
| *4g* LIPIDES | *1,0g* FIBRES | *0mg* CHOLESTÉROL |

# BISCUITS AU BEURRE D'ARACHIDE À L'ANCIENNE

**ENVIRON 3 1/2 DOUZAINES**

| | |
|---|---|
| 75 g | beurre ramolli |
| 40 g | sucre |
| 85 g | cassonade tassée |
| 170 g | beurre d'arachide, crémeux ou croquant |
| 2 c. à s. | lait écrémé |
| 1 c. à c. | extrait de vanille |
| 1 | œuf, battu |
| 220 g | farine |
| 1 c. à c. | bicarbonate de soude |
| 1/2 c. à c. | sel |

Préchauffer le four à 190 °C.

Au robot ménager ou au batteur électrique, battre ensemble le beurre, le sucre et la cassonade. Ajouter le beurre d'arachide, le lait, la vanille et l'œuf; bien mélanger.

Incorporer la farine, le bicarbonate de soude et le sel; bien mélanger. Laisser la pâte reposer quelques minutes.

Façonner la pâte en boulettes de 2,5 cm de diamètre. Les disposer sur une tôle non beurrée, suffisamment espacées pour qu'elles ne se touchent pas une fois aplaties. Aplatir légèrement chaque boulette avec les dents d'une fourchette en y laissant l'empreinte.

Faire cuire au four 10 à 12 minutes ou jusqu'à ce que les biscuits soient dorés.

1 BISCUIT

| | | |
|---|---|---|
| 67 CALORIES | 8g GLUCIDES | 2g PROTÉINES |
| 3g LIPIDES | 0,4g FIBRES | 10mg CHOLESTÉROL |

# TUILES AUX AMANDES

**8 TUILES**

| | |
|---|---|
| **100 g** | **amandes effilées** |
| **100 g** | **sucre** |
| **2 c. à s.** | **farine** |
| **2** | **blancs d'œufs** |
| **1½ c. à s.** | **beurre fondu, tiède** |

Dans un bol, mélanger les amandes, le sucre et la farine. Ajouter les blancs d'œufs et bien mélanger à la fourchette. Incorporer le beurre fondu.

Couvrir la pâte et réfrigérer 12 heures.

Préchauffer le four à 150 °C. Avec une cuillère mouillée, déposer la pâte par cuillerées sur une tôle non beurrée, et aplatir chaque cuillerée avec le dos de la cuillère afin d'obtenir des biscuits aussi minces que possible.

Faire cuire les biscuits au four 10 minutes. Alors qu'ils sont encore chauds, les incurver sur un rouleau à pâtisserie: ils garderont cette forme une fois refroidis. Laisser refroidir complètement avant de servir.

**NOTE DU CHEF**

*Pour un dessert raffiné, servez une salade de fruits frais accompagnée de tuiles aux amandes.*

| 1 PORTION | | |
|---|---|---|
| *139* CALORIES | *16g* GLUCIDES | *3g* PROTÉINES |
| *7g* LIPIDES | *0,6g* FIBRES | *8mg* CHOLESTÉROL |

# BISCUITS AUX AMANDES ET AUX BRISURES DE CHOCOLAT

**2 DOUZAINES**

| | |
|---|---|
| **0,75 dl** | **huile de colza** |
| **1** | **œuf** |
| **1 c. à c.** | **extrait d'amande** |
| **130 g** | **farine ou farine complète** |
| **85 g** | **cassonade tassée** |
| **100 g** | **amandes effilées** |
| **1/2 c. à c.** | **bicarbonate de soude** |
| **1/2 c. à c.** | **sel** |
| **75 g** | **brisures de chocolat mi-sucré** |

Préchauffer le four à 180 °C. Beurrer légèrement une tôle.

Dans un bol, bien mélanger tous les ingrédients sauf les brisures de chocolat, avec une fourchette ou une cuillère en bois.

Incorporer délicatement les brisures de chocolat.

Laisser tomber sur la tôle des cuillerées à soupe de pâte, espacées de 2,5 cm. Faire cuire au four 8 à 10 minutes, ou jusqu'à ce que les biscuits soient dorés.

| 1 BISCUIT | | |
|---|---|---|
| *110* CALORIES | *12g* GLUCIDES | *2g* PROTÉINES |
| *6g* LIPIDES | *0,6g* FIBRES | *11mg* CHOLESTÉROL |

# BISCUITS CHINOIS AUX AMANDES

**2 1/2 DOUZAINES**

| | |
|---|---|
| 130 g | graisse végétale |
| 60 g | sucre |
| 0,75 dl | sirop de maïs |
| 1 | œuf |
| 1 c. à s. | extrait d'amande |
| 200 g | farine |
| 20 g | amandes moulues |
| 1 c. à c. | levure chimique |
| 1 | pincée de sel |
| 30 | amandes entières |
| 1 | blanc d'œuf |

Préchauffer le four à 180 °C. Beurrer une tôle.

Au robot ménager ou au batteur électrique, battre la graisse jusqu'à ce qu'elle soit crémeuse. Ajouter le sucre, le sirop de maïs, l'œuf et l'extrait d'amande; bien battre le mélange. Réserver.

Dans un grand bol, mélanger la farine, la poudre d'amande, la levure chimique et le sel. Incorporer ces ingrédients secs au mélange sucré jusqu'à ce que la pâte s'amalgame.

Façonner la pâte en 30 boulettes et les disposer sur la tôle, à 2,5 cm d'intervalle. Déposer une amande sur chaque boulette et presser légèrement. Badigeonner les biscuits de blanc d'œuf.

Faire cuire au four 10 à 12 minutes, ou jusqu'à ce que les biscuits soient dorés.

**NOTE DU CHEF**

*Vous pouvez moudre les amandes mondées au robot ménager ou au mixer.*

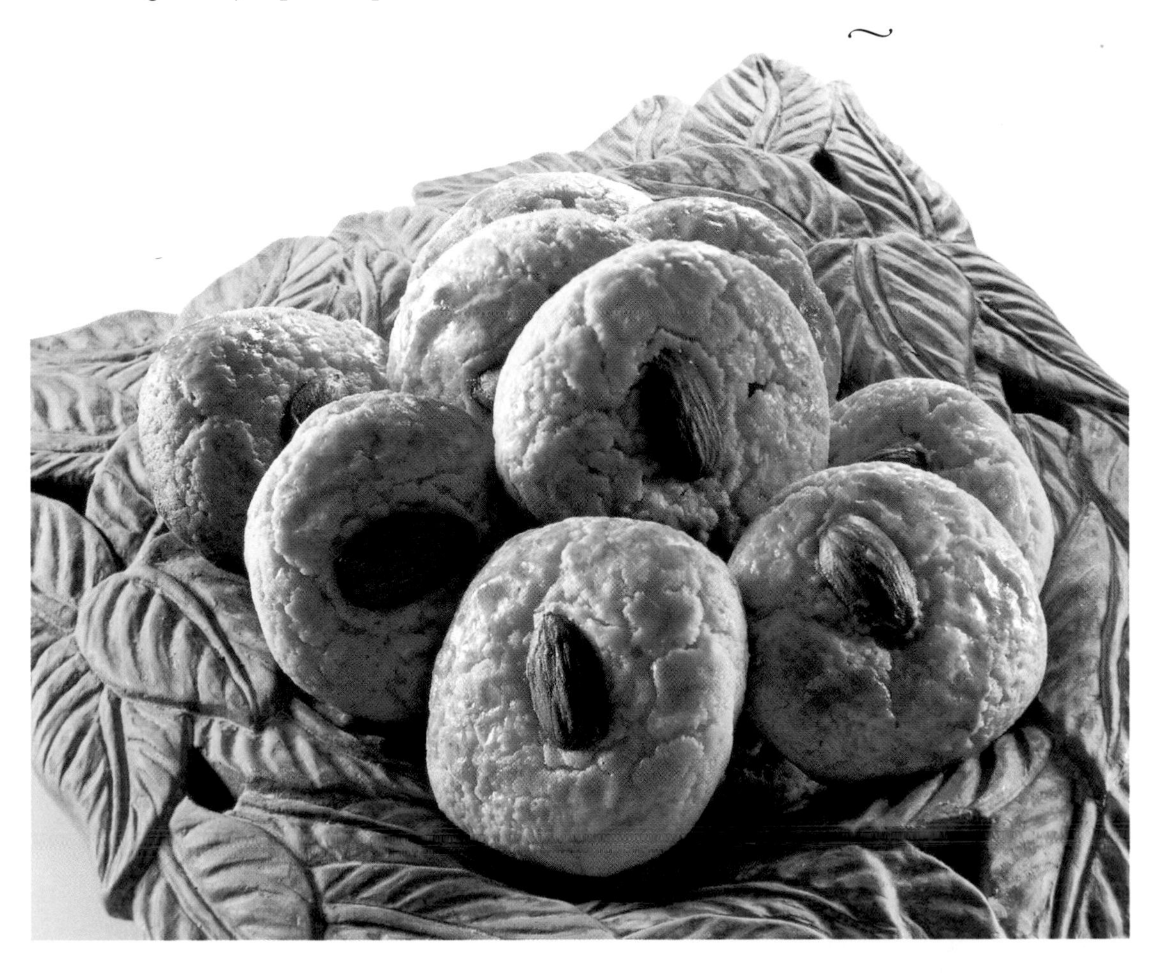

**1 BISCUIT**

| 93 CALORIES | 10g GLUCIDES | 2g PROTÉINES |
|---|---|---|
| 5g LIPIDES | 0,4g FIBRES | 9mg CHOLESTÉROL |

# BISCUITS DE MAMIE, AUX FLOCONS D'AVOINE

**5 DOUZAINES**

**NOTE DU CHEF**

*Ajoutez quelques brisures de chocolat à la moitié de la pâte avant de faire cuire les biscuits. Avec une même recette, vous obtiendrez ainsi deux sortes de biscuits.*

| | |
|---|---|
| 340 g | cassonade tassée |
| 260 g | graisse végétale |
| 3 c. à s. | jus d'orange non sucré |
| 1 c. à s. | zeste d'orange râpé |
| 2 | œufs |
| 130 g | farine |
| 145 g | farine complète |
| 1 c. à c. | bicarbonate de soude |
| 3/4 c. à c. | sel |
| 140 g | flocons d'avoine à cuisson rapide |
| 150 g | noix de Grenoble hachées |
| 25 g | noix de coco râpée non sucrée |

Préchauffer le four à 180 °C. Beurrer et fariner légèrement plusieurs tôles.

Au robot ménager ou au batteur électrique, mélanger les 5 premiers ingrédients jusqu'à ce que la préparation soit crémeuse.

Ajouter la farine, la farine complète, le bicarbonate de soude et le sel; bien mélanger. Ajouter les flocons d'avoine, les noix et la noix de coco et battre à faible vitesse jusqu'à ce que la pâte soit bien mélangée.

Laisser tomber la pâte par cuillerées sur la tôle, à 5 cm d'intervalle. Faire cuire au four 10 à 12 minutes ou jusqu'à ce que les biscuits soient dorés. Laisser reposer 1 minute avant de les retirer de la tôle.

**1 BISCUIT**

98 CALORIES — 9g GLUCIDES — 2g PROTÉINES
6g LIPIDES — 0,7g FIBRES — 9mg CHOLESTÉROL

# BISCUITS AUX BRISURES DE CHOCOLAT

**3 DOUZAINES**

| | |
|---|---|
| **145 g** | **farine complète** |
| **130 g** | **farine d'avoine** |
| **1 c. à c.** | **bicarbonate de soude** |
| **1/2 c. à c.** | **sel** |
| **75 g** | **brisures de chocolat** |
| **175 g** | **beurre** |
| **100 g** | **sucre** |
| **0,5 dl** | **sirop de maïs** |
| **1 c. à c.** | **extrait de vanille** |

Préchauffer le four à 180 °C. Beurrer une tôle.

Dans un bol, mélanger les farines, le bicarbonate de soude, le sel et les brisures de chocolat. Réserver.

Dans un autre bol ou au robot ménager, battre le beurre, le sucre, le sirop de maïs et la vanille pour obtenir un mélange léger et crémeux.

Incorporer délicatement les ingrédients secs au mélange. Laisser tomber la pâte par cuillerées sur la tôle, à 5 cm d'intervalle. Faire cuire au four 15 minutes, ou jusqu'à ce que les biscuits soient dorés. Laisser refroidir 5 minutes avant de les retirer de la tôle.

~

**1 BISCUIT**

| | | |
|---|---|---|
| 93 CALORIES | 11 g GLUCIDES | 1 g PROTÉINES |
| 5 g LIPIDES | 1,2 g FIBRES | 10 mg CHOLESTÉROL |

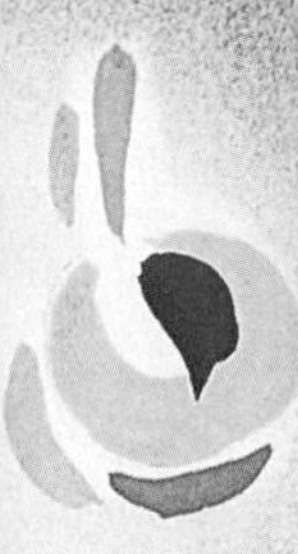

# DESSERTS EXTRA

Un bon repas semble souvent incomplet
s'il n'est pas suivi d'un petit quelque chose
de sucré. Mais bien souvent, nous n'avons pas
le temps de nous lancer dans la pâtisserie
ou nous nous sentons coupable
de succomber à ces délices.

La plupart des recettes de ce chapitre ont été
sélectionnées pour satisfaire de façon saine et
rapide ce besoin de sucreries. Vous y découvrirez
des façons élégantes et intéressantes d'apprêter
des fruits frais, lesquels devraient toujours
faire partie de votre régime alimentaire.

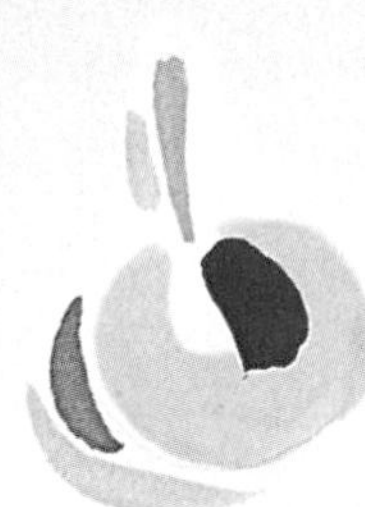

Mais puisque même les régimes
les plus sains laissent place à de petites douceurs
occasionnelles, vous trouverez des recettes
de délicieux gâteaux au fromage ou des desserts
fabuleux qui sont beaucoup moins riches
qu'ils n'en ont l'air. Alors, pourquoi
vous priver d'un tel plaisir?

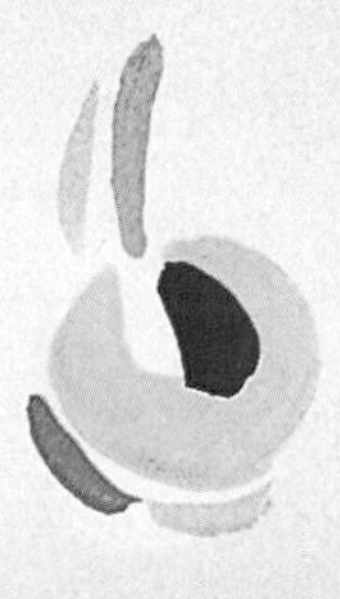

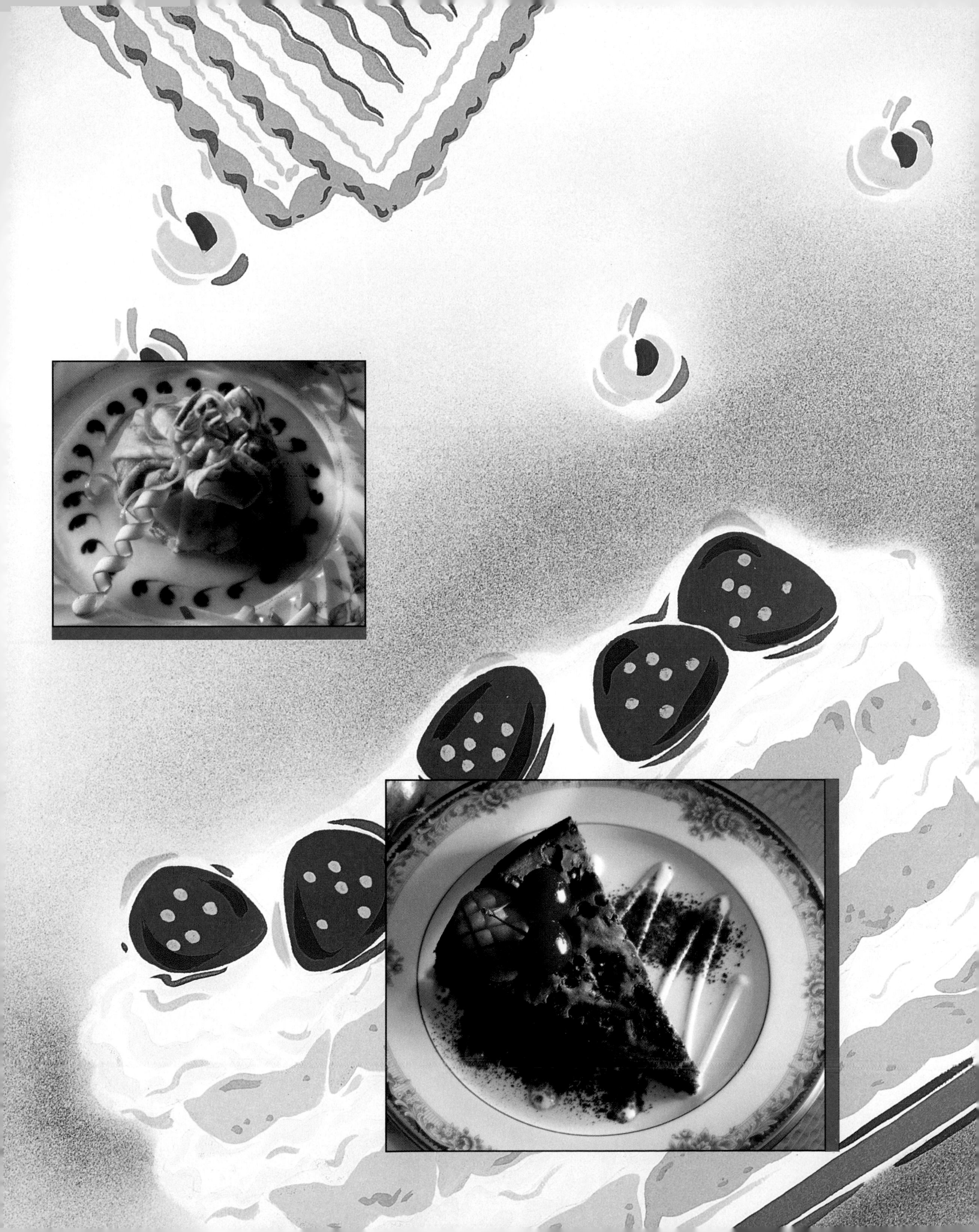

# TARTE À LA CRÈME DE NOIX DE COCO ET AUX BANANES

**8 PORTIONS**

## CROÛTE

| | |
|---|---|
| **220 g** | **farine tamisée** |
| **1** | **pincée de sel** |
| **4 c. à s.** | **beurre froid** |
| **3 c. à s.** | **eau froide** |

## GARNITURE

| | |
|---|---|
| **1,25 dl** | **lait écrémé** |
| **90 g** | **noix de coco non sucrée râpée** |
| **3 c. à s.** | **sucre** |
| **2** | **œufs, battus** |
| **1 c. à s.** | **rhum blanc** |
| **2** | **bananes tranchées, arrosées de jus de citron** |
| | **noix de coco râpée**<br>**crème fouettée (facultatif)** |

## SIROP

| | |
|---|---|
| **4 c. à s.** | **sucre** |
| **1 c. à s.** | **rhum blanc** |

Mettre la farine et le sel dans le bol d'un robot ménager. Ajouter le beurre froid et battre à faible vitesse pour obtenir une texture granuleuse. Ajouter l'eau peu à peu jusqu'à ce que la pâte forme une boule qui se détache des parois du bol. Couvrir la pâte, et laisser reposer 30 minutes.

Pour préparer la garniture: porter le lait à ébullition dans une casserole, puis le laisser refroidir.

Dans un bol, mélanger la noix de coco et le sucre. Ajouter les œufs et le lait refroidi. Verser ce mélange dans une casserole et faire chauffer à feu doux en remuant sans arrêt, jusqu'à ce qu'il épaississe. Y incorporer le rhum et laisser refroidir.

Préchauffer le four à 200 °C. Abaisser la pâte et en foncer un moule à tarte. Piquer la pâte avec une fourchette, la recouvrir d'une feuille de papier d'aluminium, garnir le fond de haricots secs et faire cuire au four 10 minutes. Retirer les haricots secs et la feuille de papier d'aluminium. Faire cuire de nouveau 10 minutes.

Lorsque la croûte est refroidie, y verser le mélange à la noix de coco. Égoutter les tranches de bananes en réservant le jus de citron, et les disposer joliment sur la garniture.

Pour préparer le sirop: faire chauffer le jus de citron réservé dans une casserole, à feu doux, avec le sucre et le rhum. Lorsque le mélange est chaud, le verser sur les tranches de bananes. Laisser refroidir avant de servir, et garnir de noix de coco râpée etde crème fouettée, si désiré.

**1 PORTION**

| | | |
|---|---|---|
| 405 CALORIES | 43g GLUCIDES | 6g PROTÉINES |
| 16g LIPIDES | 2,1g FIBRES | 84mg CHOLESTÉROL |

# CROÛTE À TARTE LÉGÈRE

**3 CROÛTES À TARTE**

| | |
|---|---|
| **400 g** | **farine à pâtisserie tamisée** |
| **1/2 c. à c.** | **sel** |
| **1,25 dl** | **huile végétale légèrement parfumée, huile de colza par exemple** |
| **1,25 dl** | **eau froide** |
| **1** | **œuf, battu** |

**NUTRITION +**

*Cette croûte est moins feuilletée que celles qui sont faites avec du beurre, du lard ou de la graisse végétale. Mais elle est meilleure pour la santé.*

Mélanger la farine et le sel dans un grand bol, puis creuser un puits au centre.

Dans un autre bol, battre ensemble l'huile, l'eau et l'œuf.

Verser le liquide dans le puits. Travailler peu à peu la farine avec le liquide. Façonner la pâte en boule et pétrir 1 minute.

Séparer la pâte en 3 et abaisser chaque pâton sur un plan de travail fariné. Déposer délicatement l'abaisse dans un moule à tarte, éliminer tout excès de pâte, puis replier vers l'intérieur pour former une bordure. Canneler la bordure du bout des doigts.

~

| 1 CROÛTE | | |
|---|---|---|
| 846 CALORIES | 101g GLUCIDES | 16g PROTÉINES |
| 42g LIPIDES | 4,1g FIBRES | 91mg CHOLESTÉROL |

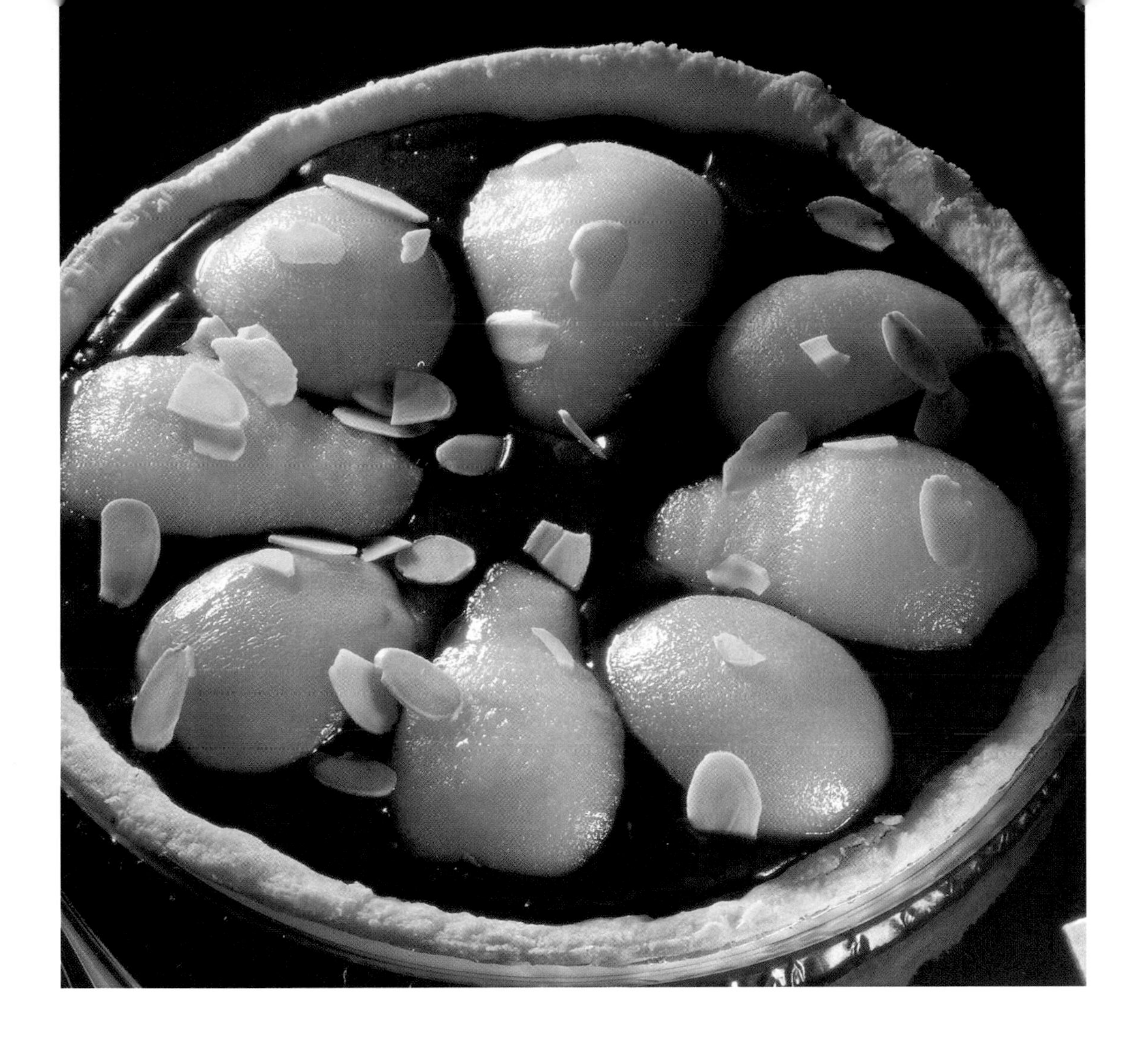

# TARTE AU CHOCOLAT, AUX PÊCHES ET AUX POIRES

**8 PORTIONS**

| | |
|---|---|
| 1 | croûte à tarte, cuite, refroidie |
| 113 g | mélange à pudding au chocolat instantané |
| 1 c. à c. | eau-de-vie, au choix |
| 8 | demi-pêches et/ou demi-poires en conserve, égouttées |
| 2 c. à s. | amandes effilées grillées |

Préparer le pudding au chocolat selon les indications sur l'emballage. Y incorporer l'eau-de-vie.

Verser le pudding sur la croûte à tarte et réfrigérer jusqu'à ce qu'il soit ferme.

Disposer les fruits sur le pudding. (Vous pouvez également détailler les fruits en fines lanières pour faciliter le service.) Saupoudrer d'amandes grillées et servir très froid.

~

**NOTE DU CHEF**

*Utilisez du kirsch ou une eau-de-vie à la framboise.*

| 1 PORTION | | |
|---|---|---|
| 310 CALORIES | 38g GLUCIDES | 5g PROTÉINES |
| 14g LIPIDES | 1,4g FIBRES | 14mg CHOLESTÉROL |

# TARTE DÉLICIEUSE AU SIROP D'ÉRABLE

**8 PORTIONS**

| | |
|---|---|
| **1** | **croûte à tarte, cuite** |
| **4 c. à s.** | **beurre** |
| **4 c. à s.** | **farine** |
| **85 g** | **cassonade** |
| **1,25 dl** | **sirop d'érable** |
| **1,25 dl** | **eau chaude** |
| **4 c. à s.** | **fécule de maïs, délayée dans un peu d'eau froide** |
| **4 c. à s.** | **noix de Grenoble hachées** |

**NOTE DU CHEF**

*Cette spécialité canadienne plaira à ceux qui raffolent de sucre. Assurez-vous d'utiliser du sirop d'érable et non un succédané.*

Faire fondre le beurre dans une casserole. Y incorporer la farine avec une cuillère en bois.

Ajouter la cassonade, le sirop d'érable, l'eau chaude et la fécule de maïs. Faire cuire à feu moyen en remuant sans arrêt, jusqu'à ce que la préparation soit crémeuse et qu'elle épaississe légèrement.

Verser la préparation dans la croûte à tarte. Garnir de noix hachées et laisser refroidir. Servir très froid, avec de la crème fouettée si désiré.

1 Faire fondre le beurre et y incorporer la farine.

2 Ajouter la cassonade, le sirop d'érable, l'eau et la fécule de maïs délayée.

3 Verser dans la croûte à tarte.

4 Garnir de noix et laisser refroidir.

**1 PORTION**

| | | |
|---|---|---|
| 388 CALORIES | 48g GLUCIDES | 4g PROTÉINES |
| 20g LIPIDES | 1,3g FIBRES | 23mg CHOLESTÉROL |

# TARTE AU FROMAGE FRAIS ET AUX DATTES

**8 PORTIONS**

| | |
|---|---|
| **75 g** | **beurre fondu** |
| **100 g** | **gaufrettes à la vanille émiettées** |
| **1/2 c. à c.** | **muscade moulue** |
| **2** | **blancs d'œufs** |
| **1** | **pincée de sel** |
| **100 g** | **sucre** |
| **2,5 dl** | **crème fraîche** |
| **225 g** | **fromage frais léger** |
| **5,4 dl** | **garniture pour tarte aux dattes, en conserve** |
| **40 g** | **amandes effilées** |

Préchauffer le four à 180 °C.

Dans un bol, mélanger le beurre fondu, les gaufrettes et la muscade. Presser ce mélange au fond et sur les côtés d'un moule à tarte. Faire cuire au four 10 minutes, puis laisser refroidir.

Au robot ménager, monter les blancs d'œufs et le sel en neige. Ajouter peu à peu le sucre et travailler jusqu'à ce que les pics formés soient fermes. Incorporer la crème et le fromage; travailler jusqu'à ce que le mélange soit lisse. Incorporer ce mélange aux œufs en neige.

Déposer la préparation à la cuillère dans la croûte à tarte, en lissant la surface. Napper de garniture aux dattes, garnir d'amandes effilées et recouvrir d'une fine couche de fromage frais, si désiré. Réfrigérer au moins 4 heures avant de servir.



1 PORTION

543 CALORIES | 59g GLUCIDES | 7g PROTÉINES
31g LIPIDES | 0,8g FIBRES | 94mg CHOLESTÉROL

# TARTE PARISIENNE AUX PÊCHES

**8 PORTIONS**

| | |
|---|---|
| **350 g** | **pâte brisée (achetée toute faite ou double recette, p. 324)** |
| **8** | **demi-pêches en conserve, égouttées, tranchées** |
| **50 g** | **gelée d'abricots ou de pommes** |

## GARNITURE À LA CRÈME PÂTISSIÈRE

| | |
|---|---|
| **1** | **œuf** |
| **40 g** | **sucre** |
| **20 g** | **farine** |
| **5 dl** | **lait demi-écrémé, chaud** |
| **1/2 c. à c.** | **extrait de vanille** |

Préchauffer le four à 180 °C.

Pour préparer la crème pâtissière, dans le haut d'un bain-marie, mélanger l'œuf, le sucre et la farine. Ajouter le lait chaud et la vanille et faire cuire au bain-marie à feu moyen, environ 5 minutes, en remuant de temps en temps jusqu'à ce que le mélange épaississe.

Déposer un cercle de papier sulfurisé taillé à grandeur directement sur le mélange et laisser refroidir au réfrigérateur.

Abaisser la pâte et foncer 8 moules à tartelettes. Piquer le fond de la pâte avec une fourchette. Faire cuire au four 10 minutes, puis laisser refroidir.

Déposer la crème pâtissière à la cuillère dans les croûtes à tarte. Disposer les demi-pêches tranchées dessus, puis glacer chaque tartelette de gelée d'abricots fondue. Servir très froid, et garnir de fruits frais, si désiré.

**NOTE DU CHEF**

*La crème pâtissière peut servir de crème de base pour les petits fruits frais tels que fraises, framboises ou myrtilles.*

**1 PORTION**

| | | |
|---|---|---|
| 434 CALORIES | 67g GLUCIDES | 10g PROTÉINES |
| 14g LIPIDES | 2,4g FIBRES | 71mg CHOLESTÉROL |

# BAKLAVA

**10 PORTIONS**

**NOTE DU CHEF**

*La pâte filo se conserve plusieurs mois si elle est bien enveloppée. Enveloppez rapidement les feuilles non utilisées. Consultez la page suivante pour connaître une autre façon d'utiliser la pâte filo.*

| | |
|---|---|
| 75 g | noix de Grenoble hachées |
| 100 g | amandes hachées |
| 40 g | sucre |
| 1/2 c. à c. | cannelle moulue |
| 1 | pincée de clous de girofle |
| 450 g | pâte filo surgelée, décongelée |

## SIROP

| | |
|---|---|
| 200 g | sucre |
| 1,25 dl | miel liquide |
| 2,5 dl | eau |
| | zeste râpé de 1 citron |

Préchauffer le four à 180 °C. Beurrer légèrement un moule rectangulaire allant au four.

Dans un bol, mélanger les noix de Grenoble, les amandes, le sucre et les épices.

Dérouler les pâtes filo et empiler 8 feuilles les unes sur les autres, en humectant légèrement le bord des feuilles pour qu'elles adhèrent les unes aux autres. Déposer ces feuilles dans le moule.

Étaler la moitié du mélange aux noix sur la pâte filo. Couvrir avec une autre série de 8 feuilles de pâte filo. Étaler le reste de mélange aux noix. Couvrir avec une dernière série de feuilles de pâte filo.

Avec un couteau bien aiguisé, détailler en rectangles ou en triangles. Faire cuire au four 45 à 60 minutes, jusqu'à ce que les pâtisseries soient dorées. Retirer du four et laisser refroidir.

Pendant ce temps, mélanger les ingrédients pour le sirop dans une casserole et porter à ébullition. Baisser le feu à doux et laisser mijoter 10 minutes. Retirer du feu et laisser tiédir. Verser sur les pâtisseries. Laisser les pâtisseries absorber le sirop pendant au moins 2 heures avant de servir.

1 PORTION

| | | |
|---|---|---|
| 378 CALORIES | 66g GLUCIDES | 6g PROTÉINES |
| 10g LIPIDES | 1,8g FIBRES | 0mg CHOLESTÉROL |

# PAVLOVA AUX MYRTILLES

**4 PORTIONS**

| | |
|---|---|
| **4** | **feuilles de pâte filo** |
| **3,75 dl** | **garniture pour tarte aux myrtilles, en conserve** |
| **2 c. à s.** | **beurre fondu** |
| **2 c. à s.** | **miel liquide** |
| **1/2 c. à c.** | **eau** |
| **2** | **gousses d'anis étoilé** |

Préchauffer le four à 180 °C. Détailler la pâte filo en lanières de 12,5 cm de largeur. Empiler 4 lanières les unes sur les autres.

Déposer la garniture aux myrtilles au centre d'une des extrémités des bandes. Replier la pâte filo pour obtenir un triangle, puis continuer à replier jusqu'au bout de la pâte. Badigeonner l'extrémité de beurre fondu afin de sceller les bords.

Déposer les triangles sur une tôle et badigeonner de beurre fondu. Faire cuire au four environ 10 minutes, ou jusqu'à ce que les pâtisseries soient dorées.

Pendant ce temps, faire chauffer le miel, l'eau et les gousses d'anis étoilé dans une casserole à feu moyen, environ 10 minutes. Retirer l'anis étoilé et laisser le liquide tiédir. En badigeonner les pâtisseries cuites et utiliser le reste comme sauce, si désiré.

1 Empiler les feuilles de pâte filo. Déposer la garniture à une extrémité et replier pour obtenir un triangle. Continuer à replier jusqu'au bout de la bande de pâte.

2 Badigeonner le dessus des pâtisseries de beurre fondu avant d'enfourner.

**1 PORTION**

| | | |
|---|---|---|
| 259 CALORIES | 47g GLUCIDES | 2g PROTÉINES |
| 7g LIPIDES | 0,8g FIBRES | 16mg CHOLESTÉROL |

# GÂTEAU AU FROMAGE, AU TOFU ET À LA BANANE

**8 PORTIONS**

| | CROÛTE |
|---|---|
| **50 g** | **gaufrettes à la vanille émiettées** |
| **50 g** | **margarine (non hydrogénée), fondue** |

| | GARNITURE AU FROMAGE |
|---|---|
| **190 g** | **tofu, en cubes de 1 cm** |
| **350 g** | **fromage blanc épais, en crème** |
| **2** | **bananes mûres, écrasées** |
| **1 c. à s.** | **miel liquide** |
| **1 c. à s.** | **farine** |
| | **jus et zeste râpé de 1 citron vert** |

| | NAPPAGE |
|---|---|
| **2** | **bananes, tranchées** |
| **50 g** | **gelée d'abricots** |
| **1 c. à s.** | **jus de citron** |

**NUTRITION +**

*Le tofu, une bonne source de protéines, est faible en matières grasses et ne contient aucun cholestérol. De plus, il absorbe les autres saveurs comme une éponge.*

Préchauffer le four à 180 °C. Beurrer un moule rond à charnière.

Pour préparer la croûte: mélanger les gaufrettes émiettées avec la margarine fondue. Presser ce mélange au fond du moule. Réserver.

Pour préparer la garniture: travailler au robot ménager le tofu, le fromage frais, les bananes écrasées, le miel, la farine et le jus de citron vert, jusqu'à ce que le mélange soit lisse et crémeux. Déposer à la cuillère sur la pâte et faire cuire au four 45 minutes, ou jusqu'à ce que la garniture soit ferme.

Pour préparer le nappage: répartir les tranches de bananes sur le mélange refroidi. Faire chauffer la gelée d'abricots et le jus de citron à feu doux jusqu'à ce que la gelée se liquéfie, puis en napper le gâteau au fromage garni de bananes.

~

**1 PORTION**

| 292 CALORIES | 35g GLUCIDES | 11g PROTÉINES |
|---|---|---|
| 12g LIPIDES | 1,7g FIBRES | 15mg CHOLESTÉROL |

# GÂTEAU AU FROMAGE AUX POMMES

**12 PORTIONS**

## CROÛTE

| | |
|---|---|
| **130 g** | **farine** |
| **35 g** | **cassonade** |
| **75 g** | **beurre** |

## GARNITURE

| | |
|---|---|
| **225 g** | **fromage frais léger** |
| **40 g** | **sucre** |
| **1 c. à c.** | **zeste de citron râpé** |
| **1** | **œuf** |
| **6** | **pommes moyennes, évidées, pelées, tranchées** |
| **1 c. à s.** | **jus de citron** |
| **2 c. à s.** | **sucre** |

## GARNITURE

| | |
|---|---|
| **0,5 dl** | **gelée de pomme** |

Préchauffer le four à 200 °C.

Dans un bol, travailler à la fourchette la farine, la cassonade et le beurre jusqu'à ce que la texture soit granuleuse. Presser ce mélange au fond d'un moule à charnière et faire cuire au four 10 minutes.

Retirer du four et réserver. Réduire la température du four à 180 °C.

Dans un autre bol, travailler le fromage, le sucre et le zeste de citron jusqu'à ce que le mélange soit crémeux et léger. Ajouter l'œuf et bien battre la pâte. Étaler sur le fond cuit.

Mélanger les tranches de pommes, le jus de citron et le sucre. Disposer cet appareil sur la garniture au fromage et presser légèrement. Faire cuire au four 35 minutes.

Dans une petite casserole, faire fondre la gelée de pommes à feu moyen. En napper le dessus du gâteau alors qu'il est encore chaud. Réfrigérer aussitôt. Servir froid.

| 1 PORTION | | |
|---|---|---|
| 245 CALORIES | 30g GLUCIDES | 2g PROTÉINES |
| 13g LIPIDES | 1,6g FIBRES | 50mg CHOLESTÉROL |

# GÂTEAU AU FROMAGE AUX PAMPLEMOUSSES

**8 PORTIONS**

| | |
|---|---|
| **105 g** | **biscuits graham émiettés** |
| **130 g** | **margarine (non hydrogénée), fondue** |
| **2** | **pamplemousses roses ou jaunes** |
| **2 c. à s.** | **gélatine sans saveur** |
| **220 g** | **fromage frais léger, ramolli** |
| **160 g** | **yaourt nature** |
| **2 c. à s.** | **miel liquide** |
| **4** | **blancs d'œufs, battus en neige ferme** |
| | **jus et zeste râpé de 1 citron** |

Mélanger les biscuits graham émiettés et la margarine. En presser les deux tiers au fond d'un moule à charnière et laisser refroidir.

Peler les pamplemousses à vif. Réserver les quartiers et le jus qui s'en écoule.

Saupoudrer la gélatine sur le jus réservé. Laisser reposer 2 à 3 minutes jusqu'à ce que la gélatine ait ramolli. Faire chauffer au bain-marie jusqu'à ce que la gélatine soit fondue. Réserver.

Dans un autre bol, battre le fromage avec le yaourt et le miel. Y incorporer la gélatine, le zeste et le jus de citron. Bien mélanger. Incorporer les blancs d'œufs en neige. Verser sur le fond de pâte et réfrigérer jusqu'au moment de servir.

Pour servir, démouler le gâteau au fromage et presser le reste des biscuits graham émiettés contre le pourtour. Garnir le dessus des quartiers de pamplemousse pelés à vif.

**1 PORTION**

| | | |
|---|---|---|
| *327* CALORIES | *29g* GLUCIDES | *10g* PROTÉINES |
| *19g* LIPIDES | *1,5g* FIBRES | *18mg* CHOLESTÉROL |

# GÂTEAU AU FROMAGE AU CHOCOLAT

**8 PORTIONS**

**NOTE DU CHEF**

*Suivez la même recette pour réaliser un gâteau au fromage aux fruits. Remplacez tout simplement le chocolat fondu par une compote de fruits et les brisures de chocolat par des baies ou des morceaux de fruits frais.*

| | |
|---|---|
| **70 g** | **biscuits graham émiettés** |
| **1 c. à s.** | **cacao** |
| **50 g** | **beurre fondu** |
| | **zeste râpé de 1 citron** |

## GARNITURE

| | |
|---|---|
| **60 g** | **chocolat de ménage mi-sucré** |
| **450 g** | **fromage frais léger** |
| **120 g** | **cassonade tassée** |
| **4** | **œufs** |
| **1** | **pincée de sel** |
| **150 g** | **brisures de chocolat** |

Préchauffer le four à 180 °C. Mélanger les biscuits graham émiettés, le cacao, le beurre et le zeste de citron. Presser au fond d'un moule à charnière. Faire cuire au four 10 minutes; réserver.

Pour préparer la garniture: faire fondre le chocolat au bain-marie. Laisser légèrement refroidir et réserver.

Dans un grand bol, battre le fromage avec la cassonade jusqu'à ce que le mélange soit crémeux. Incorporer les œufs un à un puis le sel et le chocolat fondu, en battant après chaque addition. Ajouter la moitié des brisures de chocolat.

Verser l'appareil sur le fond de pâte et parsemer la garniture du reste de brisures de chocolat. Faire cuire au four 55 à 60 minutes, ou jusqu'à ce que la garniture soit cuite. Laisser refroidir complètement avant de démouler.

1 PORTION

706 CALORIES | 48g GLUCIDES | 7g PROTÉINES
54g LIPIDES | 2,7g FIBRES | 231 mg CHOLESTÉROL

# GÂTEAU AUX POMMES

**6 PORTIONS**

| | |
|---|---|
| 80 g | farine |
| 6 c. à s. | sucre |
| 4 c. à s. | huile végétale |
| 1,25 dl | lait demi-écrémé |
| 1 | œuf |
| 1 c. à s. | levure chimique |
| 1 | pincée de sel |
| 3 | pommes, pelées, évidées, détaillées en fins quartiers |

Préchauffer le four à 190 °C. Beurrer et fariner légèrement un moule à gâteau rond.

Dans un bol, battre à la cuillère en bois tous les ingrédients, sauf les quartiers de pommes, jusqu'à ce que la pâte soit lisse. Verser dans le moule beurré.

Disposer les quartiers de pommes sur la pâte. Faire cuire au four 30 à 40 minutes, jusqu'à ce qu'un cure-dent piqué au centre du gâteau en ressorte sec.

Laisser légèrement refroidir avant de démouler. Servir chaud ou froid, et garnir de yaourt nature, de yaourt à la vanille, de crème fouettée ou de glace.

**NOTE DU CHEF**

*Vous pouvez remplacer les pommes par des pêches ou des poires en conserve, égouttées.*

**1 PORTION**

| 247 CALORIES | 34g GLUCIDES | 3g PROTÉINES |
|---|---|---|
| 11g LIPIDES | 1,6g FIBRES | 47mg CHOLESTÉROL |

# TIRAMISÚ

**8 PORTIONS**

| | |
|---|---|
| **4** | **jaunes d'œufs** |
| **100 g** | **sucre** |
| **0,5 dl** | **liqueur au café (Kahlua par exemple)** |
| **500 g** | **fromage mascarpone** |
| **4** | **blancs d'œufs** |
| **100 g** | **sucre** |
| **3,75 dl** | **café corsé** |
| **24** | **biscuits à la cuillère** |
| **2 c. à s.** | **cacao** |

Battre ensemble les jaunes d'œufs et 100 g de sucre jusqu'à ce que le mélange soit pâle et mousseux. Toujours en battant, ajouter la liqueur et le mascarpone. Réserver.

Dans un autre bol, battre les blancs d'œufs en neige ferme. Les incorporer délicatement au premier mélange avec une spatule en caoutchouc, jusqu'à ce que la préparation soit lisse. Réserver.

Dissoudre le reste de sucre dans le café. Tremper 12 biscuits à la cuillère dans le café et les disposer au fond d'un moule rond. Napper de la moitié de la préparation au fromage. Tremper les autres biscuits à la cuillère dans le café et les disposer dessus. Napper avec le reste du mélange au fromage.

Tamiser le cacao au dessus du tiramisú et réfrigérer 24 heures avant de servir.

1 Battre les jaunes d'œufs et le sucre en un mélange pâle et mousseux. Incorporer la liqueur et le mascarpone.

2 Battre les blancs d'œufs en neige ferme, puis les incorporer délicatement au premier mélange.

3 Dissoudre le sucre dans le café, y tremper 12 biscuits à la cuillère et les disposer au fond d'un moule rond.

4 Napper de la préparation au fromage, puis répéter ces couches.

**1 PORTION**

| | | |
|---|---|---|
| 473 CALORIES | 44g GLUCIDES | 8g PROTÉINES |
| 28g LIPIDES | 0,5g FIBRES | 202mg CHOLESTÉROL |

# GÂTEAU ROULÉ À LA CONFITURE, À L'ANCIENNE

**6 PORTIONS**

| | |
|---|---|
| **60 g** | **sucre glace** |
| **3** | **œufs** |
| **40 g** | **farine** |
| **2 c. à s.** | **sucre** |
| **1,25 dl** | **confiture de fraises** |

Préchauffer le four à 190 °C. Beurrer et fariner légèrement un moule rectangulaire.

Au batteur électrique ou au robot ménager, mélanger le sucre glace et les œufs jusqu'à ce que le mélange soit pâle et mousseux. Incorporer peu à peu la farine avec une spatule de caoutchouc. Verser la pâte dans le moule et faire cuire au four 10 minutes.

Pendant ce temps, couper une feuille de papier sulfurisé aux dimensions du moule et la saupoudrer de sucre. Démouler délicatement le gâteau sur le papier. Laisser refroidir quelques minutes.

Napper le gâteau de confiture puis le rouler, sur le côté le plus étroit. Détailler en tranches lorsqu'il est complètement froid.

| 1 PORTION | | |
|---|---|---|
| 195 CALORIES | 38g GLUCIDES | 4g PROTÉINES |
| 3g LIPIDES | 0,5g FIBRES | 137mg CHOLESTÉROL |

1 Incorporer le chocolat fondu à la crème fraîche, puis la gélatine et les blancs d'œufs.

# GÂTEAU À LA MOUSSE AU CHOCOLAT

**4 PORTIONS**

| | |
|---|---|
| **2 c. à s.** | **eau froide** |
| **1** | **sachet de gélatine sans saveur** |
| **1,25 dl** | **eau chaude** |
| **2,5 dl** | **crème fraîche épaisse** |
| **180 g** | **chocolat de ménage mi-sucré, fondu** |
| **2** | **blancs d'œufs, battus en neige ferme** |
| **1** | **petit gâteau éponge, d'environ 15 cm de côté** |

Verser l'eau froide dans un petit bol, la saupoudrer de gélatine et laisser reposer quelques minutes. Ajouter l'eau chaude et remuer jusqu'à ce que la gélatine soit complètement dissoute. Laisser refroidir.

Fouetter la crème fraîche jusqu'à ce qu'elle devienne ferme. Y incorporer le chocolat fondu légèrement refroidi, puis la gélatine et les blancs d'œufs. Réserver.

Couper le gâteau éponge en dés et disposer au fond d'un moule carré. Verser la préparation au chocolat sur le gâteau, couvrir et réfrigérer plusieurs heures.

Servir froid, avec une salade de fruits frais si désiré.

~

2 Couper le gâteau éponge en dés et disposer au fond d'un moule carré.

3 Verser la préparation au chocolat sur le gâteau.

**1 PORTION**

| | | |
|---|---|---|
| *724* CALORIES | *77g* GLUCIDES | *14g* PROTÉINES |
| *40g* LIPIDES | *1,7g* FIBRES | *302mg* CHOLESTÉROL |

# GÂTEAU AU PUDDING AU CARAMEL

**4 PORTIONS**

| SAUCE | |
|---|---|
| **2,5 dl** | **sirop de maïs** |
| **2,5 dl** | **eau** |
| **1 c. à c.** | **extrait de vanille** |
| **1 c. à s.** | **beurre** |

| GÂTEAU | |
|---|---|
| **75 g** | **beurre ramolli** |
| **140 g** | **sucre** |
| **2** | **œufs** |
| **200 g** | **farine** |
| **1 c. à c.** | **levure chimique** |
| **1/2 c. à c.** | **sel** |
| **1,75 dl** | **lait écrémé** |
| **1 c. à c.** | **extrait de vanille** |

Préchauffer le four à 180 °C. Beurrer un moule à gâteau carré.

Pour préparer la sauce: mélanger les ingrédients de la sauce dans une casserole et faire cuire à feu moyen jusqu'à ce que le mélange soit chaud et lisse. Ne pas laisser bouillir. Verser dans le moule.

Au batteur électrique ou au robot ménager, mélanger le beurre, le sucre et les œufs.

Dans un bol, mélanger les ingrédients secs. Verser sur la préparation aux œufs et bien mélanger en battant à faible vitesse. Ajouter le lait et la vanille; mélanger jusqu'à ce que la pâte soit lisse.

Verser la pâte sur la sauce, dans le moule. Faire cuire au four 25 à 30 minutes, ou jusqu'à ce qu'un cure-dent piqué au centre du gâteau en ressorte sec. Servir chaud ou froid.

| 1 PORTION | | |
|---|---|---|
| 801 CALORIES | 143g GLUCIDES | 10g PROTÉINES |
| 21g LIPIDES | 1,6g FIBRES | 186mg CHOLESTÉROL |

# PUDDING AU RIZ DE MAMIE

**6 PORTIONS**

| | |
|---|---|
| **300 g** | **riz à grains courts** |
| **1 litre** | **lait écrémé** |
| **1** | **pincée de sel** |
| **70 g** | **sucre glace** |
| **4 c. à s.** | **amandes moulues** |
| **1 c. à c.** | **extrait de vanille** |
| **70 g** | **biscuits graham émiettés** |
| | **zeste râpé de 1 citron** |

Bien rincer le riz. Remplir d'eau une grande marmite, à moitié, et porter à ébullition. Y verser le riz et faire bouillir 2 minutes. Laisser le riz refroidir dans l'eau, puis égoutter et réserver.

Faire chauffer le lait et le sel dans une casserole, jusqu'au point d'ébullition. Y mettre le riz, remuer et faire chauffer jusqu'à ébullition. Ajouter aussitôt le sucre glace, les amandes moulues, la vanille et le zeste de citron. Laisser mijoter 45 minutes, à feu doux.

Pendant ce temps, graisser un moule rond avec 1 cuillerée d'huile ou de margarine. Parsemer l'intérieur du moule de biscuits graham émiettés, puis y verser la préparation au riz. Bien laisser refroidir au réfrigérateur avant de servir, avec une sauce ou une confiture aux fruits si désiré.

**1 PORTION**

| | | |
|---|---|---|
| *379* CALORIES | *67g* GLUCIDES | *12g* PROTÉINES |
| *7g* LIPIDES | *1,4g* FIBRES | *3mg* CHOLESTÉROL |

# CLAFOUTIS AUX ABRICOTS

**6 PORTIONS**

| | |
|---|---|
| 1,75 dl | eau chaude |
| 1 c. à c. | sucre |
| 2 c. à c. | levure sèche |
| 90 g | farine |
| 30 g | amandes moulues |
| 60 g | sucre |
| 1 | pincée de sel |
| 3 | œufs, battus |
| 1 c. à c. | extrait de vanille |
| 300 g | demi-abricots en conserve, égouttés |
| | sucre glace |

Verser l'eau dans un bol de taille moyenne, ajouter 1 c. à c. de sucre et saupoudrer de levure. Bien mélanger pour délayer.

Dans un grand bol, mélanger la farine, les amandes, le sucre et le sel. Ajouter la levure délayée et bien mélanger. Incorporer les œufs et la vanille.

Couvrir le bol d'un linge humide et laisser reposer au-dessus du réfrigérateur ou dans un endroit chaud, jusqu'à ce que la pâte lève.

Préchauffer le four à 200 °C. Beurrer un grand plat profond allant au four. Y verser la pâte et disposer les demi-abricots dessus.

Faire cuire au milieu du four, de 30 à 40 minutes, ou jusqu'à ce que le gâteau soit bien doré. Laisser refroidir et saupoudrer de sucre glace avant de servir.

~

**1 PORTION**

| 207 CALORIES | 29g GLUCIDES | 7g PROTÉINES |
|---|---|---|
| 7g LIPIDES | 2,5g FIBRES | 137mg CHOLESTÉROL |

# PUDDING AUX MYRTILLES, CUIT À LA VAPEUR

**6 PORTIONS**

| | |
|---|---|
| 150 g | farine complète |
| 1½ c. à c. | levure chimique |
| ½ c. à c. | sel |
| 125 g | beurre |
| 35 g | biscuits graham émiettés |
| 40 g | sucre |
| 1 | œuf |
| 1,75 dl | lait demi-écrémé |
| 250 g | myrtilles |

## SAUCE AUX MYRTILLES

| | |
|---|---|
| 1,5 dl | eau |
| 40 g | sucre |
| 150 g | myrtilles |
| 2 c. à c. | jus d'orange |
| 1 c. à s. | bicarbonate de soude, délayé dans un peu d'eau |
| | zeste râpé de ½ citron |
| | zeste râpé de ½ orange |

Préchauffer le four à 200 °C. Beurrer un grand moule à pain.

Au robot ménager, travailler la farine, la levure chimique, le sel et le beurre pour obtenir un mélange granuleux.

Ajouter les biscuits graham émiettés, le sucre, l'œuf et le lait; bien mélanger. Incorporer les myrtilles puis déposer l'appareil à la cuillère, dans le moule beurré. Couvrir d'une feuille de papier d'aluminium.

Placer le moule à pain dans un moule plus grand rempli d'eau à moitié et faire cuire au four, 2 heures environ.

Pour préparer la sauce: dans une casserole, mélanger tous les ingrédients sauf le bicarbonate de soude. Porter à ébullition. Ajouter le bicarbonate de soude délayé dans un peu d'eau et retirer du feu dès que l'ébullition reprend. Servir le pudding chaud, accompagné de la sauce chaude.

~

**1 PORTION**

| | | |
|---|---|---|
| 391 CALORIES | 49g GLUCIDES | 6g PROTÉINES |
| 19g LIPIDES | 4,7g FIBRES | 92mg CHOLESTÉROL |

# GRATIN AUX POMMES ET AUX FRUITS DÉSHYDRATÉS

**4 PORTIONS**

| | |
|---|---|
| **180 g** | **fruits déshydratés (dattes, figues, raisins secs, etc.)** |
| **1,25 dl** | **jus de pomme non sucré** |
| **3** | **pommes** |
| **2 c. à s.** | **noix de Grenoble hachées** |
| **30 g** | **chapelure** |
| **2 c. à s.** | **amandes moulues** |
| | **jus de citron** |
| | **cannelle moulue** |

Préchauffer le four à 200 °C. Beurrer un plat allant au four.

Hacher les fruits déshydratés et les laisser gonfler dans le jus de pomme au moins 1 heure.

Peler et râper grossièrement les pommes. Les arroser de jus de citron pour éviter qu'elles ne brunissent. Mélanger les pommes râpées, les fruits hachés et le jus de pomme. Y incorporer les noix et la chapelure.

Verser dans le plat beurré. Saupoudrer d'amandes moulues puis de cannelle. Faire cuire au four 10 minutes, ou jusqu'à ce que la surface soit légèrement dorée.

**1 PORTION**

| | | |
|---|---|---|
| 322 CALORIES | 62g GLUCIDES | 5g PROTÉINES |
| 6g LIPIDES | 6,4g FIBRES | 0mg CHOLESTÉROL |

# DÉLICES GLACÉS AU CITRON ET AU FROMAGE FRAIS

**12 PORTIONS**

| | |
|---|---|
| **12** | **biscuits ronds à la vanille** |
| **250 g** | **fromage frais léger** |
| **1,25 dl** | **miel liquide** |
| **1** | **jaune d'œuf** |
| **0,75 dl** | **jus de citron** |
| **55 g** | **yaourt nature léger** |
| **2 c. à s.** | **amandes moulues** |
| | **zeste râpé de citron, pour garnir** |

**NOTE DU CHEF**

*Pour une touche raffinée, servir sur un lit de crème anglaise agrémentée d'une volute de sauce aux framboises fraîches.*

Chemiser de moules de papier 12 moules à petits gâteaux et déposer au fond de chacun un biscuit à la vanille.

Au robot ménager ou au batteur électrique, travailler en un mélange lisse le fromage frais, le miel, le jaune d'œuf, le jus de citron, le yaourt et les amandes.

Répartir cette préparation entre les moules et mettre au congélateur 2 heures. Démouler et servir parsemé de zeste de citron.

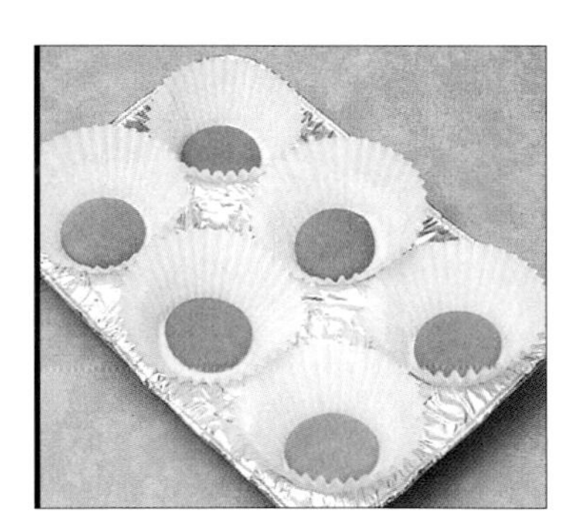

1 Chemiser les moules à petits gâteaux de moules de papier et déposer au fond de chacun un biscuit à la vanille.

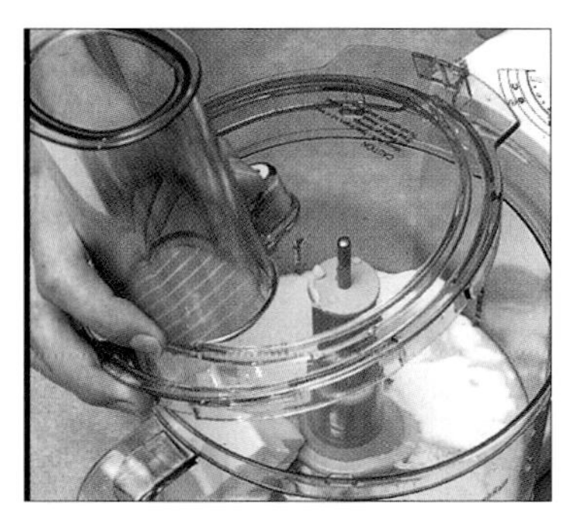

2 Mélanger le fromage frais, le miel, le jaune d'œuf, le jus de citron, le yaourt et les amandes.

3 Répartir la préparation entre les moules.

| 1 PORTION | | |
|---|---|---|
| 153 CALORIES | 17g GLUCIDES | 1g PROTÉINES |
| 9g LIPIDES | 0,1g FIBRES | 48mg CHOLESTÉROL |

# MERINGUES AUX ABRICOTS

**4 PORTIONS**

| | |
|---|---|
| **350 g** | **abricots déshydratés** |
| **2 c. à s.** | **beurre** |
| **5 dl** | **lait écrémé** |
| **100 g** | **sucre** |
| **1 c. à c.** | **extrait de vanille** |
| **125 g** | **riz à grains longs** |
| **2** | **œufs** |
| **140 g** | **sucre** |
| **1 c. à s.** | **sucre glace** |

Couvrir les abricots déshydratés d'eau chaude et les laisser gonfler au moins 4 heures.

Mettre les abricots et l'eau de trempage dans une casserole. Ajouter le beurre, couvrir et laisser mijoter environ 1 heure à feu doux, ou jusqu'à ce que les abricots soient bien tendres. Ajouter de l'eau, si nécessaire.

Mettre le lait et 100 g de sucre dans une autre casserole et porter à ébullition. Ajouter l'extrait de vanille et le riz. Laisser mijoter 20 minutes à feu doux ou jusqu'à ce que le liquide soit absorbé.

Séparer les blancs des jaunes d'œufs, réserver les blancs et incorporer les jaunes au riz en remuant vigoureusement.

Beurrer 4 ramequins et les remplir à demi de riz. Disposer une couche d'abricots dessus et réserver.

Préchauffer le four à 190 °C.

Battre les blancs d'œufs en neige. Y incorporer le sucre et battre en neige ferme. Déposer à la cuillère ou à l'aide d'une douille sur les abricots. Saupoudrer légèrement de sucre glace. Faire cuire au four 15 minutes ou jusqu'à ce que la surface soit légèrement dorée. Servir chaud ou froid.

| 1 PORTION | | |
|---|---|---|
| 698 CALORIES | 140g GLUCIDES | 12g PROTÉINES |
| 10g LIPIDES | 7,1g FIBRES | 155mg CHOLESTÉROL |

# MOUSSE AU SIROP D'ÉRABLE

**4 PORTIONS**

**NOTE DU CHEF**

*Les crêpes peuvent se transformer en bols attrayants et surprenants. Moulez-les sur des bols renversés allant au four, puis faites cuire au four, à température modérée, jusqu'à ce qu'elles soient dorées et croquantes.*

| | |
|---|---|
| **5 dl** | **lait demi-écrémé** |
| **1,25 dl** | **sirop d'érable** |
| **3 c. à s.** | **fécule de maïs, délayée dans un peu d'eau** |
| **4** | **blancs d'œufs** |
| **1** | **pincée de sel** |

Faire chauffer le lait et le sirop d'érable dans une casserole, à feu moyen. Ajouter la fécule de maïs dès que le liquide commence à bouillir.

Faire cuire à feu doux jusqu'à ce que le mélange épaississe, puis verser dans un grand bol et mettre à refroidir au réfrigérateur.

Battre les blancs d'œufs et le sel en neige ferme. Les incorporer délicatement à la préparation au sirop d'érable. Mettre au réfrigérateur jusqu'au moment de servir.

**1 PORTION**

| | | |
|---|---|---|
| *231* CALORIES | *43g* GLUCIDES | *8g* PROTÉINES |
| *3g* LIPIDES | *0g* FIBRES | *10mg* CHOLESTÉROL |

# MOUSSE ANISÉE AU MASCARPONE

**4 PORTIONS**

| | |
|---|---|
| **2** | **jaunes d'œufs** |
| **40 g** | **sucre** |
| **1/2 c. à c.** | **gousses d'anis étoilé moulues** |
| **200 g** | **fromage mascarpone** |
| **2 c. à s.** | **marsala** |
| **2** | **blancs d'œufs** |
| | **fruits frais pour garnir** |

Battre les jaunes d'œufs avec le sucre jusqu'à ce que le mélange soit pâle et mousseux. Y incorporer l'anis, le mascarpone et le marsala; réserver.

Au batteur électrique, battre les blancs d'œufs en neige ferme. Bien incorporer délicatement à la première préparation avec une spatule en caoutchouc.

Verser l'appareil dans un bol de service ou remplir des coupelles et réfrigérer jusqu'au moment de servir. Garnir de fruits frais, à la dernière minute (sinon les fruits tacheraient la mousse).

~

| 1 PORTION | | |
|---|---|---|
| 448 CALORIES | 14g GLUCIDES | 8g PROTÉINES |
| 40g LIPIDES | 0g FIBRES | 235mg CHOLESTÉROL |

# DESSERT GLACÉ AU CAFÉ

**4 PORTIONS**

| | |
|---|---|
| **3 c. à s.** | **cacao non sucré** |
| **7,5 dl** | **café fort, chaud** |
| **1/2 c. à c.** | **cannelle moulue** |
| **1 c. à c.** | **zeste d'orange râpé** |
| **5 dl** | **glace à la vanille** |
| | **zeste d'orange en lanières et cacao pour garnir** |

Délayer le cacao dans le café chaud. Ajouter la cannelle et le zeste d'orange râpé. Laisser refroidir au réfrigérateur.

Au robot ménager ou au mixer, travailler le café aromatisé et la glace à la vanille, jusqu'à ce que la préparation soit lisse et crémeuse. Verser aussitôt dans des tasses ou dans de grands verres glacés. Garnir de cacao et de lanières de zeste d'orange avant de servir.

**1 PORTION**

| | | |
|---|---|---|
| 120 CALORIES | 18g GLUCIDES | 3g PROTÉINES |
| 4g LIPIDES | 1,7g FIBRES | 10 mg CHOLESTÉROL |

# MOUSSE AU MIEL ET AUX MYRTILLES

**4 PORTIONS**

| | |
|---|---|
| **2** | **jaunes d'œufs** |
| **0,5 dl** | **miel liquide** |
| **2** | **blancs d'œufs** |
| **2,5 dl** | **crème fraîche épaisse** |
| **75 g** | **myrtilles** |
| | **feuilles de menthe pour garnir** |

Battre les jaunes d'œufs et le miel jusqu'à ce que le mélange soit pâle et mousseux. Réserver.

Au batteur électrique, battre les blancs d'œufs en neige ferme. Les incorporer délicatement aux jaunes avec une spatule en caoutchouc.

Fouetter la crème, puis l'incorporer aux œufs. Dans de grands verres, disposer, en alternant, des couches de mousse et de myrtilles. Garnir de feuilles de menthe.

**1 PORTION**

| | | |
|---|---|---|
| *317* CALORIES | *19g* GLUCIDES | *4g* PROTÉINES |
| *25g* LIPIDES | *0,5g* FIBRES | *218mg* CHOLESTÉROL |

# PARFAIT AUX AIRELLES

**6 À 8 PORTIONS**

| | |
|---|---|
| **500 g** | **airelles** |
| **3 c. à s.** | **eau** |
| **300 g** | **sucre** |
| **3** | **jaunes d'œufs** |
| **2 c. à s.** | **liqueur d'orange (facultatif)** |
| **5 dl** | **crème fraîche épaisse** |

Dans une casserole, à feu vif, faire cuire les airelles, l'eau et 100 g de sucre pendant 5 minutes, ou jusqu'à ce que les airelles éclatent. Réserver.

Dans un bol, battre les jaunes d'œufs et le reste du sucre jusqu'à ce que le mélange soit pâle et mousseux. Réserver.

Au mixer, réduire les airelles en purée, puis les incorporer aux jaunes d'œufs. Ajouter la liqueur d'orange, si désiré. Bien mélanger et garder au froid.

Fouetter la crème puis l'incorporer délicatement à la préparation jusqu'à ce que la consistance soit lisse. Verser dans un moule et congeler de 8 à 10 heures. Sortir du congélateur ½ heure avant de servir.

**NOTE DU CHEF**

*Vous pouvez servir ce parfait accompagné d'une sauce au jus d'airelle. Faites chauffer 2,5 dl de jus d'airelle à feu moyen. Incorporez-y 1 c. à c. de fécule de maïs délayée dans un peu d'eau et remuez jusqu'à ce que la sauce épaississe. Servez bien froid.*

**1 PORTION**

| | | |
|---|---|---|
| 420 CALORIES | 48g GLUCIDES | 3g PROTÉINES |
| 24g LIPIDES | 2,4g FIBRES | 161 mg CHOLESTÉROL |

# YAOURT GLACÉ À LA MANGUE

**4 PORTIONS**

| | |
|---|---|
| **1** | **mangue mûre, pelée, dénoyautée** |
| **0,5 dl** | **miel liquide** |
| **800 g** | **yaourt nature demi-écrémé** |

Au robot ménager ou au mixer, réduire la mangue en purée. Ajouter le miel et le yaourt; bien mélanger.

Verser le mélange dans un plat en métal peu profond et mettre au congélateur 1 heure.

Bien mélanger pour briser les cristaux de glace et congeler de nouveau 1 heure avant de servir. Garnir de baies et de menthe fraîche, si désiré. Servir dans des crêpes moulées (voir Note du chef à la page 354).

**1 PORTION**

| | | |
|---|---|---|
| *188* CALORIES | *37g* GLUCIDES | *10g* PROTÉINES |
| *0g* LIPIDES | *1,0g* FIBRES | *4mg* CHOLESTÉROL |

# PÂTISSERIES AUX FRUITS TROPICAUX ET COULIS DE FRAISES

**4 PORTIONS**

**NOTE DU CHEF**

*Pour garnir les assiettes, à l'aide d'une poche à douille, déposez de grosses gouttes de yaourt nature sur le coulis, puis promenez la pointe d'un couteau de l'une à l'autre (voir Techniques).*

| | |
|---|---|
| **150 g** | **fraises fraîches ou surgelées** |
| **3** | **citrons verts** |
| **60 g** | **sucre** |
| **1** | **banane, pelée, en petits morceaux** |
| **1** | **mangue, pelée, en petits morceaux** |
| **250 g** | **ananas (environ le quart d'un ananas entier) épluché, en petits morceaux** |
| **4** | **vol-au-vent, cuits au four** |
| | **sucre glace** |

Mettre les fraises dans une casserole, arroser avec le jus de citron vert et ajouter 20 g de sucre. Couvrir et porter à ébullition, puis retirer du feu et réserver.

Exprimer le jus des deux autres citrons verts et le verser dans un bol. Ajouter les autres fruits et le reste de sucre. Remuer délicatement.

Passer les fraises et leur jus au chinois et napper de ce coulis 4 assiettes de service. Déposer un vol-au-vent dans chaque assiette. Égoutter le mélange aux fruits et en garnir les vol-au-vent, à la cuillère. Saupoudrer de sucre glace et servir aussitôt.

1 Faire cuire les fraises, le jus de citron vert et 20 g de sucre.

2 Mettre le jus des autres citrons verts, les fruits en morceaux et le reste du sucre dans un bol.

3 Passer les fraises et leur jus au chinois pour obtenir un coulis.

4 Napper les assiettes de coulis. Y déposer les vol-au-vent garnis de fruits.

**1 PORTION**

| | | |
|---|---|---|
| 434 CALORIES | 71g GLUCIDES | 6g PROTÉINES |
| 14g LIPIDES | 4,1g FIBRES | 0mg CHOLESTÉROL |

# FRAISES ROMANOV

**4 PORTIONS**

**NOTE DU CHEF**

*Vous pouvez substituer du yaourt léger à la crème fouettée, soit en partie, soit en totalité.*

| | |
|---|---|
| 750 g | fraises |
| 4 c. à c. | liqueur d'orange (facultatif) |
| 2 c. à s. | crème aigre |
| 3 dl | crème fraîche épaisse, fouettée |
| 2 c. à s. | sucre glace |
| | zeste râpé de 1 orange |

Équeuter les fraises et les couper en deux, sauf 4 d'entre elles réservées pour garnir. Mélanger les fraises, la liqueur d'orange et le zeste d'orange râpé; laisser reposer 15 minutes.

Dans un autre bol, mélanger la crème aigre et la crème fouettée. Saupoudrer de sucre glace et remuer délicatement. Réserver.

Déposer une grosse cuillerée de fraises au fond de 4 coupelles à dessert. Écraser les autres fraises et les incorporer à la crème. Répartir la crème à la cuillère, entre les coupelles.

Réfrigérer jusqu'au moment de servir. Décorer chaque coupelle d'une fraise détaillée en éventail.

| 1 PORTION | | |
|---|---|---|
| 340 CALORIES | 19g GLUCIDES | 3g PROTÉINES |
| 28g LIPIDES | 4,3g FIBRES | 99mg CHOLESTÉROL |

# PÊCHES MELBA

**4 PORTIONS**

| | |
|---|---|
| **40 g** | **sucre** |
| **2,5 dl** | **eau bouillante** |
| **1 c. à s.** | **cognac** |
| **8** | **demi-pêches dans un sirop léger, en conserve, égouttées** |
| **50 g** | **framboises surgelées sans sucre, égouttées** |
| **5 dl** | **lait glacé à la vanille** |
| **3 c. à s.** | **amandes effilées** |

Dans une casserole, dissoudre 20 g de sucre dans l'eau bouillante. Ajouter le cognac. Déposer les demi-pêches dans le liquide et laisser mijoter à feu doux 3 minutes.

Retirer du feu et laisser refroidir dans le liquide. Égoutter les pêches.

Au robot ménager ou au mixer, réduire les framboises en purée. Ajouter le reste de sucre. Faire cuire cette purée à feu doux, 3 minutes. Laisser refroidir.

Répartir le lait glacé à la vanille entre 4 coupelles à dessert, déposer 2 demi-pêches dans chacune et napper de sauce à la framboise. Garnir avec les amandes.

~

**NUTRITION +**

*Le lait glacé contient moins de matières grasses mais plus de sucre que la glace.*

**1 PORTION**

| | | |
|---|---|---|
| 226 CALORIES | 38g GLUCIDES | 5g PROTÉINES |
| 6g LIPIDES | 2,8g FIBRES | 10mg CHOLESTÉROL |

# CRÊPES FARCIES AUX FRAISES

**4 PORTIONS**

**NOTE DU CHEF**

*Ce dessert est un délice si les crêpes encore tièdes sont farcies avec un mélange très froid de ricotta et de fraises.*

| | |
|---|---|
| **2** | **œufs** |
| **200 g** | **farine** |
| **5 dl** | **lait demi-écrémé** |
| **4 c. à s.** | **sucre** |
| **2 c. à s.** | **beurre** |
| **250 g** | **ricotta maigre** |
| **1 c. à c.** | **extrait de vanille** |
| **500 g** | **fraises, équeutées, tranchées** |
| **2 c. à s.** | **sucre glace** |

Dans un bol, battre les œufs jusqu'à ce qu'ils soient pâles et mousseux. Bien y incorporer la farine, le lait et 1 c. à s. de sucre.

Beurrer un poêlon à revêtement anti-adhésif et y verser environ 3 c. à s. de pâte. Faire tourner le poêlon de telle sorte que la pâte se répande en une fine couche sur toute la surface. Faire dorer un côté, puis retourner pour faire dorer l'autre côté. Répéter jusqu'à ce qu'il ne reste plus de pâte. Empiler les crêpes en les séparant d'une feuille de papier sulfurisé.

Battre la ricotta avec le reste du sucre et la vanille, puis ajouter les fraises.

Étaler 2 c. à s. de cette garniture au centre de chaque crêpe, puis les rouler. Saupoudrer de sucre glace avant de servir.

**1 PORTION**

| | | |
|---|---|---|
| 509 CALORIES | 69g GLUCIDES | 20g PROTÉINES |
| 17g LIPIDES | 3,3g FIBRES | 182mg CHOLESTÉROL |

# SOUPE AU MIEL ET AUX FRUITS À LA SCANDINAVE

**4 PORTIONS**

| | |
|---|---|
| **250 g** | **fraises, coupées en quatre** |
| **160 g** | **framboises** |
| **130 g** | **cerises dénoyautées, coupées en deux** |
| **5 dl** | **jus d'airelle** |
| **0,5 dl** | **miel liquide** |
| **1/2 c. à c.** | **cannelle moulue** |
| **1 c. à s.** | **menthe ciselée** |
| | **menthe pour garnir** |

Dans un bol, mélanger les fraises, les framboises et les cerises.

Dans un autre bol, mélanger le jus d'airelle, le miel, la cannelle et la menthe ciselée. Verser sur les fruits et laisser mariner 1 heure au réfrigérateur.

Servir la soupe aux fruits dans des coupelles et, si désiré, garnir de brins de menthe et d'un morceau de rayon de miel.

**NOTE DU CHEF**

*Les framboises ne devraient être lavées qu'au dernier moment, juste avant d'être préparées.*

| 1 PORTION | | |
|---|---|---|
| *201* CALORIES | *47g* GLUCIDES | *1g* PROTÉINES |
| *1g* LIPIDES | *2,9g* FIBRES | *0mg* CHOLESTÉROL |

# TARTE SABLÉE AUX FRAISES ET AUX KIWIS

**6 PORTIONS**

| | |
|---|---|
| **125 g** | **beurre** |
| **100 g** | **sucre** |
| **2** | **œufs, battus** |
| **130 g** | **farine** |
| **0,5 dl** | **lait écrémé** |
| **5 dl** | **crème fraîche épaisse, fouettée** |
| | **fraises émincées** |
| | **kiwis émincés** |

Préchauffer le four à 180 °C. Beurrer 2 moules à gâteau ronds.

Dans un bol, battre le beurre avec le sucre en une mousse légère et crémeuse. Y incorporer les œufs un à un, en battant après chaque addition.

Ajouter la farine et bien mélanger pour que la pâte soit légère mais consistante, puis y incorporer le lait pour qu'elle devienne lisse. Verser dans les moules préparés puis faire cuire au four 20 à 25 minutes, jusqu'à ce qu'un cure-dent piqué au centre du gâteau en ressorte sec.

Laisser les gâteaux refroidir, puis les démouler. Étaler la moitié de la crème fouettée sur un gâteau, puis la moitié des fruits émincés. Couvrir du second gâteau et répéter les couches de crème fouettée et de fruits. Servir aussitôt.

1 Battre le beurre et le sucre, puis incorporer les œufs un à un.

2 Ajouter la farine puis le lait en battant jusqu'à ce que le mélange soit lisse. Verser dans les moules beurrés et faire cuire au four.

3 Étaler la moitié de la crème fouettée sur un gâteau, puis la moitié des fruits émincés.

4 Couvrir du second gâteau et répéter les couches de crème fouettée et de fruits.



**1 PORTION**

| | | |
|---|---|---|
| *493* CALORIES | *43g* GLUCIDES | *6g* PROTÉINES |
| *33g* LIPIDES | *2,7g* FIBRES | *190mg* CHOLESTÉROL |

# BAVAROIS AUX MÛRES

**6 PORTIONS**

**NOTE DU CHEF**

*Assurez-vous que le batteur soit bien propre avant de monter les blancs d'œufs en neige; la moindre trace de gras, comme le gras contenu dans la crème fraîche, les empêcherait de monter.*

| | |
|---|---|
| **300 g** | **mûres** |
| **1,25 dl** | **jus de pomme** |
| **60 g** | **sucre** |
| **2** | **sachets de gélatine sans saveur** |
| **2,5 dl** | **crème fraîche épaisse** |
| **2** | **blancs d'œufs, battus en neige ferme** |
| | **fruits frais pour garnir** |

Mettre les mûres, le jus de pomme et le sucre dans une casserole et faire mijoter 5 minutes. Retirer du feu, y incorporer la gélatine et laisser légèrement refroidir.

Au robot ménager ou au mixer, réduire la préparation en purée, puis réfrigérer jusqu'à ce que la purée commence à prendre.

Dans un autre bol, fouetter la crème fraîche jusqu'à ce qu'elle soit ferme. Y incorporer les blancs d'œufs en neige et la purée de fruits. Verser dans un moule légèrement huilé et réfrigérer plusieurs heures jusqu'à ce que le bavarois soit prêt.

Démouler dans un plat de service et garnir de fruits frais avant de servir.

~

**1 PORTION**

| | | |
|---|---|---|
| 235 CALORIES | 23g GLUCIDES | 2g PROTÉINES |
| 15g LIPIDES | 2,2g FIBRES | 54mg CHOLESTÉROL |

# FEUILLETÉS AUX FRUITS FRAIS

**6 PORTIONS**

| | |
|---|---|
| **400 g** | **pâte feuilletée surgelée, décongelée** |
| **1** | **œuf ou jaune d'œuf, battu** |
| **6 c. à s.** | **gelée d'abricots** |
| **2 c. à s.** | **jus de citron** |
| **675 g** | **fruits frais au choix** |
| **135 g** | **yaourt nature, aromatisé ou aux fruits** |
| | **sucre glace** |

Abaisser la pâte en un rectangle de 20 cm sur 30 cm, et le détailler en 6 rectangles égaux. Déposer sur une tôle et réfrigérer 10 minutes.

Préchauffer le four à 220 °C.

Badigeonner d'œuf battu le dessus des rectangles de pâte. Faire cuire au four 20 minutes ou jusqu'à ce qu'ils soient dorés, puis laisser refroidir.

Dans une casserole, faire chauffer la gelée d'abricots et le jus de citron jusqu'à ce que la gelée soit fondue.

Séparer les rectangles en deux dans le sens de l'épaisseur. Napper la partie inférieure de sirop à l'abricot, garnir de fruits, ajouter de nouveau du sirop à l'abricot et couvrir de yaourt. Replacer la moitié supérieure dessus et saupoudrer de sucre glace avant de servir.

~

**1 PORTION**

| | | |
|---|---|---|
| *478* CALORIES | *55g* GLUCIDES | *6g* PROTÉINES |
| *26g* LIPIDES | *3,0g* FIBRES | *48mg* CHOLESTÉROL |

# ROULEAUX DE PÂTE FILO AUX POMMES

**4 PORTIONS**

**NOTE DU CHEF**

*Enveloppez rapidement la pâte filo non utilisée et congelez-la de nouveau. Elle se gardera plusieurs mois si vous l'enveloppez dans plusieurs couches de pellicule de plastique pour congélateur.*

| | |
|---|---|
| **2,5 dl** | **lait écrémé** |
| **65 g** | **noisettes hachées grossièrement** |
| **40 g** | **sucre** |
| **2 c. à s.** | **fécule de maïs** |
| **1/2 c. à c.** | **extrait d'amande** |
| **6 c. à s.** | **eau** |
| **3** | **pommes, pelées, évidées, grossièrement hachées** |
| **2 c. à s.** | **sucre** |
| **110 g** | **pâte filo surgelée, décongelée** |
| | **sucre glace** |

Préchauffer le four à 180 °C.

Dans une casserole, à feu moyen, faire chauffer le lait, les noisettes et 40 g de sucre.

Délayer la fécule de maïs dans l'extrait d'amande et 2 c. à s. d'eau. Verser dans le lait aux noisettes et remuer sans arrêt jusqu'à ce que le mélange épaississe. Retirer du feu et laisser refroidir.

Dans une autre casserole, mettre les pommes, le reste de sucre et d'eau. Faire cuire à feu doux environ 15 minutes pour obtenir une sauce épaisse. Verser dans un bol et laisser refroidir.

Verser le lait aromatisé sur la purée de pommes.

Empiler 3 feuilles de pâte filo. Détailler en 4 rectangles et y répartir la purée de pommes. Enrouler étroitement chaque rectangle de pâte. Déposer les rouleaux sur une tôle, le bord en dessous.

Faire cuire au four 10 minutes, ou jusqu'à ce que les rouleaux soient dorés. Saupoudrer de sucre glace. Servir chaud ou froid.

**1 PORTION**

| | | |
|---|---|---|
| 343 CALORIES | 55g GLUCIDES | 6g PROTÉINES |
| 11g LIPIDES | 3,1g FIBRES | 1mg CHOLESTÉROL |

# FIGUES ÉPICÉES AU CHAMPAGNE

**4 PORTIONS**

| | |
|---|---|
| **40 g** | **sucre** |
| **2 c. à s.** | **sirop de maïs** |
| **1/2 c. à c.** | **cannelle moulue** |
| **1/4 c. à c.** | **clous de girofle moulus** |
| **1/4 c. à c.** | **cardamome moulue** |
| **2 c. à s.** | **crème fleurette** |
| **8** | **figues fraîches, en quartiers** |
| **0,5 dl** | **champagne ou vin blanc pétillant** |
| | **lait glacé ou glace à la vanille** |

Dans une casserole, mélanger le sucre, le sirop de maïs et les épices. Faire cuire à feu moyen jusqu'à ce que le sirop commence à dorer.

Incorporer la crème au sirop puis ajouter les figues. Faire cuire à feu doux 3 ou 4 minutes jusqu'à ce que le sirop commence à devenir doré. Ajouter le champagne.

Retirer du feu aussitôt et servir avec du lait glacé.

**NOTE DU CHEF**

*La figue est un fruit délicat; elle n'a pas besoin d'être pelée avant d'être mangée. Une figue mûre devrait s'affaisser légèrement lorsqu'on la presse.*

| 1 PORTION | | |
|---|---|---|
| 199 CALORIES | 38g GLUCIDES | 1g PROTÉINES |
| 1g LIPIDES | 3,2g FIBRES | 4mg CHOLESTÉROL |

# BOURSES FARCIES

**4 PORTIONS**

## PÂTE À CRÊPE

| | |
|---|---|
| **65 g** | **farine** |
| **3** | **œufs** |
| **0,75 dl** | **lait écrémé** |
| **1** | **pincée de sel** |
| **1 c. à c.** | **sucre** |
| **1 c. à c.** | **extrait de vanille** |
| **1 c. à s.** | **huile végétale** |

## GARNITURE AUX FRUITS

| | |
|---|---|
| **4** | **demi-pêches en conserve, égouttées et émincées** |
| **100 g** | **amandes effilées grillées** |
| **115 g** | **fromage blanc épais, en crème** |
| **1/2 c. à c.** | **cannelle moulue** |
| **3 c. à s.** | **miel liquide** |
| **4** | **longues lanières de zeste d'orange blanchies à l'eau bouillante jusqu'à ce qu'elles soient souples** |
| | **yaourt nature** |
| | **confiture de mûres liquide** |

Préchauffer le four à 180 °C.

Pour préparer les crêpes: battre ensemble tous les ingrédients de la pâte dans un grand bol. Laisser reposer 20 minutes.

Déposer le quart de la pâte à la louche dans une poêle à revêtement antiadhésif, huilée et chauffée. Faire tourner la poêle de telle sorte que la pâte se répande en une fine couche sur toute la surface. Faire dorer un côté, puis retourner pour faire dorer l'autre côté. Réserver les crêpes.

Dans un bol, mélanger les pêches, les amandes, le fromage, la cannelle et le miel. Répartir ce mélange entre les crêpes. Replier chaque crêpe en forme de bourse, refermer et lier avec une lanière de zeste d'orange.

Déposer les bourses sur une tôle et faire réchauffer au four, de 5 à 8 minutes. Servir chaud, sur un lit de yaourt, et garnir de confiture liquide si désiré.

1 Préparer la pâte à crêpes, laisser reposer 20 minutes puis faire cuire 4 crêpes.

2 Mélanger les pêches, les amandes, le fromage frais, la cannelle et le miel.

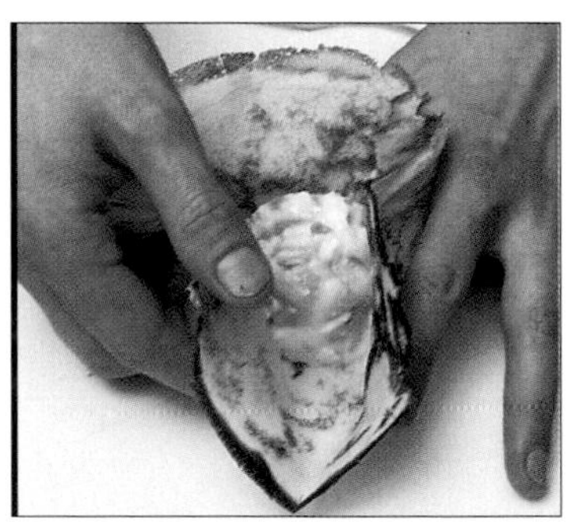

3 Répartir le mélange entre les crêpes. Replier les crêpes en forme de bourse.

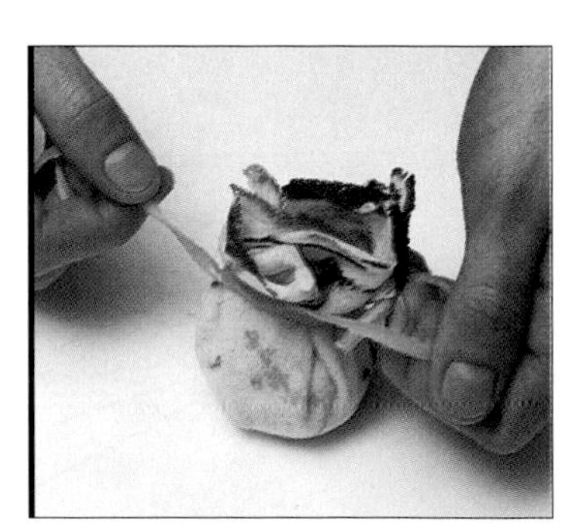

4 Refermer et lier avec une lanière de zeste d'orange blanchie. Faire réchauffer au four.

| 1 PORTION | | |
|---|---|---|
| 305 CALORIES | 35g GLUCIDES | 12g PROTÉINES |
| 13g LIPIDES | 1,8g FIBRES | 210mg CHOLESTÉROL |

# CRÈME AU CHOCOLAT ET AUX FRUITS FRAIS

**4 PORTIONS**

**NOTE DU CHEF**

*Pour une présentation originale, servez la crème dans des demi-écorces d'orange évidées*

| | |
|---|---|
| **100 g** | **chocolat blanc** |
| **0,5 dl** | **crème fraîche épaisse** |
| **1 c. à s.** | **miel liquide** |
| **20 g** | **noisettes moulues** |
| **2** | **blancs d'œufs** |
| **1** | **pincée de sel** |
| | **fruits frais assortis, préparés pour être trempés dans le chocolat** |

Faire fondre le chocolat au bain-marie, à feu moyen. Ajouter la crème et le miel et remuer sans arrêt jusqu'à ce que le chocolat soit fondu. Y incorporer les noisettes moulues, puis laisser refroidir.

Dans un bol, battre les blancs d'œufs et le sel en neige ferme. Mélanger délicatement au chocolat le quart des blancs d'œufs en neige.

Avec une spatule en caoutchouc, bien incorporer très délicatement, au chocolat, le reste des œufs en neige. Verser cette crème dans des coupelles à dessert ou des ramequins et réfrigérer au moins 3 heures.

Au moment de servir, entourer chaque coupelle de fruits frais.

1 PORTION

| | | |
|---|---|---|
| 287 CALORIES | 24g GLUCIDES | 5g PROTÉINES |
| 19g LIPIDES | 1,7g FIBRES | 16mg CHOLESTÉROL |

# POIRES POCHÉES AU VIN ROUGE

**4 PORTIONS**

| | |
|---|---|
| **4** | **poires mûres et fermes** |
| **1,25 dl** | **eau** |
| **2,5 dl** | **vin rouge** |
| **60 g** | **sucre** |
| **1** | **bâton de cannelle** |
| **1/2 c. à c.** | **graines de coriandre écrasées** |
| **5** | **amandes hachées** |
| | **jus de 2 citrons** |

Peler les poires et les évider tout en laissant la queue. Les tremper dans le jus de citron pour éviter qu'elles ne noircissent. Réserver.

Faire chauffer tous les ingrédients dans une casserole, y compris le jus de citron et les poires. Porter à ébullition, puis réduire à feu doux et laisser mijoter environ 30 minutes, en tournant les poires de temps en temps pour qu'elles se colorent de façon uniforme.

Retirer la casserole du feu et laisser les poires refroidir dans le liquide. Réfrigérer toute la nuit.

Au moment de servir, filtrer le liquide et le verser dans des assiettes. Trancher les poires et les disposer joliment sur le sirop. Garnir d'un brin de menthe, si désiré.

**1 PORTION**

| | | |
|---|---|---|
| *185* CALORIES | *43g* GLUCIDES | *1g* PROTÉINES |
| *1g* LIPIDES | *5,2g* FIBRES | *0mg* CHOLESTÉROL |

# GRANITÉ À LA PASTÈQUE ET À LA LAVANDE

**4 PORTIONS**

**NOTE DU CHEF**

*Les extraits de fleurs tels que l'eau de lavande ou l'eau de rose sont très concentrés. Quelques gouttes suffiront pour rehausser la saveur d'une salade de fruits.*

| | |
|---|---|
| **800 g** | **pastèque épépinée, hachée** |
| **3 c. à s.** | **jus de citron** |
| **2 c. à s.** | **eau de lavande** |
| **120 g** | **sucre glace** |
| | **fleurs de lavande pour garnir** |

Au robot ménager, réduire en purée lisse tous les ingrédients, sauf les fleurs de lavande.

Verser dans un plat en métal peu profond et congeler au moins 2 heures.

Briser le granité à la fourchette, puis remettre au congélateur au moins 1 heure. Au moment de servir, briser de nouveau les cristaux de glace à la fourchette.

Servir dans de petites coupelles à dessert et garnir de fleurs de lavande, d'autres fleurs comestibles, ou de feuilles de menthe fraîche.

1 PORTION

| | | |
|---|---|---|
| *189* CALORIES | *44g* GLUCIDES | *1g* PROTÉINES |
| *1g* LIPIDES | *0,9g* FIBRES | *0mg* CHOLESTÉROL |

# FONDUE AU CHOCOLAT

**4 PORTIONS**

| | |
|---|---|
| **250 g** | **chocolat de ménage mi-sucré, haché** |
| **2,5 dl** | **lait demi-écrémé, chaud** |
| **1** | **banane, pelée, tranchée** |
| **4** | **kiwis, pelés, tranchés** |
| **2** | **poires, tranchées** |
| **1** | **carambole, tranchée** |
| **2** | **pêches, tranchées** |
| **2** | **pommes rouges, tranchées** |
| **250 g** | **fraises, équeutées** |
| **2** | **prunes, tranchées** |

Au bain-marie, faire fondre le chocolat dans le lait. Bien mélanger et verser dans un plat à fondue au chocolat.

Servir accompagné des fruits frais préparés pour être trempés dans le chocolat.

~

| 1 PORTION | | |
|---|---|---|
| 570 CALORIES | 95g GLUCIDES | 7g PROTÉINES |
| 18g LIPIDES | 12,0g FIBRES | 5mg CHOLESTÉROL |

# PIZZA DESSERT

**4 À 6 PORTIONS**

| | |
|---|---|
| **110 g** | **fromage frais léger** |
| **230 g** | **fromage blanc épais, en crème** |
| **1** | **croûte à pizza nature, cuite** |
| **250 g** | **fraises, coupées en deux** |
| **75 g** | **myrtilles** |
| **1/2** | **cantaloup, pelé, émincé** |
| **1** | **pêche, tranchée** |
| **1** | **pomme, tranchée** |
| **2** | **prunes, tranchées** |
| **2** | **oranges, pelées à vif, épépinées** |
| **130 g** | **gelée de pommes, fondue** |
| | **brins de menthe pour garnir** |

Au robot ménager ou au mixer, réduire en crème le fromage frais et le fromage blanc. Étaler sur la croûte à pizza.

Garnir de fruits, en disposant les plus gros morceaux au fond. Badigeonner de gelée de pommes fondue ou verser la gelée sur les fruits. Cela empêchera les fruits de brunir. Ne pas attendre trop longtemps avant de servir.

~

| 1 PORTION | | |
|---|---|---|
| 367 CALORIES | 63g GLUCIDES | 13g PROTÉINES |
| 7g LIPIDES | 4,9g FIBRES | 17mg CHOLESTÉROL |

# INDEX

## a

### AGNEAU



### ASSAISONNEMENTS ET VINAIGRETTES



## b

### BISCUITS ET CARRÉS



### BŒUF



### BONBONS



## c

### CANARD



### CRÊPES



## d

### DESSERTS



### DINDE

**GÂTEAUX**



*h*

**HORS-DŒUVRE**

**JAMBON**

**LÉGUMES**

**MARINADES**



**MUFFINS**

# O

## s

### SALADES



### SANDWICHES



### SAUCES



### SOUPES

### TARTES

### VEAU

# INDEX DES TECHNIQUES

## TABLE SIMPLE DE CONVERSION

**MESURES LIQUIDES**
5 ml = 1 c. à thé
15 ml = 1 c. à soupe
60 ml = 1/4 tasse
100 ml =1 dl
125 ml = 1/2 tasse
250 ml =1 tasse
500 ml = 2 tasses = 5 dl
1 litre = 4 tasses = 10 dl

**POIDS**
30 g = 1 once
50 g = 1 3/4 once
60 g = 2 onces
100 g = 3 1/2 onces
150 g = 5 1/2 onces
200 g = 7 onces
250 g = 9 onces
500 g = 1 livre, 2 onces
700 g = 1 1/2 livre
900 g = 2 livres
1 kg = 2 livres, 3 onces

**LIQUIDES**
100 ml = 4 onces = 1/2 tasse
200 ml = 7 onces = 7/8 tasse
500 ml =18 onces = 2 1/4 tasses
750 ml =26 onces = 3 1/4 tasses
1 litre = 35 onces = 4 1/2 tasses

**SUCRE – RIZ**
50 g = 3 c. à soupe
125 g = 1/4 lb (1/2 tasse)
250 g = 1/2 lb (1 tasse)
500 g = 1 lb (2 tasses)

**BEURRE, MARGARINE ET GRAISSE VÉGÉTALE**
25 g = 1 c. à soupe
50 g = 2 c. à soupe
75 g = 3 c. à soupe
100 g = 4 c. à soupe
125 g = 1/4 lb
250 g = 1/2 lb
500 g = 1 lb

**FARINE**
30 g = 2 c. à soupe
60 g = 1/2 tasse
125 g = 1 tasse
250 g = 2 tasses
500 g = 4 tasses ou 1 lb

**SAVIEZ-VOUS QUE...**
1 c. à thé = 1 c. à café
1 c. à soupe = 1 c. à table
L'eau bout à 100°C = 212°F
250 ml de lait ou farine =
1 tasse de 8 onces
10 à 15 ml (2 à 3 c. à thé) de fécule de maïs suffisent pour faire épaissir 250 ml (1 tasse) de liquide

# TECHNIQUES

On s'étonne bien souvent de la présentation
d'un plat et l'on se demande comment
on pourrait en faire autant.

Ce qui nous paraît compliqué peut être parfois
étonamment facile; il suffit de savoir comment faire.
Cette dernière section du livre vous révèle bien
des petits secrets culinaires.

Des préparations expliquées étape-par-étape
et très bien illustrées vous permettent
de vous familiariser avec certaines techniques,
de démystifier certaines choses en cuisine
et de réaliser en un tour de main de délicieux plats
superbement présentés.

Grâce à ces techniques, cuisiner prendra
une toute nouvelle dimension. Non seulement
vous gagnerez beaucoup de temps, mais vous
remporterez aussi un franc succès auprès
de votre famille et de vos amis.

~

# DÉPECER UN POULET

1 Tirer doucement la cuisse vers l'extérieur et couper la peau qui la relie au corps. La faire pivoter sur elle-même jusqu'à ce que l'articulation craque. Couper au niveau de l'articulation.

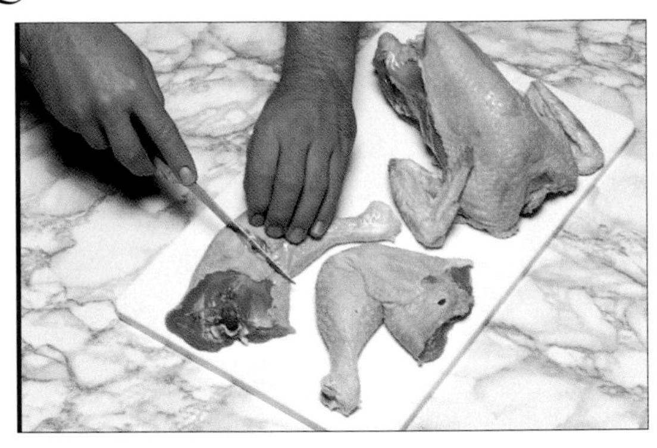

2 Mettre la cuisse le côté peau vers le bas et couper au niveau de l'articulation pour séparer le pilon du haut de la cuisse. Recommencer avec l'autre cuisse.

3 Tenir l'aile loin du corps et tirer fermement jusqu'à ce que l'articulation craque. Couper au niveau de l'articulation pour séparer l'aile du corps.

4 Faire glisser la lame du couteau le long de la cage thoracique et du milieu du dos pour détacher la poitrine de la carcasse.

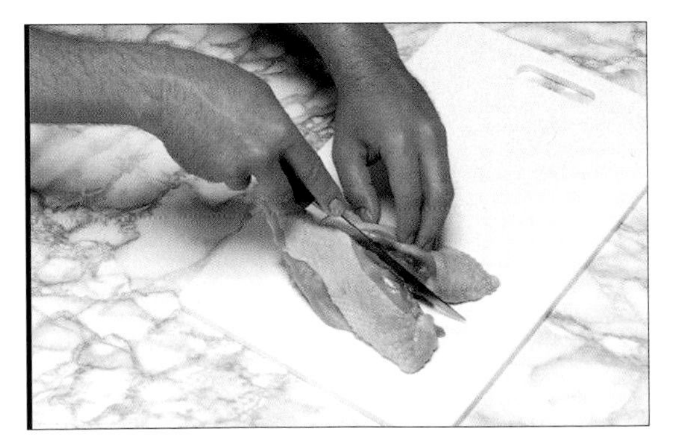

5 Couper la poitrine de poulet en deux, dans le sens de la longueur, pour obtenir deux suprêmes de poulet.

6 Vous obtiendrez six morceaux de poulet. Pour obtenir huit morceaux, couper chaque demi-poitrine en deux.

# DÉSOSSER LES SUPRÊMES DE POULET

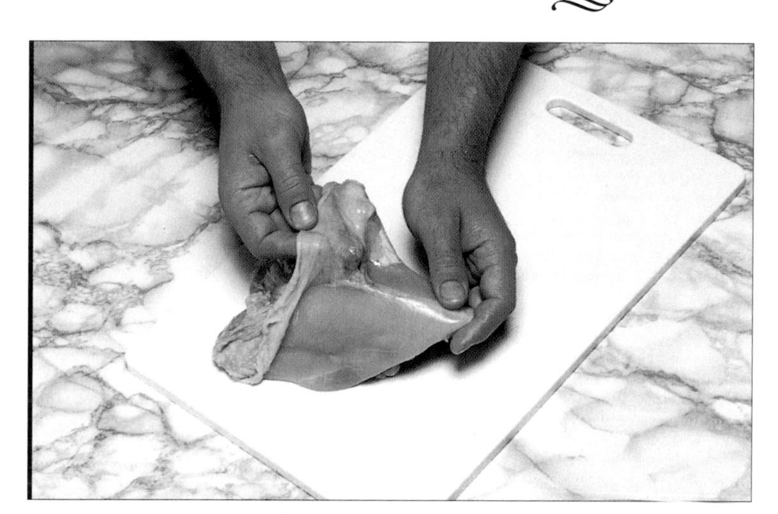

1

Enlever la peau des morceaux de poulet.

2

Faire glisser la lame du couteau entre la chair du poulet et le cartilage, le long de chaque demi-poitrine. Couper le long du cartilage en tirant la chair doucement pour l'en éloigner.

# DÉSOSSER UNE CUISSE DE VOLAILLE

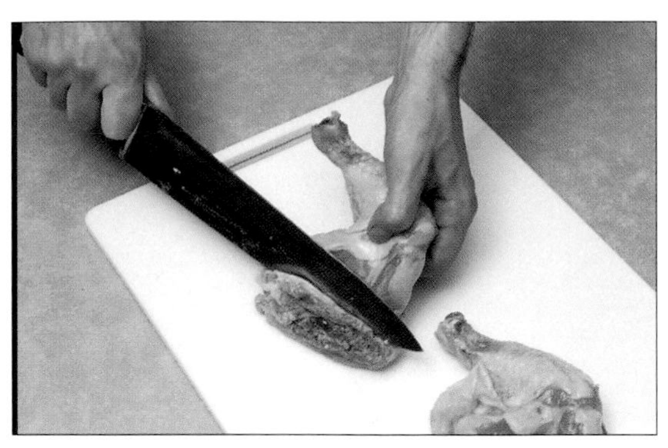

1 Sectionner le morceau du dos (colonne) qui est attaché à la cuisse de la volaille. Trancher net pour éviter de briser l'os.

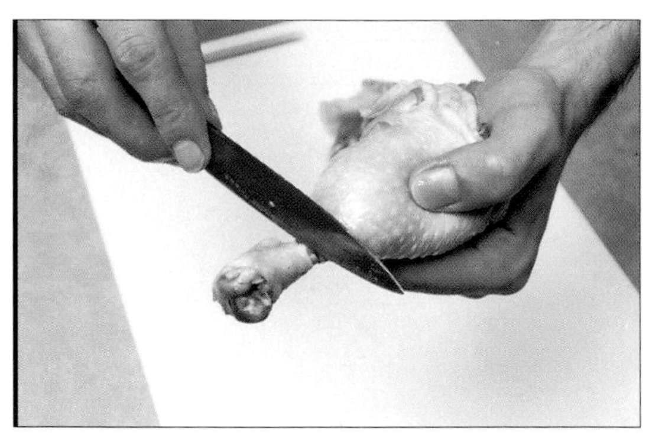

2 Pratiquer une incision circulaire, en prenant soin de bien sectionner les tendons.

3 Dégager l'os en raclant bien avec la lame du couteau.

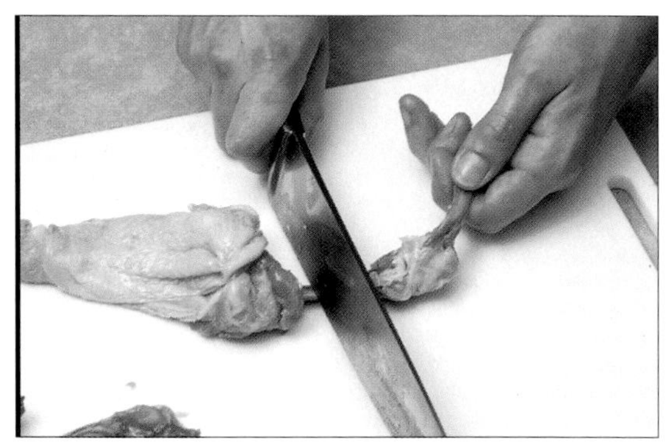

4 Sectionner l'os d'un coup net pour éviter de le briser.

# BOUILLON DE VOLAILLE

| | | | |
|---|---|---|---|
| **500 g** | **os de poulet** | **1** | **gousse d'ail, écrasée** |
| **1,5 litre** | **eau** | **1** | **brin de thym** |
| **75 g** | **carotte, hachée** | **1** | **feuille de laurier** |
| **75 g** | **oignon, haché** | **10** | **grains de poivre entiers** |
| **60 g** | **branche de céleri, hachée** | **1** | **clou de girofle** |
| **60 g** | **blanc de poireau, haché** | | |

1

Rincer les os de poulet et les mettre dans une casserole. Ajouter l'eau et porter à ébullition. À l'aide d'une cuillère, écumer la mousse qui se forme à la surface.

2

Ajouter le reste des ingrédients et laisser mijoter à feu doux pendant 1 1/2 heure. Le liquide devrait à peine frémir.

3

Dégraisser, puis filtrer le bouillon. Laisser refroidir et garder au réfrigérateur.

# LEVER
# LES FILETS DE SOLE

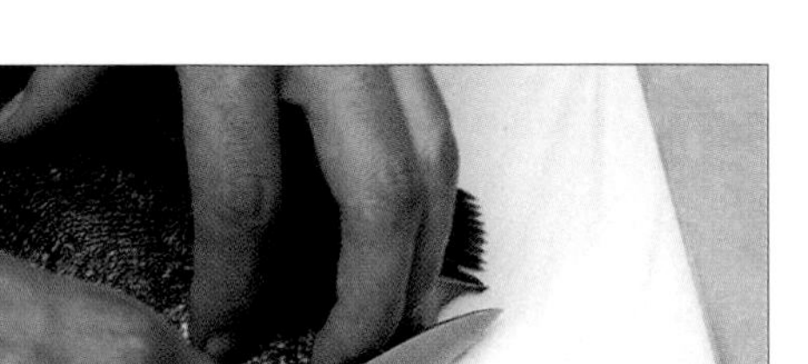

1 Avec un couteau d'office, pratiquer une incision dans la peau de la sole, tout près de la queue.

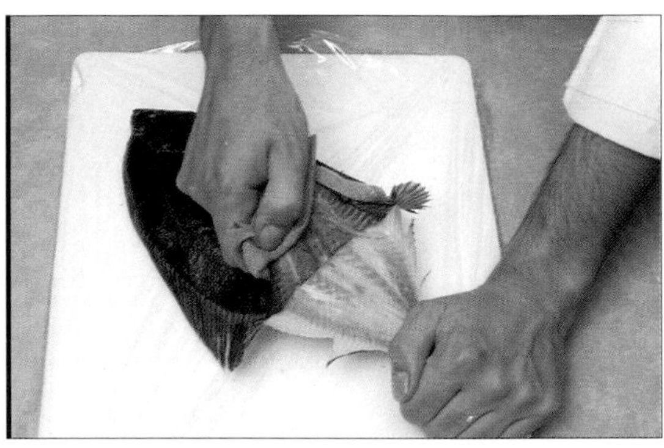

2 Tenir la peau avec un linge et la retirer d'un seul coup.

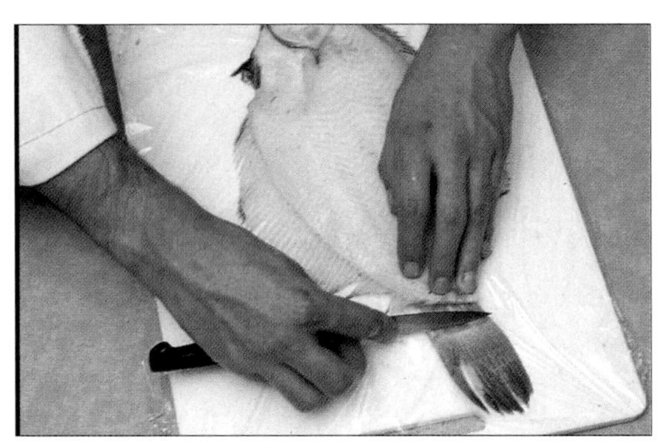

3 Renouveler l'opération de l'autre côté.

4 Avec un couteau à lame souple, dégager les filets en suivant l'épine dorsale.

# FARCIR UN PETIT POISSON (TRUITE)

1 À l'aide d'un petit couteau, dégager l'arête dorsale.

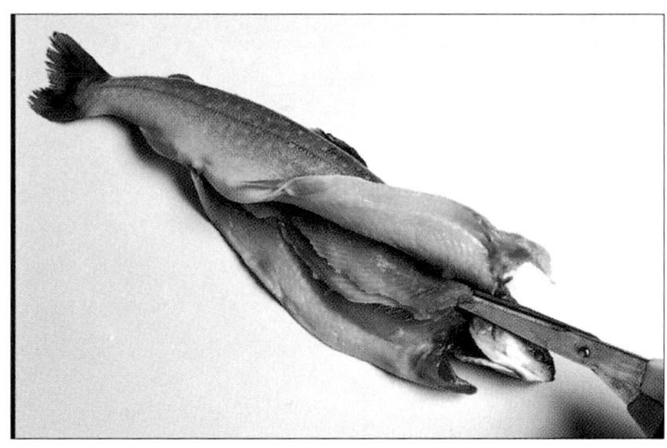

2 Retirer l'arête dorsale de la tête à la queue avec des ciseaux.

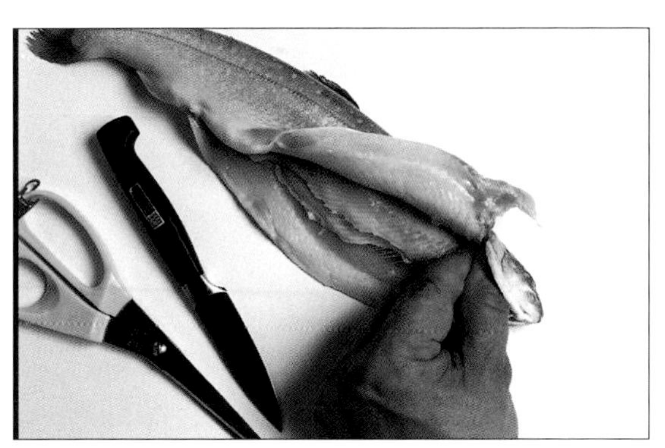

3 Retirer les ouïes, si nécessaire.

4 Farcir les truites du mélange de votre choix, arroser d'un peu de liquide (vin blanc, court-bouillon ou autre) et faire cuire au four à 200 °C, de 12 à 15 minutes.

# DÉCORTIQUER UN HOMARD CUIT

1 Retirer les pinces en les tournant.

2 Les briser avec un grand couteau ou une pince à homard, puis en retirer la chair.

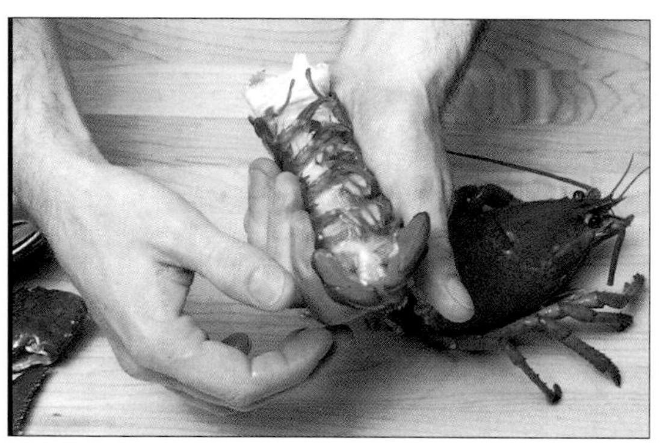

3 Retirer la queue en la tournant sur elle-même. La placer dans la main et la faire craquer en pressant sur la carapace.

4 Retirer la chair.

# PARER LES CREVETTES À LA PERFECTION

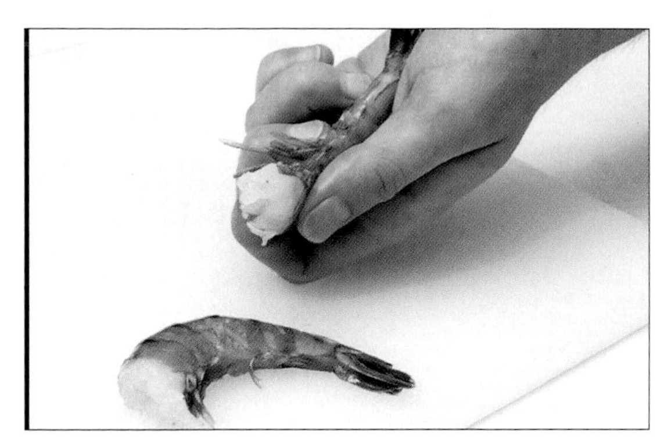

1 Couper la tête, s'il y a lieu, puis saisir la crevette en plaçant l'ongle du pouce sur le ventre.

2 Tirer sur les pattes en enfonçant légèrement l'ongle du pouce dans l'écaille.

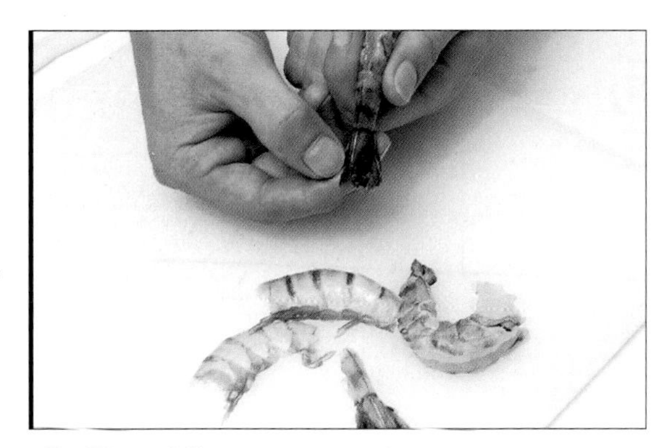

3 Tirer délicatement sur la queue (à moins que vous ne vouliez la conserver, si les crevettes sont servies en cocktail par exemple, ou dans une paella).

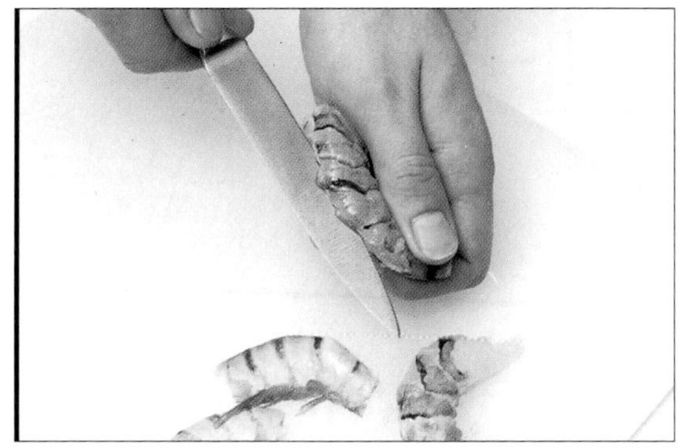

4 Avec un couteau bien pointu et tranchant, entailler le dos de la crevette pour en retirer la veine noire qui s'y trouve.

# FAIRE MARINER UN STEAK DE FLANC

1 Dans un bol, mélanger tous les ingrédients de la marinade.

2 Dans un plat de verre peu profond, déposer la pièce de viande et bien arroser de marinade.

3 Couvrir de papier d'aluminium, réfrigérer 6 heures ou toute la nuit. Retourner la viande de temps en temps.

4 Retirer la viande de la marinade, bien égoutter avant de procéder à la cuisson.

# PIÈCE DE VIANDE EN CROÛTE (FILET DE PORC)

1 Abaisser la pâte feuilletée en laissant au moins 7,5 cm de chaque côté du filet.

2 Mettre la garniture sur la pâte et déposer le filet dessus. Badigeonner la pâte d'un mélange de jaune d'œuf et de lait.

3 Rabattre les extrémités de la pâte l'une sur l'autre, puis rabattre les côtés sur le filet.

4 Déposer sur une tôle et badigeonner le dessus de la pâte du mélange de jaune d'œuf et de lait.

# UTILISATION DE LA PÂTE FILO

**NOTE DU CHEF**

*On peut congeler le produit fini avant la cuisson.*

1 Décongeler le rouleau de pâte à la température de la pièce 1/2 heure environ avant de l'utiliser.

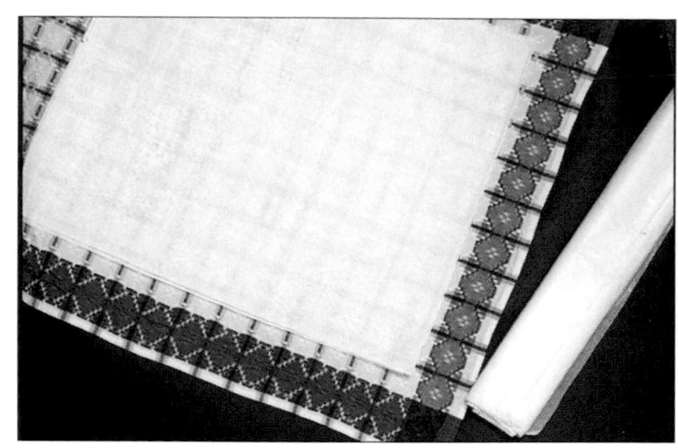

2 Dérouler la pâte, prélever le nombre de feuilles requises et les déposer sur un linge humide. Bien envelopper le rouleau de feuilles restantes et congeler de nouveau.

3 Après avoir superposé les feuilles de pâte filo, badigeonner uniquement le dessus de la dernière feuille de margarine ou de beurre fondu.

4 Farcir la pâte d'une garniture au choix.

5 Refermer la pâte et badigeonner de nouveau de margarine ou de beurre fondu. Déposer sur une tôle, faire cuire au four à 180 °C jusqu'à ce que la pâte soit dorée.

6 Servir aussitôt. Outre les champignons farcis, on peut faire des baklavas, des baluchons, etc.

# MÉTHODE DE CUISSON DES ŒUFS DANS LEUR COQUILLE

1 Porter une casserole d'eau salée à ébullition avec 25 ml de vinaigre blanc (pour permettre une coagulation rapide si l'œuf se brise).

2 Plonger délicatement les œufs dans l'eau bouillante.

3 Dès la reprise de l'ébullition, compter :
- 3 minutes pour les œufs à la coque;
- 5 minutes pour les œufs mollets;
- 10 minutes pour les œufs durs.

4 Arrêter la cuisson des œufs mollets et durs en les plongeant dans l'eau froide.

# BLANCHIR LES LÉGUMES

1 Porter à ébullition une grande casserole d'eau salée.

2 Plonger les légumes dans l'eau bouillante; les retirer à l'aide d'une passoire ou d'une cuillère trouée aussitôt que l'ébullition reprend.

3 Les refroidir rapidement à l'eau très froide afin d'en arrêter la cuisson.

4 Utiliser les légumes comme crudités, dans les salades, etc.

# DÉCOUPE EN JULIENNE D'UN BLANC DE POIREAU

1 Couper la racine ainsi que la partie verte du poireau.

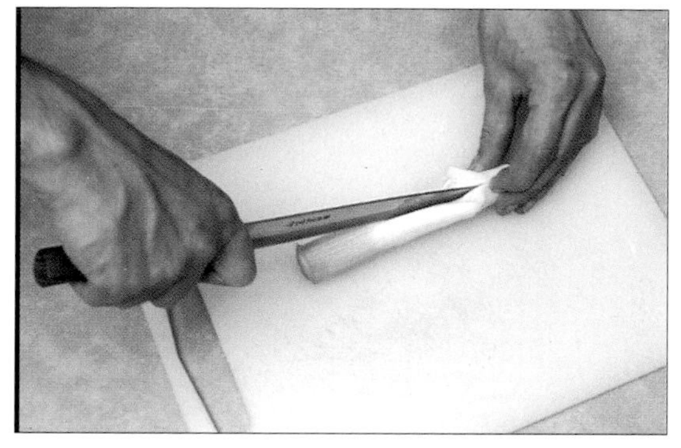

2 Fendre le poireau en deux.

3 Bien laver le poireau dans l'eau froide.

4 Détailler le poireau en fines lanières (julienne), dans le sens de la longueur.

# PRÉPARATION D'UN COULIS DE TOMATES FRAÎCHES

1 Dans une casserole, faire chauffer l'huile à feu moyen; y faire revenir les échalotes et l'ail.

2 Ajouter les tomates, le poivron et les fines herbes.

3 Assaisonner, couvrir et laisser mijoter 20 à 25 minutes.

4 À l'aide du robot ménager, réduire le tout en purée, incorporer la pâte de tomates et le sucre.

5 Passer la préparation au chinois afin d'en éliminer les graines et les pelures.